年報・死刑廃止2023

袴田事件再審無罪・死刑廃止へ

インパクト出版会

目次

二〇二二―二〇二三年 死刑をめぐる状況

巻頭座談会

袴田再審から死刑廃止へ

小川秀世（弁護士、袴田事件弁護団事務局長）
木谷明（弁護士、元裁判官）
中島直（多摩あおば病院院長）
安田好弘（弁護士、年報・死刑廃止編集委員）五十音順

司会＝岩井信（弁護士、年報・死刑廃止編集委員）

1　はじめに

岩井　年報死刑廃止の座談会にご参加いただきありがとうございます。今日は袴田さんの再審の問題を通じて、死刑廃止に向けた流れなども一緒に考えてみたいと思います。

　最初に袴田巖さんの裁判との関わり、もしくは感想をきっかけとして自己紹介をお願いします。最初に、最新情報を含めて小川先生からお話しいただけますか。

小川　弁護士の小川です。今年で弁護士になって四〇年目になるのですが、最初に登録をした時から袴田事件に関わらせていただいて、それでようやくここまでたどり着いたという状況です。ただ時間がかかってしまったのは、一つは我々の力が本当に足りなかったということです。今振り返ってみると袴田事件というのはすぐにでも再審になってよかった事件ではないかと思っています。そういう意味では我々も大いに反省しなくてはいけない。もちろんいろいろな見方があるのですけれど、この事件は当初から私が強く証拠の捏造が行われたということは申し上げてきたのですが、それが裁判所にはもちろん、弁護団のなかでもなかなか受け入れられなかった。そこも大いに私も含めて反省しなければならないところだと思っています。

岩井　続きまして中島直先生、いま多摩あおば病院の院長をされております。袴田さんについてもお話をされたり、文章を書かれたりしているかと思います。

中島　中島と申します。一九九〇年に精神科の医者になりました。基本的には病院の精神科の医者をしているのですが、短期間ではありますが刑務所の医者をしていた時期もあります。それから刑事精神鑑定を専門にしていて、それなりの数をやっています。袴田さんとの関係は、実は私は学生時代から別の冤罪事件に関わっていて、今もなお再審請求中なのですが、その件で袴田さんの救援に携わっている方との交流が少しあり、医者になってからは袴田さんの獄中での症状なんかが時々漏れ聞こえてくるので、それに関していろんな方から意見を求められたことがあり、一度弁護団から頼まれてご本人が一時期ずっと面会拒否をしておられた時にちょっと面会ができた時があって、その時に面会をして再審の訴訟能力であるとか死刑適応能力に関する意見書を書いたということがありました。

　ご本人が東京拘置所を出た翌日から私の勤める病院に二カ月くらい入院をしていただいた経緯があって、そのあと二回お会いしています。一回は成年後見の診断書を書くための診察をさせていただいた時、あと今回、出廷するのが難しいだろうという診断書を書くための診察をしました。だいたいそういう関わりを袴田さんとはしています。

岩井　ありがとうございます。木谷先生、よろしくお願いします。

木谷　元裁判官兼弁護士の木谷明です。二〇一二年に弁護士登録をしましたので、弁護士としてもようやく「弁護士補」ではなく一人前の「弁護士」になったはずなんですが、実際の弁護士としての力は全然発揮できておりません。昨年でしたか、NHKの番組では「負け続ける元裁判官」という表題で取り上げられてしまいました。私は一九三七年生まれで、袴田さんは一九三六年生まれですよね。私は一九三七年生まれで現在まだ八五歳ですけど、ほぼ同年齢の方だということで縁が深いように思います。

さらに第一審で無罪意見だった主任裁判官の熊本典道君、この人は私と司法研修で同期同クラスなんです。しかも初任

木谷明（弁護士）

の東京地裁で同じ刑事14部で半年間ご一緒しました。そこで彼はさかんに勾留請求を却下するので、私もそれを見習って却下したんですが、全然勝負になりませんでした。でも、そういうような関係でかなり親しくさせてもらいました。その後彼が袴田事件の関係で辞めてしまったわけです。

私は、一九八四年から八八年まで大阪高裁に在任しました。その当時彼は東京都立大学の講師をしていたはずなんですが、その頃弁護士としても羽振りが良くて、よく大阪に来て、もう亡くなってしまった同じクラスの滝井繁男君、のちの最高裁判事で当時まだ弁護士でしたが、三人でよく飲んだりしました。ただ事件に関してはそれほど詳しく聞くことはなかったんです。

最近になっていろいろこの事件について意見を求められることが多くなりました。近く刊行される『判例時報』の袴田事件特集号、これは一審確定判決からその後の判決・決定を全部網羅した大特集号らしいですが、これにかなり長文の評釈を書かされました。

ところで、これまでの経過を見てみていろいろ感じるのですが、本件について熊本君が無罪の心証を抱いたというのはよくわかります。検察官提出の証拠にはもともと多くの問題があって、新証拠のない確定第一審の段階で無罪判決が確定してもおかしくない事案だったと思います。ですから、人権

派裁判官の代表と見られていた控訴審の横川裁判長が控訴を棄却したのが信じられないくらいです。しかも最高裁の上告審段階で調査・報告を担当したのは、無罪判決の多いことで有名だった渡部保夫さんだったのに、その渡部さんが棄却相当の報告書を提出したという経緯もあります。要するに、袴田さんは裁判官運には恵まれていたにも拘わらず、その立派な裁判官がどういう訳か無罪方向へ行かず有罪認定が是正されなかったので、それが大きな不思議だと思います。

犯行着衣捏造の問題はもちろんあるのですが、それ以外の物証の問題でも、これはあんな難しい鑑定や実験をしなくても当然無罪になるべき事件だったのではないかという感想を持っています。そんなところです。

岩井 ありがとうございました。安田さんお願いします。

安田 僕ははたから見ているだけで、袴田事件とは接触はないのですが、ただ一つ言えることはたまたま私の事務所が国会と近いものですから、袴田さんのお姉さんが議員会館に来られた時には休憩で事務所に来られましてね、それくらいの接触しかなかったんです。でも名張事件から始まって厳しい決定がずっと続いてきたので、袴田さんも名張と同じような運命をたどらされるのではないかと危惧しておりまして、よくここまでやって来られたなあと、その努力に敬服しています。今日はいろんな話を聞かせていただこうと思っています。

2 袴田再審をめぐって

岩井 今日は八月一日ですが、今日現在で、手続きがどういう段階で、何が問題となっているか、小川先生からお願いします。

小川 現在は、公判前の打ち合わせの段階で、その期日を四回終わったところです。四月に検察官が方針を明らかにするために三カ月かかるとおっしゃったのですが、七月一〇日に検察官はこの公判で袴田さんの有罪を立証するという方針を明らかにしたんですね。ご承知のように東京高裁の再審開始の決定に対して検察官は特別抗告をしなかったわけですから、この段階で検察官は立証も難しいというふうに我々は考えていたわけです。ところが今回は有罪を立証するということで、さらに新たな鑑定書もすでに用意している。また五点の衣類の色の問題についてこれから請求して主張していくんだという。我々としては非常にけしからん対応だと思っています。実際に検察官の意見書を見ますと、五点の衣類が最大の争点で五点の衣類が犯行着衣であることを立証することこそ彼らがやるべきことなんですが、その点についての立証は結局なにも新しいものはないんですね。検察官の意見書に書いてあるのは五点の衣類が犯行着衣である根拠は血痕が付着していること、それが自然だということ、それから五点の衣類がところ

小川秀世（袴田事件弁護団事務局長）

どころ破れたり傷がついたりしている、それも犯罪の痕跡だということ、それだけで犯行着衣だというわけですよ。今は犯行着衣であるのか、捏造証拠であるのかというところが問題になっているのに、そんなことで捏造証拠を否定して犯行着衣であるということはとても言えないというのが今までの議論だったし、その点が一番問題だったのです。血痕の色が東京高裁では問題になって、五点の衣類は事件直後に入れられたかあるいは一年二カ月後の発見直前に入れられたかどちらかと考えられると、事件直後に入れられたんだったらもう一年二ヶ月経ってるんだから黒褐色になってるんじゃないかと。発見直前だったら赤みが残ってるんじゃないかということをこちらが主張したわけですけれど、その点について議論をずっとしてきたわけです。新たな鑑定というのは一年二カ月経っても赤みが残る可能性があるというそれだけの証拠なんです。そういう意味ではつまらない証拠ですし、しかも東京高裁で散々議論したことをまたまた再びここでやり直そうとしている。本当に許せないような事態になっていて、我々としてはそういう証拠調べはなんとしても阻止しなくてはいけないと考えています。

あとは検察官は立証はするけれど、自白は一切使わないと言ってるんです。袴田さんの自白は証拠開示で出てきたものも含めて全部で六十通あるんですよ。逮捕のときは否認だったのですが、九月六日から二ヶ月近くに六十通も自白をしているものを一切使わないというか、使えない。そういうところが、有罪のおかしな立証方法です。もちろんこれは我々が一つはこの自白調書自体に捏造があるんだと言ってることと、自白調書が作成された時の状況、それが録音テープに残っていて、その中でトイレに行かせない状況であるとか、取調室で用足しをさせたとか、あるいは弁護人等の接見を録音していたとか、そういう違法行為が自白調書の問題と絡んで出てくることをあらかじめ封じておきたい、そういう議論にしたくないということで、検察にとっては変な意味で苦渋の決断だったのかもしれないですけれど、そういうおかしな立証を計画しているという話です。

我々としてはなるべく早い段階で無罪判決を勝ち取りたいというのは当然なんですけれど、そのなかで一番問題なのは検察官が新しい鑑定書を用意して、それについて請求してくる時に、できれば却下を求めたいと思ってるんですが、それがかなわない時に実際に証人尋問なんかやったらものすごく時間がかかってしまうので場合によったら同意してそのまま判決を求めることも選択肢に入れながら、そのへんを苦労しているというのが率直なところです。

岩井　一点確認ですが、新たな鑑定書というのは事前の証拠開示は受けているのでしょうか。

小川　もうされています。中身は前の近藤先生のところが証言されたような、酸素が少なくなる、あるいはなくなる状況がある、そうすると酸化ができなくて赤味が残る可能性がある。可能性があるだけなんですよね。その点について味噌のなかの状況がわかっていないのに、東京高裁はそういう可能性を無視しているという、その程度の議論なんです。だからあまりこちらも重きをおいてはいないのですが、やはりどうするかというのは悩ましいところです。面白いのは、鑑定書は七人連名の鑑定書なんですね。そんなこと、聞いたことないでしょ。我々の勝手な分析かもしれないですけれど、検察官が依頼したんじゃないんではないか。検察官が依頼する時に七名の連名の鑑定書を書いてくださいなんて依頼の仕方、絶対にしないですよね。そうではなくて近藤先生が自分に近い人を集めて先生が指揮して鑑定を作らせたとみてるんですけれど。そういう意味でも向こうはあまり尋問をやりたくないのかもしれないですね。

木谷　今度の鑑定人には近藤さんも入ってるんですか。

小川　入ってないです。近藤先生の証言を支えるような鑑定です。

木谷　中堅・若手になるんですか。

小川　若手みたいですね。近藤先生が動かすことができるような人たちみたいです。

岩井　木谷先生、この間の手続きの問題などを小川先生が述べられたのですが、これについてコメントがありますか。

木谷　大事なのはこれからの対応だと思うんですね。私は小川先生が言われたように、検察官は、再審請求審で高裁の決定に対して特別抗告しなかったんだから再審公判でも有罪立証すべきではないという言い方をすると、じゃあ、今後は特別抗告して徹底的に争うよというような方向に行きかねませんので、特別抗告をしなかったから再審公判での立証も許されないというような言い方はあまり適切ではないような気がしますね。

小川　もう一つ言わせてください。特別抗告をしなかったのは我々は検察官が犯行着衣であるということの立証の方法が

3月13日、東京高裁へ向かう
（前列左から小川秀世袴田弁護団事務局長、中央・同弁護団長、右・袴田ひで子さん）

ないから、あれ以上もう何も方法がないから、現場の検察官の雰囲気もそういう雰囲気だというふうに我々もみてたんですね。だから特別抗告はできなかった。そういう意味では、先生が今おっしゃったような形で特別抗告をしなかったんだから今回の立証をされないというのではなくて、特別抗告をしなかったというのはもうそこで犯行着衣であるということの立証ができないというのがみんな共通の認識になったじゃないかというふうに思ったものですから、そういう意味で申し上げたんです。

木谷　しかし弁護側の受け取り方がそうであっても彼らがそうだったというふうには。

小川　甘かったんですね。

木谷　私は考え方としては特別抗告しないで再審公判で立証するというのは本来のあり方ではあると思うんです。ただしこの事件のように長期間かかってしまってこれまで散々議論してきた事件について今さら蒸し返すのはどうかとそういう問題があります。人間に与えられた人生の時間には限りがあるんですから、再審問題も、「限りのある時間の中で一定の結論にたどり着く」というものでなければならないと思います。その前提で考えると、再審請求段階で何十年もやってしまった本件について、今後再審公判で結論が出るまで何年もかかり、その間に袴田さんが亡くなってしまったら一体なんの意味があるのかと思います。

私は、もし自分が裁判長としてこの事件を担当したらどうするだろうかと考えることがあるのですが、私だったら、証拠決定の段階で誰もが納得せざるを得ないような、そういう理屈を書いた詳細な証拠決定をすると思うんです。検事の立証を「必要性なし」というだけの理由でスパッと却下した場合、検事は立場がなくなってすぐに控訴しますよ。これは最悪のケースです。控訴なんかさせちゃいけないです。要するに、一審で検事に詳しい立証をさせないまま無罪判決をしてそれを確定させる為には裁判所の訴訟指揮（証拠決定を含む）が非常に大事だと思います。

小川先生に聞きたかったのは五点の衣類がもし犯行着衣だったとすれば、着替えたのは自室ですよね。自分の部屋で着替えるしか方法がないですね。あれだけたくさん血のついている着衣を部屋で着替えた場合に部屋に血痕が残らないことはありうるのでしょうか。この問題は、あまり議論されてこなかったように思うんです。そこはかなり重要な点ではないのかと。警察は必死になって血の匂いを探したわけでしょ。それでようやく、付いているか付いてないかはっきりしないようなパジャマを持っていったわけです。部屋で着替えたのなら、そこら中に血が残るじゃないですか。あんなべったりと血のついた着衣を部屋に置いた場合、血痕を綺麗に拭き取

3月13日、再審開始決定を得て東京高裁から出る
（小川秀世袴田弁護団事務局長と袴田ひで子さん）

ることは不可能ですよ。さらに言えば、あの衣類が犯行着衣だったとすると、袴田さんの体にも大量の血液が付着していたはずです。パジャマに着替えた場合、パジャマの血痕があの程度で済むはずはありません。五点の衣類を犯行着衣だとする想定には、こういう観点から重大な疑問があるので、検事としてはそういう疑問を完全に払拭しない以上、五点の衣類を犯行着衣であると主張することはできなかったはずだと思います。ここをしっかり攻めたら、裁判所も確定審で無罪にせざるを得なかったんじゃないかと思うんです。再審段階のように、DNAや血液の変色問題について難しい科学論争をする必要はなかったのではないかとさえ思うんです。

小川　先生、浜松で先生のお話を聞いて弁護団も理解をしてそういう主張もしようとしているところです。ありがとうございました。

岩井　なぜ検察は有罪立証にこだわるのか。これについては弁護団としての分析はあるのでしょうか。

小川　率直にいって、今回の新証拠というのは、赤味が残る場合があると言えるだけの証拠です。赤味が残る場合があるといってもそれによって犯行着衣であるということが導かれるわけではないんですよ。五点の衣類は赤味が残ってるわけですけれど、一年二カ月経っても赤味が残る場合があるということになると、いつ入れたかわからないだけで五点の衣類が犯行着衣であるということにただちになるわけではない。でも彼らが新証拠を使って立証しようとしているのはやはり捏造をなんとか薄めたいというところに一番の目的があると思います。東京高裁が捜査機関の捏造の可能性をはっきりと認めている、それをなんとかせねばと、今回、新証拠による立証に向かったんじゃないかと思います。有罪か無罪かというところよりも、あえてわかりやすく言うと、捏造の部分だけでも削除させたいから立証しようとしている。

安田　先ほど聞いていて、まずすごく悩ましいことが起こるなと思っているのは、例えば先ほどおっしゃった鑑定などについて、この際、全部同意してしまって早く物事を進めようとしている。それは確かに戦略としてはあると思うのですね。いろんな事件をやっていて、そういうことには必ずぶつかることがある。しかし、結果から見たらそれがとんでもないことになってしまうこともあるので、とても難しい決断をこれからされていくのだろうなと思うんです。やはり無罪立証するためには時間をかけてやらざるを得ない。しかし、そうするとどんどん時間が経ってしまう。その苦しいところ難しいところに、これからますます近づいておられると聞いて、なかなかな、というふうに思いました。

　それから、今検察が言っている議論の前提としては、立証責任が完全に転換されていて、検察の方が無罪判決に対して

3月13日、再審開始決定直後の東京高裁前はマスコミと支援者で溢れていた。

の疑わしさを提示さえすれば何とかなると、そういうふうに勘違いされてしまって、物事は進んできているという気がします。先ほどおっしゃったように捏造だろうとどうだろうと、そもそもそれが有罪立証の決め手になるかどうかというのが本当は問題なのに、そうではないところで勝負して、しかも検察官は勝てると思っているかもしれない。単に汚名を晴らすというためだけではなくて、そこを崩せば、再審無罪を阻止できると考えているのではないか。つまり総合評価論の排除、具体的には、再審無罪にするためには、真犯人が出てこなければならないというくらいのことを立証が必要と彼らは考えているのではないか。やはりなかなか危険がついて回ってくるなと思っています。

岩井　木谷先生は、検察はなぜ有罪立証にこだわっているのか、どう思っていらっしゃいますか。

木谷　やはり今おっしゃったように、捏造したと言われるのはちょっと困るということではないでしょうか。証拠が不十分だから無罪というのは許せるけれども、証拠を捏造したということまで言われて黙っていられるか、というような感じだと思いますね。そこで先ほど私が申し上げた理屈は、証拠決定の際に非常に役に立つ理屈ではないかと思うのです。そもそも状況から言ってあれが犯行着衣だということはありえないのだよということを、証拠決定の際の弁護側の意見として言っていただけば、裁判所もそこは気づくのではないかと思うのですね。これまで議論されていないところだから、よろしくお願いします。

小川　前に木谷先生がおっしゃっていましたけれども、捏造だということに関して、検察が警察を擁護するみたいな、そういうところがあるということですよね。

木谷　私はそういうところがあると思います。捏造に検事がかんでいたのかどうかはわかりませんけれどね。警察がやったことであっても、警察のことをかばってくれないのなら、今後検察に対しては協力しないというようなことになると、検事は困るわけです。結局、検事は、「警察をかばうため最大限の努力をした」という形を作る必要があるのだと思います。だから、再審公判では、捏造を否定する証拠を申請して「精一杯の努力をした」という形を作る必要があるのです。

3　袴田さんの現在の健康状態と拘禁症

岩井　袴田さんの再審で検察官の有罪立証が行われ、時間がかかることから、一番皆さんが心配しているのは袴田さんの健康問題ということになると思います。袴田さんの現在の健康の状況について、可能な範囲で教えていただけないでしょうか。また、法廷への出廷を弁護団としてはどういうふうに考え、裁判所はどういう判断をしそうなのでしょうか。

小川　もちろん僕はずっと一緒にいるわけではないですけれども、今、袴田さんの周囲には袴田さんの見守り隊という形で、七人くらいで袴田さんが外出するときには常につき添って行くというような態勢で日常的に行っているわけです。袴田さんは、以前は浜松の街を必ず歩いて何時間か回っていたのですが、今は歩くのが大変になってきて、車でどこかに連れて行ってもらってそれで少し歩く。そんな意味では体力が少しなくなってきたのかなという状況ですね。それから、健康状態は定期的にはお医者さんに診てもらってはいるのですが、糖尿病がありますし、それから率直に言ってちょっと太りすぎている。甘いものを無制限に食べている。今はウナギばかり食べている。そういうところでみんなが言うことを全然受け付けてくれないところがちょっと心配なところです。

ただ、私が言うのも恐縮ですが、今でも妄想的な世界に入り込んでいると言わざるを得なくて、最近は「最高裁に行く」というようなことが多いのですけれども、最高裁に行くと言うと近くの掛川の豪華なホテルに連れて行く。ですからそのへんがよくわからないのですけれど、最高裁に連れて行けというのにホテルに行って納得するという。その辺は中島先生にお聞きしたいところなのですけれども。

ただ、今回の再審公判がいつから始まるかわかりませんが、裁判所は公判に出頭を命じるかどうかは直前に判断をしますということなのですが、我々としては、出頭をしないで対応できるような形にしたいと考えています。それはなぜかというと、やはり袴田さんは今でも突然怖がって集会の場からパッと逃げてしまうことがある。見ていて一番感じたのは、裁判官がなにかっていうようなことを誰かが口にしただけで逃げちゃったことがありました。だから、やはり裁判とか法廷とか、そういうところに行くと、袴田さんは以前の恐怖が蘇ってきているのかなと思います。

岩井　中島先生は、釈放後に袴田さんを病院で受け入れ、また診断書も書かれてきた中で、現在の袴田さんの健康状態についてどういうふうにお考えでしょうか。

中島　現在のことは実はそんなに知っているわけではなくて、私もこの間一回短時間お会いしただけですし。糖尿病のデータなどを見せていただきましたが、ちょっとデータは悪いんですね。ただ、だいぶ変動があって、いい時もあるし悪い時もあるという感じでした。

中島直（多摩あおば病院院長）

私が入院を受け持った時から、やはり治療はなかなか大変でした。注射はわりと受け入れてくださったのですが、薬はなかなか飲んでいただけない。間食も止められない。あの当時は出た直後ですから、みんなが浮かれていて、入院していてもカステラ一本持ってくる人なんてザラでしたから。こちらもずっと拘置所の中におられて、制限するのもなんだなというような思いもありながら見ていたという部分もあります。

おそらくお聞きになりたいのは拘禁反応の部分だと思うのですけども、私も実はいろんなことがわかっているわけではないのです。でも、こう判断するしかないなと思っているところがあります。私は拘置所・刑務所の医者もしていましたし、あるいは精神鑑定の分野で拘禁反応を見ることはけっこうありました。拘禁反応というのは一つではない。深さとか内容がいろいろ違うのですね。袴田さんの場合には、非常に特徴的なのが慢性化して長期化している。例えば私が勤務したのは短期刑の刑務所でしたし、拘置所も見た方は比較的短期刑が想定される人が多かったので、拘禁反応は、その瞬間の症状は重たい人は重たかったですけれど、でもそんなに長期化しない、あっという間に良くなってしまうという方がほとんどで、しかも多分私どものような精神科医の目に触れる前に良くなっている人の方がもっと多いのではないかと思うぐらい拘禁反応というのは多くの場合は非常に軽い、しかも短期的というものだと思うのですね。拘禁反応というのは、拘禁に伴って起こるいろんな精神症状、あるいはちょっと体の症状も出ますけれども、拘禁というのは正に閉じ込められていることもそうですけれども、刑事手続であるとか、あるいは外部との交流が制限されることによっていろんな問題が生じている。外の家族との関係であるとか、そういったことも影響してくる。一般論としては拘禁反応というと、強制収容所とかそういうのもあるわけですが、一番多いのは刑事施設なので、ここでは刑事施設に限定しますけれども、その中でそういうふうにわりと軽い人が多い。薬を使う場合もありますけど、薬を使わなくても良くなるような人が多い中で、一部にかなり長期化してくる人がいるということなのだと思います。それで、全然わかっていないわけではないのですね。

先ほど妄想というお話がありましたけど、実は妄想にもいろんな水準がある。例えば統合失調症の方の妄想でも、ずいぶん現実をわかっている妄想と、あるいは相当現実との区別がつかなくなってそれによって問題行動を起こしてしまうような妄想もあるわけですけれども、拘禁反応の場合にはけっこうわかっているというのが特徴なのです。拘禁反応の軽いものは、やはり詐病と区別がなかなかつきにくい。詐病との鑑別というのはなかなか難しくて、いろんな立場がありますけれども、私はどの程度詐病でどの程度拘禁反応なのかというあたりを言っていくのが一番現実的だという立場に立っている人間ですけれども。袴田さんの場合には、やはり拘禁反応としての色彩が非常に強い。詐病としての色彩は非常に弱くて、だけれどもやはりわかっていると。例えばうちの病院に入院したときも、あの当時はお名前を否定していましたので袴田巖というふうに書かない、あるいは書いてあるのを見ても自分じゃないというふうにおっしゃるのですけど、何かの書類にサインしてもらう必要があって、最初パッと出すと違う名前書かれちゃうのですけれど、袴田巖って書いてくれないと困るんですって言うと袴田巖って書いてくださる。あるいは、私はわざとネームプレートに袴田巖って書いてあるお部屋を作って、そこで入院していただいたのですけど、そこに別に抵抗なく入っていただけるということがあって、だからわかってらっしゃるのですね。だけど、全部わかっていてわざとやっているというわけでもない。やはり自分でいろいろ困るようなこともするし、自分が損しちゃうようなこともいろいろ起こるわけですね。このあたりが彼の拘禁反応の慢性化している難しいところで、例えば特に拘置所にいらっしゃるときなんかは弁護団との面会を拒否したり、お姉さんのことも拒否したり、あるいはお姉さんなんていないって拒否したりとか、そういうことがあって、皆さん困っちゃったわけですよね。これは弁護団が困るだけではなくて、本人も絶対に困るわけです。再審請求をしているのに弁護団と会わなかったら困るわけです。それが続いたというのは彼の拘禁反応の特徴です。

私はそういう拘禁反応の状態があるということを釈放前から知っていましたし、一回お会いできたということもあるし、いろんな資料も見せていただいていましたので、ある程度分かった上で、東京拘置所を出てきた翌日から入院していただいて、大体予想した通りだった。これも実は予想していたのは、入院中に良くなることはないだろうなと予想していたのですけど、やはりあまり良くならなかった。率直に言って全然変わらなかった。これはその時直感的にそう思っていたのですけれど、後から考えると、やはり死刑囚であるということは全然変わらない状況ですので。だから、ご本人の認識としてはやはり変わっていないのではないかというのが一番大きかったですね。

だから今回、希望的観測としてはきちんとした無罪判決が出て、完全に死刑の停止だけではなくて死刑囚の身分から外れた時に、さあどんなふうに改善してくださるのかなというのが、私は期待しているところです。ただ、これはどうなるかは、何か分からない、分からないだらけで申し訳ないのですけれど、やはりこれも分からないということです。

岩井　拘禁反応の多くは軽かったり短期だったりということに対して、釈放後も慢性化し長期化している袴田さんのケースというのは、やはり少し特異な経過と理解していいのでしょうか。

中島　そうですね。実は拘禁反応の一般というのは、まだ刑事施設にいる中でも良くなってしまうことが多くて。私も実は昔、拘禁反応って拘禁が解かれるとすぐに良くなるのかと思っていたのですが、実はそうではなくて解かれた後もしばらく続いた方を受け持ったことがありました。ただこの方はその後数週間単位で良くなったと思いますけれども、解かれた途端に良くなるわけではないということがありますね。これは一般論としてそうです。拘禁が解かれても、良くなってしまう人は良くなってしまうけれども、解かれてもすぐ良くなるわけではないですね。袴田さんの場合には、拘禁が解かれてもまだ何年という単位で残っているということが、その前からずっと長い症状の経過をたどっていますので、そういう特徴が、多分そんなにはあることではない珍しい経過をたどっているのだと思います。

小川　袴田さんは、事件のことを聞くと、裁判は終わったんだとかこがね味噌事件なんかなかったんだとか、そういう言い方をさかんにするのですが、今の中島先生のお話を伺っていて思ったのですけれども、それもなんとなく薄々は我々が再審をやっていることも分かっているかもしれないというふうに理解することもできますか。

中島　私は、わかっているかわかっていないかの二つに分けるのだったら、わかっているのだと思うのです。だけど、あんまりわかりたくないというか、拘禁反応でそういうところがあるのです。死刑が確定して、死刑囚の処遇というのはやはりものすごく過酷なものであったと思うのです。ご本人から聞いているわけではないのでわかりませんけれども、これはもうなかなか耐えられない。現実に向き合うことが非常に難しい中で、ご本人の中でそういう自分は死刑なんかにはなっていないのだ、死刑判決なんか受けていないのだというふうに現実を否認していくわけです。それなら死刑だけ否認すればいいのですけれど、ついでに弁護団も否認してみたり、お姉さんも否認してみたりする。こういうことって実は拘禁反応以外にもあるのです。例えば虐待を受けてきた子どもたちを私たちも診るわけですが、虐待を受けたのは虐待した人が悪いわけなので、自分を否定する必要はないのですけれども、その虐待を否認すると同時にいろんなことを否認していってしまうことによって、かえって自分が苦しい思いをする。そういう子たちを私どもはいっぱい診ているわけです。正常な心理からすれば自分のしんどいところだけ否定すれば後は楽なわけなのですけれども、他のところもいろいろ一緒くたに否定しちゃうので、かえって自分が苦しい思いになりするというのは我々もよく経験します。だから、ここは苦しい思いをしたのは自分が悪いわけではないけれど、あなたの本当にしんどいところでかわいそうだと思うけど、ここだけは自分で否認して、あと自分はしっかりやっていこうよというようなことがなかなかできなかったりするので、そこは我々もいつも苦しいと思うんですね。

岩井　中島先生のお話からは、死刑囚であるという認識がどこかにあって、それがこの拘禁反応に影響している可能性があるのではないかとうかがえるのですが、小川先生たちが日常的に接したりする中では、「事件」や「裁判」という言葉に対する反応はあるのでしょうか。

小川　我々と話をするときには、それからすぐ逃げるというのではなくて、はっきりと言葉で否定する。そういう意味では少なくとも話はできるのですけれども、何か外でプッと聞くとパッと逃げちゃうというような、そういうところを感じることがある。その辺は、僕はあまりよくわからないのですけれども。

岩井　安田さんは、これまでの経験の中で、拘禁反応を示されている方との付き合いはありますか。

安田　先ほど中島先生がおっしゃった通り、拘禁反応というのは拘禁を解けばすぐ治るのだという話を、僕はずっと聞いていたものですからね。だから逆に拘禁を解除してくれというこ とをだいぶ言うのですけれども、もちろん当局の方はそれを認めないままで進行していくケースばかりですね。一番典型的な形で出会ったのが麻原彰晃さんですが、彼は拘禁反応だと言われたけれども、もっと重篤な疾患ではなかったか。本当に実態はどうだったかというのは、私は最後までつかめないまま現在に至ってしまったというのが実状なんですけどね。

岩井　袴田さんの拘禁反応との関係でいうと、再審の法廷に出ることが求められるかというポイントが出てくるわけですが、先ほどのお話では裁判所は直前に判断するという言い方となっています。法律上は、今回の再審の裁判で法廷の出席は義務付けられているのかどうか。小川先生はどう考えていますか。

小川　法律的には、もちろん精神的な問題がなければ義務付けられていると思うのですけれども、ただそれは中島先生の意見書に書いていただいたことですけれども、袴田さんの状態というのは、法廷に強引に出頭させることによって非常に悪化するし、それから現在の状態が回復する可能性もない、そういう状態であれば出頭義務というのが失われるというふうに理解をしているのです。

岩井　木谷先生、再審公判における袴田さんの出頭について、裁判所の立場からすると必ずしも絶対に出なければいけないと考えなくてもいいでしょうか。

木谷　そこは私全然勉強をしていないところなのです。こんな状態は、かつて経験がないですよね。刑訴法の二八六条には被告人の出頭義務が書いてあって、心神喪失の場合には公判手続を停止ということになっているのですから、出頭できなくて心神喪失だということになれば、そうなっちゃうわけですよね。これは具合が悪いだろうと。再審の場合も普通の一審と同じでいけるのかどうかというところについて何か議論はあるのですか？

小川　裁判所は確か、ちょっと今条文を忘れちゃいましたけれども、中島先生に書いていただいた「回復可能性がない」という状況であれば、それでもって出頭義務を免除するということがあるのかなとは思っています。

岩井　中島先生は、袴田さんが再審の公判に出ることが袴田さんの現在の症状に与える影響というのはどう思われますか。

中島　これもうわからないですね、正直なことを言ったら。診断書にわからないとは書かなかったのですけれど、やはり具合が悪くなる可能性はあると。ただ、ご本人は例えば本当は出たいのかもしれないなとか、いろんなことを思いますよね。ただご本人の希望を聞けませんのでわかりませんね。

関係するかどうかちょっとわかりませんけれど、精神科医は昔少しこういう問題、特に訴訟能力との関係で、再審公判ではありませんけれど、ご本人が例えば拘置所から連れて行こうとしても頑として抵抗して一審の公判に出られないというようなケースというのはあるわけなので、こういう場合には一審を進めてもいいのではないかというような議論を精神科医はしている時期があります。最近はあまり見ないですけれど。ケースは違いますが、形式的には似ているところがあるようなところはあります。

木谷　刑訴法の規定を形式的に適用すると、本件は、刑訴法三一四条によって公判手続を停止するしかないことになってしまいます。しかし、ここまで来て公判手続を停止するのでは、これまで六〇年近く行ってきた再審手続が何の意味もなくなります。それでは困るから、「無罪の裁判をすべきことが明らかな場合」に当たるとして、同条但し書により「被告人の出頭を待たないで直ちにその裁判」をしようと思っても、検察官の有罪立証を許す前提では、この但し書に乗せるのは無理でしょう。最後に残された細い道は、「検察官の有罪立証は許さない」。そうすれば、本件については無罪判決以外にない」ということから、但し書を適用して、不出頭のまま無罪判決をすることだと思います。

4　死刑と精神科医

岩井　そういう中では精神科医の診断というものが裁判の手続に与える影響というのは非常に大きいものがあります。特にこういう死刑事件では、今回はむしろ無罪の方向での議論ですが、一方で死刑を言い渡す手続において責任能力の鑑定も大きな影響を与えます。死刑の執行について考えると、条文上は心神喪失状態の人には死刑を執行してはならないとなっていて、ただそれがどういう手続で実行されているかは、鑑定が義務付けられていないこともあって外部からなかなかわからない。そうすると、本当は精神科医に意見を聞いている可能性があるわけですけれど、そういう場面でも精神科医としての倫理というか、精神科医の職務として一定の判断が求められている場面が出てくると思います。その点について、中島先生はどのようにお考えですか。

中島　刑事訴訟法上の規定があるわけですね、心神喪失の者に死刑を執行してはならないという。これは法律家の先生の目の前で釈迦に説法ですけれど、心神喪失と言っても刑事訴訟法の訴訟能力の心神喪失とも違うし、刑法の心神喪失とも違う。実は例によって日本の法律は定義が書いてありませんのでわからないわけなのですけれども、よく言われるのは死

袴田巖さんの再審開始決定報告集会で発言する巖さん。(3月21日、静岡労政会館))

安田好弘（弁護士、本書編集委員）

刑の性質を理解していない、あるいは死刑を回避するためのいろんな手続きを取ることが、精神状態が悪いためにできないというような方々の場合には、これは死刑を執行してはならないというふうな解釈をされていることが多いようで、これが刑事訴訟法に規定をされているということですね。

日本では議論が出てくることが少ないのですけれども、アメリカではいろいろ議論があって、私はそれを調べて論文にしたことがあります。昔、世界精神医学会（ＷＰＡ）というのがマドリッド宣言を出して、医者は特に精神科医は死刑に関与してはいけない、死刑に関与するということは非倫理的であるという宣言を出したのです。これに基づいて私が属する日本精神神経学会が要請を受けたことがあって、これについて調査をして声明を出したという経過があります。実は日本精神神経学会では二つ声明を出していて、一つが二〇〇二年に基本的にはマドリッド宣言に沿う形で精神科医は死刑執行に関与してはいけないという形のものを出しました。これは私が中心になって出したのですけれど、実はそれはやはりまずいのではないかという議論があり、その三年後にまた第二弾を出しました。これだけ情報が公開されてない中では、むしろ関与して情報をちゃんと入手するという方が先なんじゃないかと、そういう趣旨の声明を出したというのが今のところ最後です。実は最近またもう一度議論していこうという流れもあるのですが、これはまだ形になっていませんので、精神神経学会として出したのはこの二つです。

もし死刑適応能力というものを判断する、つまり心神喪失の者には死刑を適用できないということになると、この心神喪失であるかどうか鑑定をしなきゃいけない。そうすると、精神科医がこれに関与することになる。そうすると、裁判官が死刑を決めているのに、その後に精神科医が本当に死刑をするかどうかを決めるという、裁判官よりも後に関与することになる。場合によって死刑の最終的な決定者になってしまう。医者というのは患者を救うのが仕事なので、これは非倫理的じゃないかという大雑把に言えばそういう議論があって、そのマドリッド宣言につながっているわけです。それが医者としては今、倫理との関係でいえば議論されている現状です。

岩井　袴田さんでいえば今回釈放されているので、少なくとも今の時点で死刑執行の危険に直面はしていません。しかし、釈放される前の袴田さんを考えれば、いつ執行されるかもわからないし、袴田さんの精神状態をきちんと判断して執行を停止したかどうかさえもわからないというのが今の日本の死刑制度の実態です。その意味では再審開始の決定と同時に釈放も認めたという、あれは非常に大きな成果だと思うのですけど、この袴田さんの釈放の意義については、小川先生はどのようにお考えですか。

小川　やはりあそこで釈放されたことが今の結果につながって、大きな力になっていると思っています。我々も地裁の段階で再審開始と同時に釈放をせよと申し立てていたのですけれども、そんなことがあり得るとは思っていませんでしたからね。あの時、主文の二番目に書いてあったのですが、それを全然理解していなくて、最初はただただ無邪気に喜んでいた。だから本当にびっくりしたというのを今もう一回思い出したところです。そういう意味ではあそこで釈放されたことで死刑執行の危険からとりあえずは我々としては解放されたというところが大きかったのですが、次に東京高裁がそれを取り消した段階で、今度はまた死刑執行されるのではないか、また収監されるのではないかと、逆に特別抗告審の時には我々としては大きな負担を抱えて、本当に何とかしなきゃいけないというところで一番苦しかった時でした。

岩井　安田さんは死刑囚に対する人身保護請求で執行場がある拘置所から執行場のない拘置所に移監請求などもしたと聞いたことがありますが、この点はいかがでしょうか。

安田　仙台拘置所の死刑囚の人が精神的におかしくなって、当時の八王子医療刑務所に送られると良くなるのです。というのは、刑場がありませんから。それでまた仙台に帰ってくる。するとまたおかしくなる。刑場があるというのは、それ自体がすごいプレッシャーというか、精神的に大変なストレスを与えることになるなというのはよく理解できました。本人がいつまでも精神的にダメージを受けていた方が命はつながるわけです。治ってしまうと途端に死刑執行の危険が起きるというものすごいジレンマに陥って。彼が八王子に行って治りそうになってくると、弁護人が出かけて行って攪乱して帰ってくると、そういう弁護をやってるのか何やってるのかわからないようなことをやらざるを得ないというジレンマに陥ったことがありました。ですから、そこまで考えてくると本当に何が根本的に問題なのかと、はっきり言ってしまえば死刑という非人道的なことが存在するからこうなっているのでしょうけれども、そこらあたりまで、この精神と死刑の問題を考えを深めていく必要があるのかなと思っています。

岩井信（弁護士、本書編集委員）

岩井　死刑判決後、袴田さんも一時期は執行の対象になりかねないときがあった可能性もあり、心神喪失状態の判断がブラックボックス化されている今の日本においては何が起きてもおかしくなかったわけですが、裁判所はこうした判決後の執行の手続きに対するイメージは、どのように考えられるんでしょうか。

木谷　裁判官はおそらく我関せずでしょうね。もう判決してしまった後のことなんか俺は知らんよという感覚だと思いますよ。

岩井　先ほどの中島先生の言葉だと、最後の執行の判断がもし心神喪失状態か否かで問題になる事案の場合は、裁判所の判決ではなくて、精神科医に最終判断が委ねられてしまう現実もあるのではないかという指摘があったのですけれども、それについてはいかがでしょうか。

木谷　裁判所の判決が死刑でない場合は、「殺せ」とは言ってないのですから、その場合に精神科医の先生が殺せと言うのは、これはとんでもないことです。そういう事態は、現実にはあり得ません。しかし、裁判所が「殺せ」と言っている場合に、先生方が「殺すのはまずい。それは止めてください」と判断されることは、そういう法律の建前になっているわけですから、それはそれで一向に差し支えないと思いますが。

岩井　死刑の執行に対しては本人が異議の申立をすることが事実上不可能な現状になっています。刑事訴訟法では、検察官に対しては自由刑の執行については執行の異議が出せる条文がありますけど、現在のように当日の朝死刑の告知をされる、ましてや拘禁反応がある死刑囚の人は告知を受けても自分を防御することができない。そういう中で、裁判所がこの死刑の執行に対する最後の審査をもう一度するというような制度もあってもいいのかなとも思うのですけれども、いかがでしょうか。

木谷　それは本当にそう思いますね。制度がその辺はやっぱり不備なんでしょうね。

岩井　制度を超えてあまりにも死刑の持つ影響力が大きいというか、異常さが制度ではかばいきれないという状態なのかもしれませんね。

木谷　だから、死刑があるということ自体が問題なのですよ。

安田　ただ私などは、特にその精神鑑定の問題から考えると、特に運用のあり方、例えば弁護人が接見するという場合に、ああいうアクリル板越しではなくて、部屋まで出かけていって房の中で座りながら話をするとかそういうことがあれば、もっともっとコミュニケーションができると同時に相手の精神状態にもタッチできて、かつ、それについて精神科のドクターの力を得ることもできて、一定程度の改善と効果が得られるのかなと思うのですけれど。これはもう運用の問題でできることでして、法律を改正するまでもなくできるのかなと思っているのですけどね。だから袴田さんの場合でも、一時期袴田さんが面会拒否されていたことがありましたね。傍からから見ていて、あれも弁護人が中に入って膝を付き合わせながら話ができるというような面会接見の状況が確保できておれば、とてもあんなことになっているはずはなかったと思っているのです。

中島　治療のこと一ついいですか。私はいろいろなところで引用はしているのですけれど、アメリカの実例で報告があって、ある死刑囚がいて死刑適応能力が問題になって、それで鑑定がなされて、この鑑定もやっていいかどうかという議論があるんですけれど、鑑定の結果、死刑適応能力がないということになった。治療をするということになったのですが、この治療も大変ジレンマがあるわけですね。治療がうまくいくと死刑執行される。治療がうまくいかないと死刑執行されない。病院に送られて治療したのですけど、治療スタッフがこの人を治療していいかどうかということで二つに割れちゃったわけです。それで、その人は治療を受けて、幸か不幸か良くなった。良くなって、また日本でいう拘置所に戻されて、もう一回死刑の執行をしていいか鑑定を受ける、こういう事態になりました。つまり一回目の鑑定は死刑執行を逃れるかどうかの鑑定だったのですけれど、二回目の鑑定は、どちらかというとまさに死刑執行をするかどうかの鑑定なのですね。先ほど木谷先生がおっしゃった一回死刑を逃れている人がもう一回死刑していいかどうかの鑑定になったという事例があります。この制度がある限りこういうことが起こり得るわけです。

私は袴田さんの時には弁護団との面会を拒否したりしているのは、やはりかなり異常である、病院か医療刑務所へ移送して強制的な投薬なども含めて治療した方がいいのではないかという意見を書きました。これは今でも本心で正しかったと思っています。別に弁護団の意向におもねったわけではなくて、やっぱり完璧に良くならなくてもいいけれども、せめて弁護団とかお姉さんとの面会ができるぐらいまで良くしていくというのは、これは精神科医としては倫理に反さないのではないかとその時には思っていました。ですから、釈放されてからは、薬を飲んでもらえないのは、ちょっと困っちゃいましたけれども、弁護団や支援の方とも会っているので、強制的な治療、注射をするところまでは必要ないのではないかなと、私が入院を受け持ったときにはそう思っていました。袴田さんに関してはそんなことを考えながら治療していました。

5　死刑が冤罪をつくる

岩井　最後に、捏造証拠が重大な事件によっても作られるというからくりは何か、について考えてみたいと思います。袴田さんの事件では、この死刑が持つような威力とか、そういうものを背景に過酷な取調べとか違法な調書の作成というものがあったかどうかについては、いかがでしょうか。

小川　私が見てきた感じでは、それこそアメリカで特別なデュープロセスを、というような死刑事件に関してはそういう議論があります。しかし袴田事件に関しては、捜査の段階からこういう重大事件であるにも関わらず、弁護人の接見もさせない、そして最大一六時間、平均一二時間の過酷な取調べを続けるとか、五点の衣類は最後の捏造ですけれども、捜査の初めの段階から、よく知られているのはパジャマに血がついていないのに血染めのシャツを発見したとか、特に警察ですけれども、捜査機関のそれこそ証拠の捏造だとか、あるいは検証調書・実況見分調書のいい加減な作成だとか、あるいは鑑定も私は捏造されたと思っていますけれども、そういうことがもう最初からずっと行われてきた。こういう重大事件であったら絶対あってはいけないのに、そういう違法な捜査が次々に行われてきたというのは、ちょっとスーパーデュープロセスとは逆ですよね。

岩井　逆になぜ、そういう中でも捏造証拠が作られたか、もしくは手続きがものすごく杜撰なのでしょうか。

小川　これはもちろん私の意見ですけれども、この事件は特別な力が働いた。特別な力というのは、この事件は近所の人も全然音を聞いたりしたことも何もないまま四人が殺されてしまったというようなことからして、複数の凶悪犯ですよね。かつ、犯人は暴力団員のような者で、当時の組と警察との関係から、事件を起こした人間を警察が知っていて、にもかかわらず警察はその連中を守るためか、袴田さんが無実であることが分かっていながら袴田さんを犯人に仕立てるというような方向で最初からやってきた事件だと私は思っています。そうでないと捜査の最初から、しかも検証だとか実況見分だとか、そんなところからいい加減な手続きでやっていく、袴田さんが犯人であるような、あるいは工場の方に結びつけたような偏った捜査が行われたということは説明できないですよね。

岩井　四人の被害者がいれば当然死刑事件になるかもしれないとなっていくわけで、その中で無実であることを知りながら袴田さんを貶めるだけの動機は警察にはないなどと、よく裁判所の判決の中でも書かれるのではないかと思うのですが。

小川　そういう意味では、警察は死刑だとか重大事件だとかということについての認識が、すごく欠けているというふうに考えざるを得ないですね。

安田　僕は重大事件だからこそ冤罪を生んできたという気がするのです。捜査官は証拠がなければ証拠を作ってまででも検挙して処罰すると。死刑に相当するような事件なので放置することはできないし、取り逃すこともできない、この部分だと思うのです。死刑を免れていい思いをするようなことは絶対許さないという、そっちの方が先行してしまって、客観的な証拠とか客観的に事件を見るとか、そういうところを置いてしまって、先にこの人が犯人だと決めつけた上でそれに見合う証拠を探してきて、あるいは見つからなければ自分のところで作り出すという結果なのかなと思います。ただ大島決定などを見ると、「捏造する動機がない」という変な言い方をするわけですね。しかし熱心であればあるほど証拠は捏造するというか、逆に私なんかが捜査官になったらとても怖いことをやるかもしれないなと自分自身が時には怖くなることもあるのですけれど。やはり、どちらを向いているか、その人はどっちに方向性があるかによって他のことが見えなくなってしまう。軸がずれてしまうと、平気で物事をやってしまうということがいくらでもあることでして、死刑に相当する事件というのは、そのぐらいの魔力というか、人間の領域を超えた力を持っているのかなという感じがするのですけれどね。

木谷　安田さんが言われたことと似たようなことを言いますが、要するに重大事件、事件が発生して世界が注目していると、そういう場面になった場合に警察がいつまでたっても犯人を挙げられないということになると、警察は何をしているのだとマスコミも書き立てますしプレッシャーがかかるわけです。そうなった場合に、警察は何が何でも犯人を挙げなければいけないというような気持ちになってしまう。それで強引な捜査をして犯人を作り上げるというのが、ごく普通の冤罪のパターンではないかと思っています。これまで私が担当した事件でも調査した事件でも、そういうのはよくありました。だから、相当強引な捜査を平気でするというのが警察である。その結果を鵜呑みにするのが検察であり裁判所である、というのが私の感想です。

安田　私はもう一つ、裁判官もそうではないかと。耳目を集める事件はそう簡単に無罪にするわけにはいかないと、そういう大変大きな心理的プレッシャーがかかってしまっているのではないかと思うことがあります。

木谷　裁判官の中には、検事が起訴した事件が無罪なのはあり得ないと本当に信じ込んでいる人が一定数いるんです。それは重大事件であろうとなんであろうと、また、証拠に多少危ういところがあっても、そういう人はまず無罪判決なんかしません。でも、一方に、数は少ないですが、本当にやる気のある人もいます。そういう人にとっても死刑求刑事件について無罪判決をするというのはかなり精神的なプレッシャーになることは間違いないですね。そういう事件で本気になれるかどうか、最後は裁判官の人格次第だと思います。

安田　どうしても処罰感情が先行してしまって、早く処理しなければならない、あるいは早く答えなければならないというような雰囲気を裁判官が持たれることがあるなという実感を持つんですね。

木谷　そういう人がいることは間違いないです。おっしゃる通りです。

安田　私どもからすると、そういう事件であればあるほどじっくり話を聞いてもらいたいというのがありますね。

木谷　全く同感です。

岩井　今回検察が有罪立証にこだわる理由の一つが捏造証拠だと、その判断だけでも変えさせたいという意図があるのではないかという議論が冒頭でもありました。その延長でいうと、死刑判決の事件において本来そんな証拠の捏造や冤罪があってはならないわけで、日本では死刑囚が再審で無罪になった事件が四件ありますが、五件目を作っちゃいけない、ましてや死刑事件で捏造証拠が作られたなんてことは残っちゃいけないと、そこも非常に大きな検察側の面子の問題としてあるのかなという気もするのです。小川先生、いかがですか。

小川　やはり死刑事件が間違っていた、それが再審で無罪になるということは本当に大変なことだと思います。そういう意味では、それをなんとかそこまでは、まして捏造を認めるということは、特に検察官にとっては大きな方向付けになっているのだと私も思います。

木谷　ただ、この事件でもしあれが捏造でないということになったら有罪になっちゃいますよね。

小川　そうですよね。どちらかしかないですからね、それは。

6　おわりに

岩井　最後に、今日の議論を踏まえて一言ずつご感想をお願いします。

中島　死刑がどれくらい、例えば拘禁反応という形で現れるので、どれくらい影響するかというのは、実は私はよくわからない。死刑囚に接した経験はそんなに多くない。それこそ安田先生とかいろいろな人に依頼をされて資料を見たり、あるいは死刑が想定される方に会いに行ったり、そういうことはありますけれど、本当に数は少ないので。私のいた横浜刑務所とか横浜拘置所というのは死刑台がないところですので、死刑が想定される事件の方というのは極めて少なかったですし、ほとんど会っていないですね。一人二人会ったかどうかぐらいの感じなので、わからないです。この辺りを一番研究したのは先日亡くなられました小木先生、加賀乙彦さんですね。死刑囚と無期懲役囚を調べて、比較をして本にしたわけですけれども、これがやはり今や歴史的な大著であって、これを超えるものはなかなかないわけです。小木先生は、死刑囚と無期懲役囚はだいぶ違うということを、多数を調べられて。あの頃は本当に拘置所の房の中に精神科医が立ち入って調査ができたという。私が刑務所・拘置所の医者をしていた頃はそういうことは許されませんでしたので、やはりああいうことは、なかなか今の法務省であるとか刑事施設の体質であると調べられない。何か言い訳ばかり述べましたけれども、結局死刑という重圧がどういうふうにご本人の精神状態に影響をもたらすかというのは、少なくとも経験的には分からない。推測として分かるものというのは、これは本当に皆さん精神医学と関係ない専門的な知識を持っていらっしゃらない方と同じ水準のことしか私は思いつかなくて、やはり重圧が重ければその分すごく反応を受けるのだろうなということは思います。

例えば四人の死刑から無罪になった方で、私は免田栄さんと赤堀政夫さんとは話をしたことがあるのですけれど、お二人とも例えば袴田さんとはだいぶ違いますね。いろいろなことを正確にお話ができるし、死刑の房にいるときにどんな体験をしたのかという話もとても詳しく聞かせていただきました。だから、死刑囚が皆さんそういうふうな体験をするわけではないというのは確かですね。私が刑務所で見ていた方々は、横浜刑務所は短期刑なので有期刑の方ばかりでしたので、それでもいろんな気持ちの上での反応が出てくるというところがあって、このあたりの違いというのは、すみませんが、私はそこをお答えすることができないところです。

木谷　今回の事件でますます痛感するのですけれど、やはり諸悪の根源は死刑制度だというところに行き着くのではないでしょうか。私は最近『判例時報』のウエブ版（二〇二三年五月一日版）に書いたのですけれど、ヨーロッパ諸国が次々と死刑を廃止していったのが一九八〇年代くらい。日本では連続射殺魔件で、一審の死刑判決を船田三男裁判長が逆転させて無期懲役にしたのが一九八一年なのですね。船田判決はその後最高裁でひっくり返されてしまうのですが、あの段階で船田判決が最高裁で維持されていれば、日本の死刑制度はかなり変わったのではないかと思います。今や先進国の中で死刑を維持しているのは日本とアメリカの一部の州でくらいですが、アメリカでは廃止する州が増えています。アジアの中でも随分死刑廃止国が増えたようです。先進国を自称する日本が、中国や北朝鮮と並んでいつまでも野蛮な死刑制度を維持している。本当に恥ずかしく残念です。安田さんに頑張ってもらって、一日も早く廃止の方へ持っていっていただきたいと思います。

小川　僕は死刑制度にはもちろん反対だったのですけれども、やはり誤判による死刑というのが今回改めて。死刑を廃止しなければいけない論拠として、やはり誤判の問題というのは避けて通れないし、一番重大な問題じゃないかと改めて思っている次第です。かつ、袴田さんの場合は無実の死刑囚であったことで、本当に今でも回復しがたい状態に陥っている。本当に普通の生活に戻れないという状態ですよね。それが本当に僕は許せないし、無罪判決を袴田さんが聞くことによって、少しでもそれが回復の方向に導くことができればという思いでいっぱいです。

安田　先ほど木谷先生がおっしゃったのですけれども、船田判決の中で、どこの裁判所がこの事件を取り扱っても死刑しか選択肢がないというときだけ死刑は唯一許されるのだという、あの考え方というのは実務家としてたいへん優れた考え方で、実質においてはもう死刑を廃止する方向での基盤作りになった考え方だったんじゃないかと思うんですけれども、それがひっくり返されてしまって、なかなか死刑の冤罪が晴らされることがないままに過ごしてきて、今回ようやく袴田事件で、先ほど四〇年とおっしゃったけれども、そういう長い努力の中で無罪が出そうになってきた。ぜひこれを実現していただいて、そしてこれを先ほど木谷先生がおっしゃったのですけれども、死刑廃止の力に何とか役立てていただければというふうに思うんですね。死刑廃止を願っている者たちだけではなくて、日本がこれから世界の中で自信を持って生きていくためには、やはり死刑廃止になっていかざるをえない状況にあるわけですから、今回の袴田さんの教訓を社会的に共有できるようにしていただければと願っています。よろしくお願いしたいと思います。

岩井　私も一日も早く無罪という言葉を袴田さんが聞いて、袴田さんの頭の中から死刑という言葉がなくなる、それによって健康がより健やかになること、その日が一日も早く来ることを願っています。どうもありがとうございました。

〔二〇二三年八月一日、港合同法律事務所にて〕

死刑廃止のための大道寺幸子・赤堀政夫基金
死刑囚表現展2023

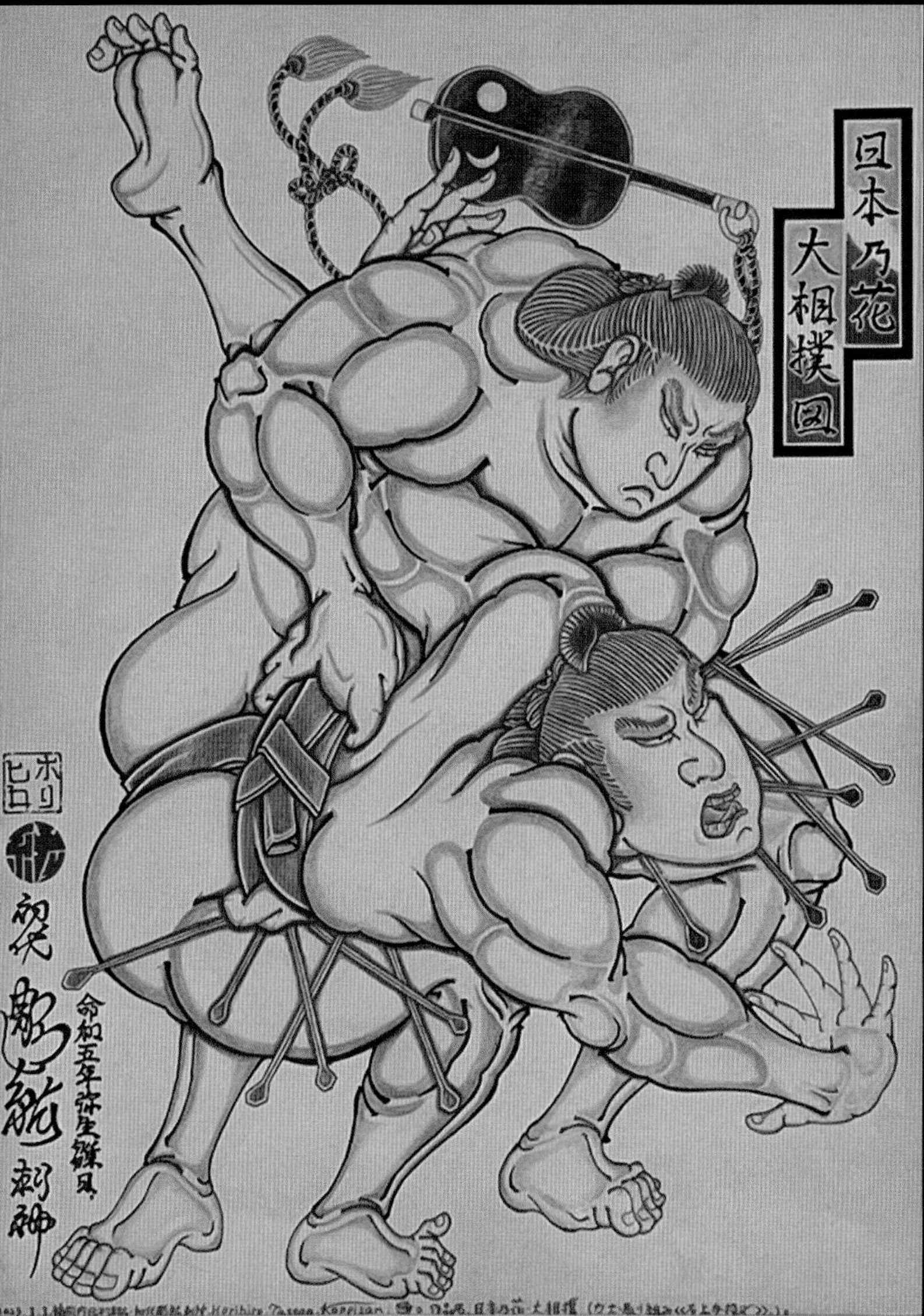

井上孝紘（福岡拘置所）

日本乃花・大相撲図（力士取り組み《右上手投げ》）（H33.2×W24.1cm）

井上孝紘（福岡拘置所）

若武者乃誉れ　鬼退治図譜
（H33.2×W24.1cm）

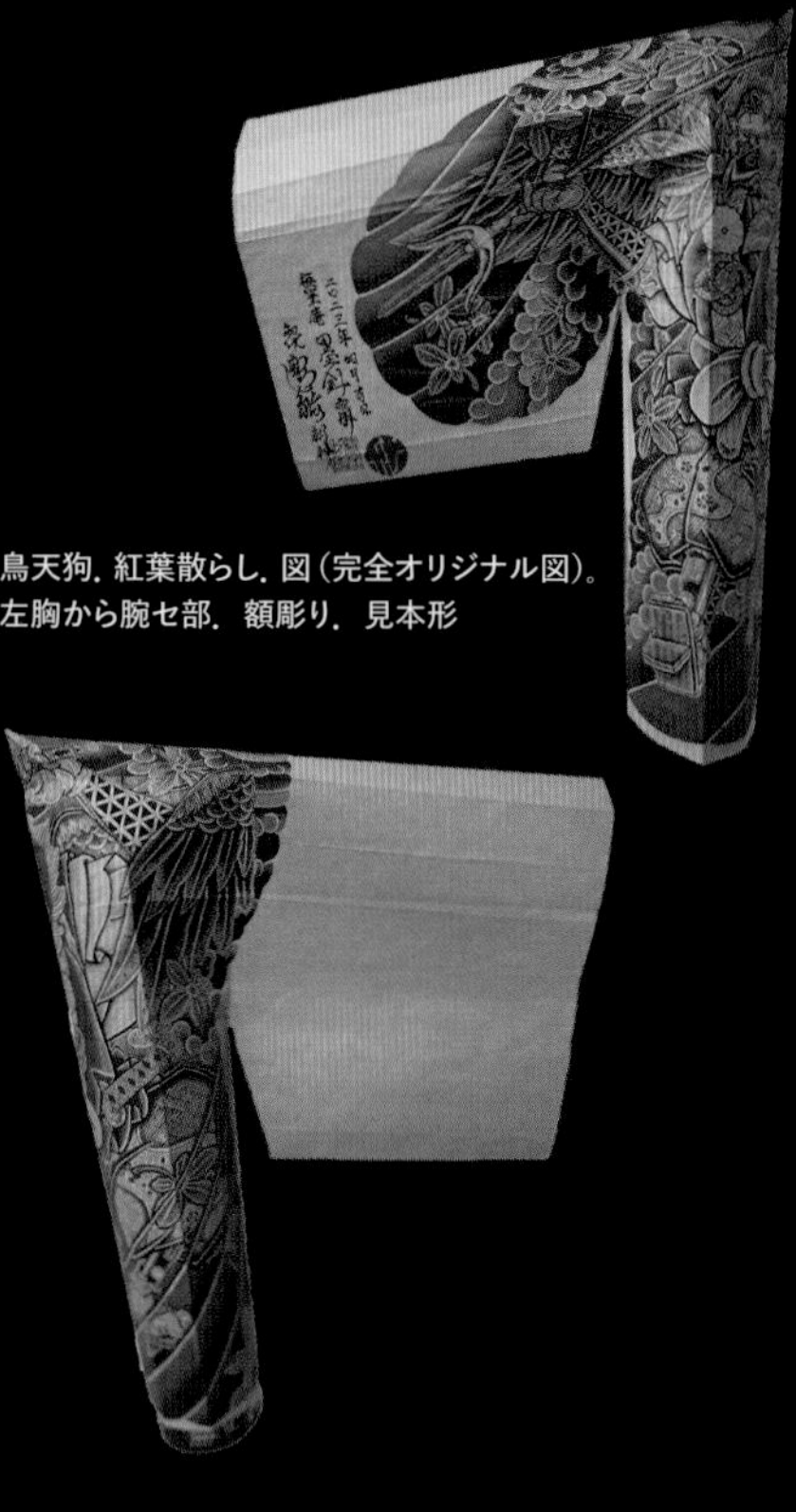

鳥天狗．紅葉散らし．図（完全オリジナル図）．
左胸から腕セ部．額彫り．見本形

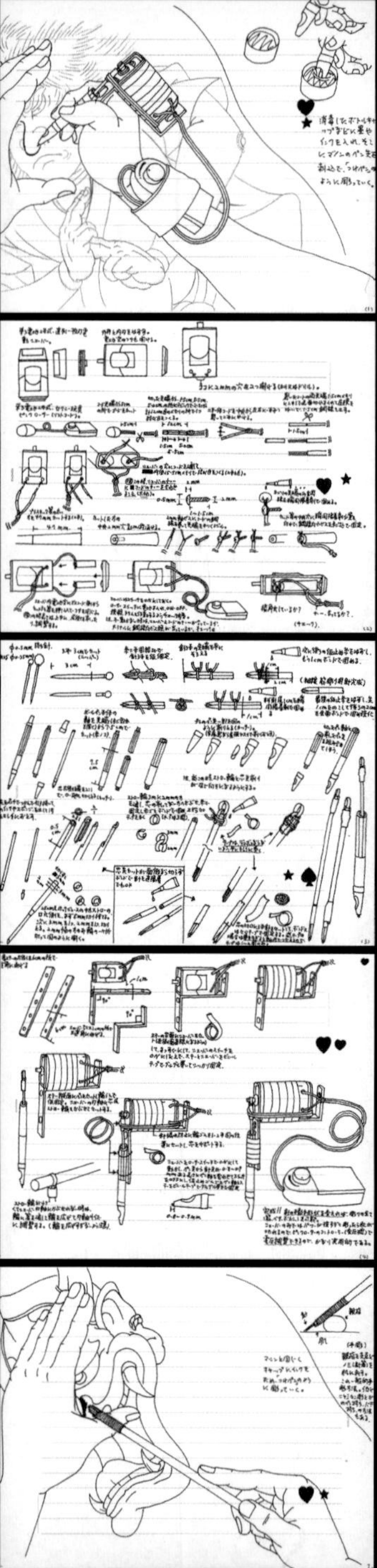

手作りタトゥーマシーン・手作り用ノミの作り方（便箋7枚）

刺青⑴龍虎図、桜散らし、腕五分、胸割り
（H29.7×W21cm、部分）

着せ替え刺青　はさんだ状態
ヤングチャンピオンの付録の
クリアファイルを使った着せ替え刺青

刺青⑵天下五面図、桜散らし、首数珠
（H29.7×W21cm、部分）

刺青⑶五鯉益図、金魚散らし
（H29.7×W21cm、部分）

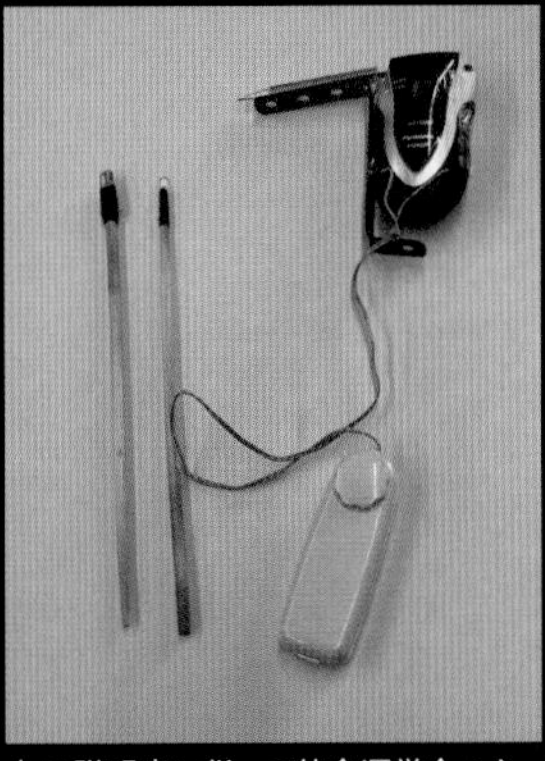

右の説明書に従って基金運営会スタッフが
3晩を費やして完成させた
タトゥーマシーンと手作り用ノミ

猪熊武夫（東京拘置所）

村の郵便局・役場（H18.2×W25.7cm）

植松 聖（東京拘置所）

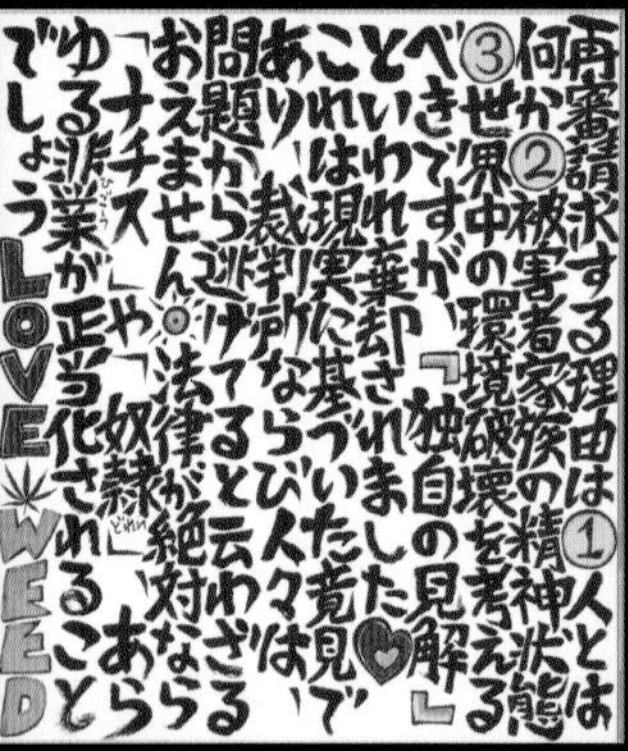

弐　即時抗告（色紙）

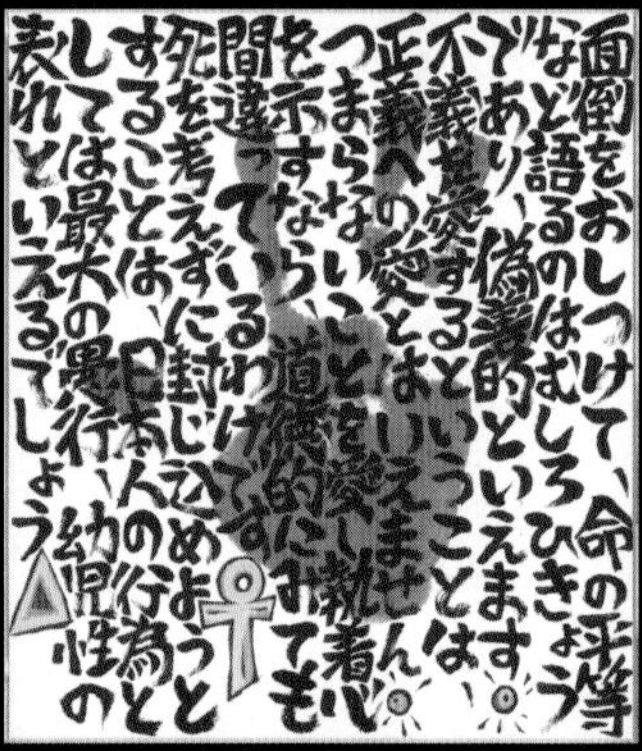

壱　相模原事件（色紙）

伍　死刑制度（色紙）

四　大麻取締法（色紙）

参　無理心中（色紙）

風間博子（東京拘置所）

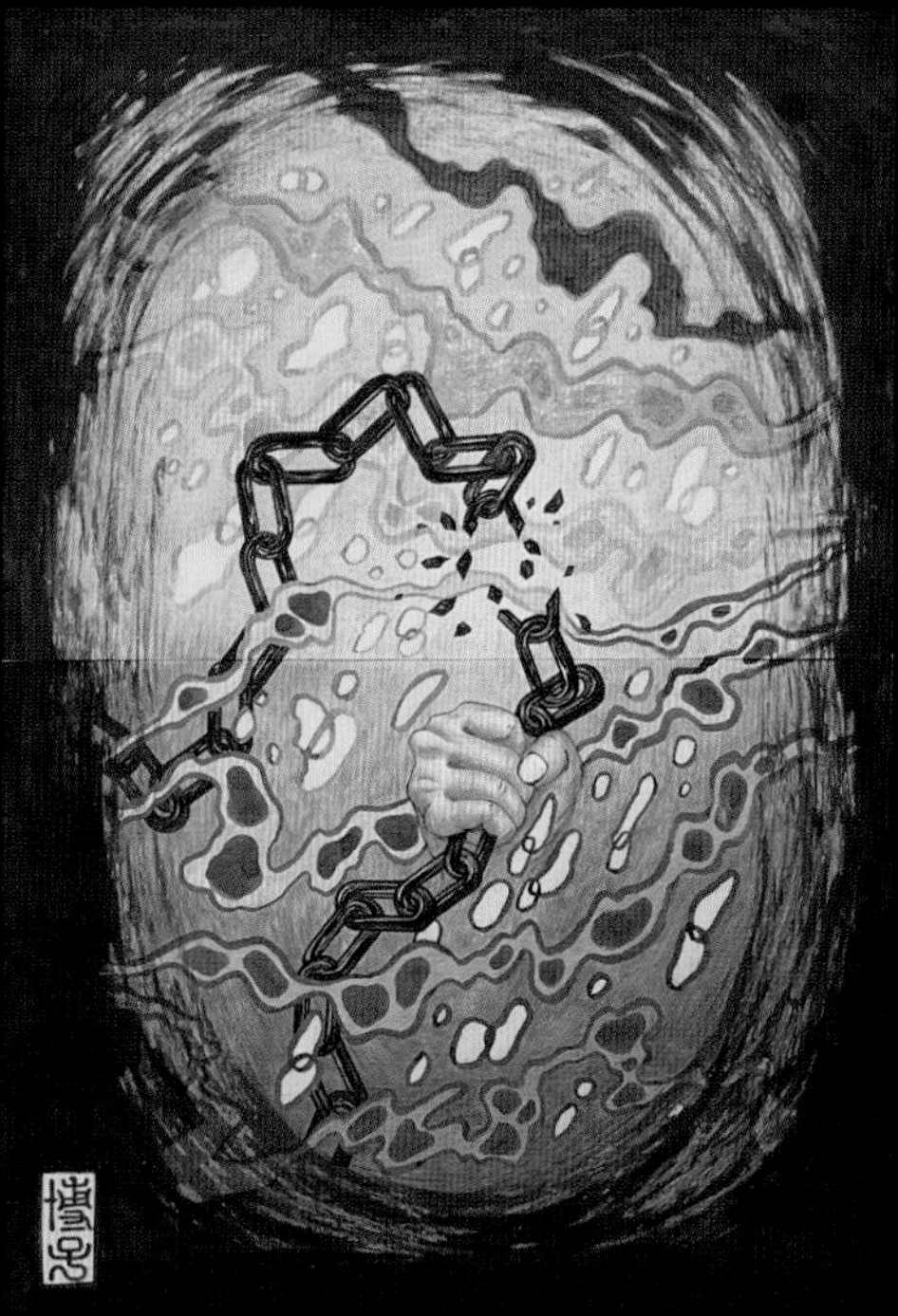

命一弐〇弐参の壱
（H54×W38cm）

金川一（福岡拘置所）

ウサギどし（H21×W29.6cm）

イソップとカメ（H21×W29.6cm）

自画像（H29.6×W21cm）

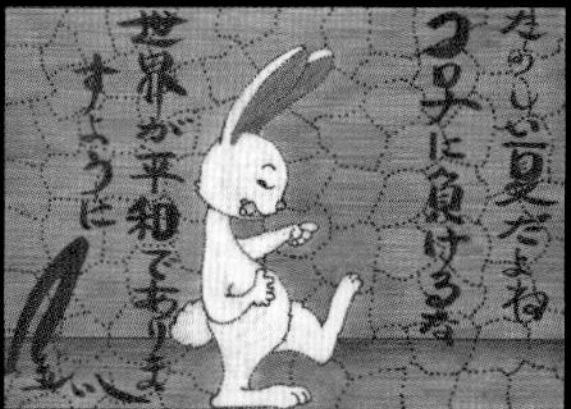

たのしい夏（H21×W29.6cm）

ひるねするウサギ（H21×W29.6cm）

北村真美（福岡拘置所）

孫に贈った絵手紙のウルトラマン（H21×W29.6cm）

謝依俤（東京拘置所）

夏の涼風（H42×W29.8c

〈無題〉(H29.6×W18.1cm)

〈無題〉(H29.6×W18.1cm)

長勝久(東京拘置所)

競馬史上最強馬“無敗”「デープインパクト」(H25.7×W23.7cm)

中田典広（ペンネーム）

厳島神社（H21×W29.6cm）

清水寺（H29.6×W21cm）

原正志（福岡拘置所）

遊子とキャリーバック（H37×W47.2cm）

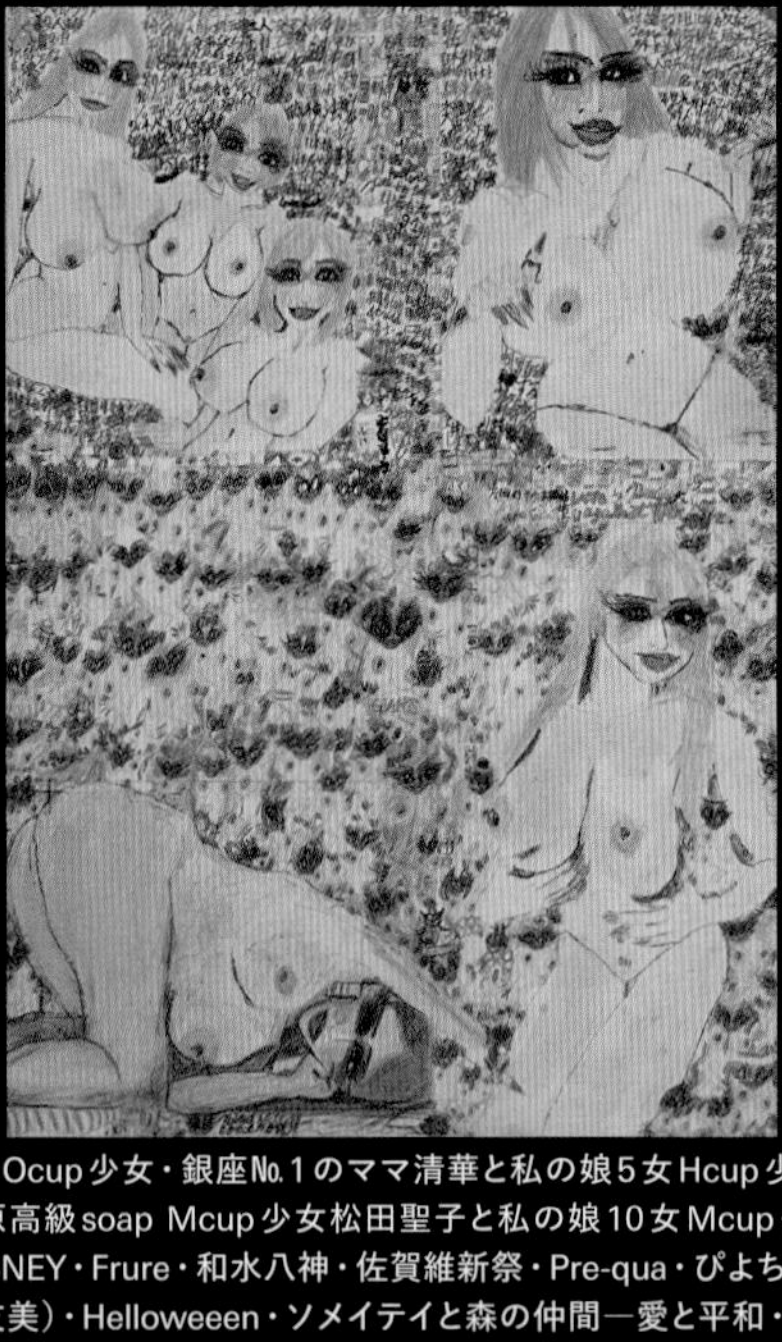

Back中出し孕んだら結婚するしか無いでしょうHitomi Ocup少女・銀座№1のママ清華と私の娘5女Hcup少女中島美嘉と私の娘長女Gcup少女Blackgal、Martin №1吉原高級soap Mcup少女松田聖子と私の娘10女Mcup少女NTR、Fackyou、我妻高しょうIcup青森自宅の温泉にてとDISNEY・Frure・和水八神・佐賀維新祭・Pre-qua・ぴよちゃん・One PIECE（ナミ・NicoRobin）・Lirbbit お鶴ちゃん（板野友美）・Helloweeen・ソメイテイと森の仲間一愛と平和・絆（H54×W38cm）

藤井政安（旧姓関口、東京拘置所）

愛（なんでも溶かす薬）（H39.2×W27.2㎝）

盛藤吉高（仙台拘置所）

福島県会津地方の民芸品
（赤べこと起き上がり小法師）
（便箋　H17.7×W23cm）

何力（フーリー、東京拘置所）

怖いきみのなわ（H33×W70.2cm）

My favorite magazine

死刑囚表現展2023

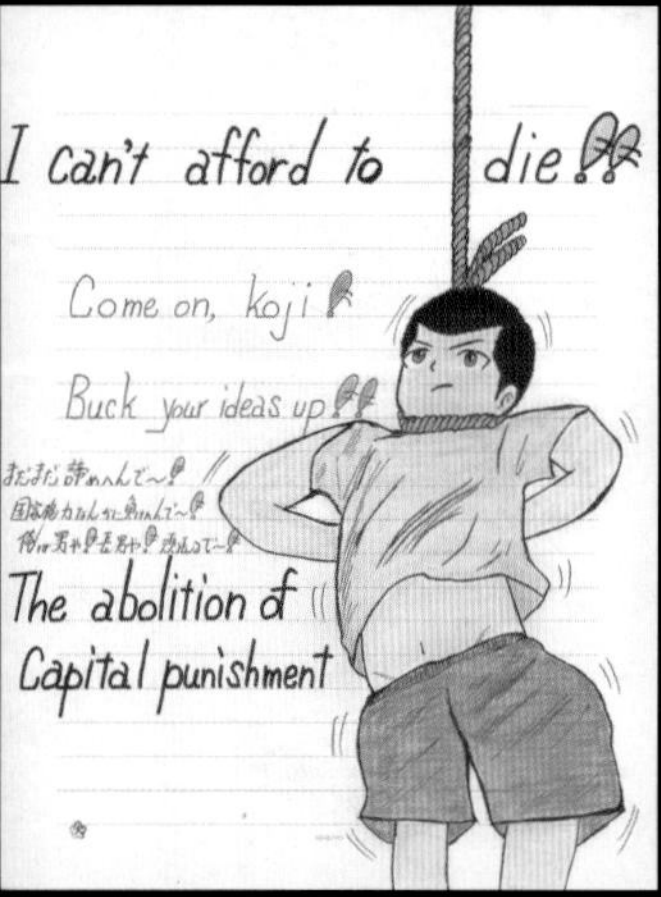

I can't afford to die!!

Mew♡

2023年（令和5年）7月28日「金曜日」
死刑囚表現展へ向けた僕からの最後のMessage

死刑囚表現展2022のアンケート内容を読んで
picture ver.

溝上浩二（旧姓山田、大阪拘置所）

2023年度は絵画部門では226点という膨大な数の作品を応募している。

Stop the death penalty ～ Painful!

僕が考えた大ピンチずかん

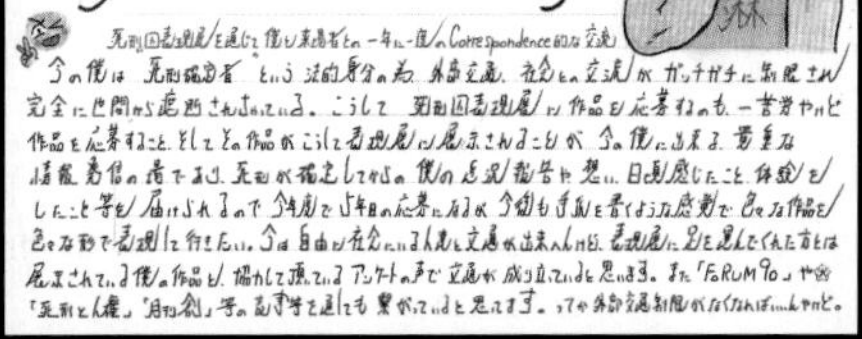

CORRESPONDENCE ～ Any letters for me today!

Give a loud cry! お～い広志ぃ～! 届けこの声、白壁に
2023年7月7日に

「刑事収容施設法141条に基づき抹消」と告知され、
左側上部の文5行の文面をガッツリ墨塗りされたVer.

溝上さんは養子縁組した名古屋市東区白壁にある名古屋拘置所の死刑囚・山田広志さんに向けこの絵の中で励ましの言葉をかけている。というのは山田広志さんはガンで余命宣告されている死刑囚だからだ。墨塗り箇所には「膵臓癌なんかに負けるな。俺なんかより先に死ぬな。Never give upやで。皆応援してる、頑張れ」などと書かれている。なぜこれらの言葉を墨塗りする必要があるのだろう。

モンマルトルの死刑囚絵画展

都築響一
（写真家、編集者、ジャーナリスト、【ROADSIDERS'weekly】発行責任者）

パリでいちばん高い丘。頂上にサクレクール寺院がそびえるモンマルトル。ピカソやモジリアーニが住んだ安アパート洗濯船、ルノワール、ユトリロ、ロートレック……そうそうたるアーティストたちが青春を過ごしたモンマルトルは、パリ有数の観光地であるとともに、そのふもとにあたるマルシェ・サンピエール地区はパリ随一の生地問屋街。ファッション関係者にはとりわけよく知られる、まあパリの西日暮里というか。

カラフルな生地が店先からあふれ出す商店街の奥にあるのがアル・サンピエール（HALLE SAINT PIERRE）。もともとはマルシェ（市場）だった一九世紀の建物を改装し、素朴派の作品を集めたマックスフルニー素朴派美術館として一九八六年に開館した。一九九五年からはアウトサイダーアート／アールブリュット／ロウブロウアート専門の展示施設として毎年一〜二本の企画展示を開催している。二〇一〇年から一一年にかけて『アール・ブリュット・ジャポネ＝日本のアウトサイダー・アート展』が開かれ、約一二万人の観客を動員するという記録的な成功を収めたこともあった。

　近年、正規の美術教育を受けたアーティストによるファインアートの外側（アウトサイド）にある表現が注目を集めている。障害者、刑務所の受刑者、ある日突然神の声を聞いて絵筆を取ったひと……どんな美術史からも理論からも流派からも技術体系からも無縁な場所で、たったひとりの創作活動を続ける人間たちがいる。その純度、思いの深度が、難解な現代美術についていけなかったり、違和感を抱く多くの人間たちを惹きつけてきた。日本でもそのような表現を紹介する展示施設が増えてきたけれど、そのほとんどが障害者支援施設での創作活動から生まれた表現に特化している。いっぽうアル・サンピエールはむしろ、支援施設からもこぼれ落ちたような社会的アウトサイダー、一匹狼の表現者たちに

ずっと脚光を当ててきた。
　アル・サンピエールでは今年（二〇二二）一月から一二月三一日まで、丸一年間にわたって「HEY! LE DESSIN」と題された大規模なグループ展を開催。そのなかで日本の死刑囚たちの作品も大きく紹介されるというので、ようやく出入国も自由にできるようになった一一月になって見に行くことができた。新型コロナウイルス発生から約二年半……待ちかねた海外旅行である。
　展覧会タイトルにある『HEY!』は二〇一〇年にパリで創刊された専門誌。ファインアートに対向するサブ、というよりカウンター・カルチャーとしてのストリート・アートを指すロウブロウ・アートに特化したメディアである。アル・サンピエールでは『HEY!』のキュレーションによる企画展を二〇一一年からスタート。二〇一三年、一七年、一九年に続き今回が五回目の開催となる。「DESSIN」はドローイング／素描の意。立体よりも

平面の表現に力点を置いた今回の企画は、これまで五回のうちでもっとも多くの観客を動員しているそうだ。

約六〇名／組のアーティストが参加した「HEY! LE DESSIN」には、もちろんアウトサイダーアートあり、戦地の兵士たちの作品もあれば、タトゥーやグラフィティの下絵、原画もあり。「描くこと」の多様さと奥深さ、同時に技術的な修練も難解なコンセプトも飛び越える直感的な表現の可能性も強く感じさせる。「ひとから教わること」と「自分でつくること」のあいだにある決定的な差をあらためて僕らに突きつけてくれる、それはきわめて野心的な展覧会だった。そしてこれほど挑戦的で、ストリートの表現に寄り添ったミュージアムが、パリ市立の施設として存在しているところが僕にはほんとうに羨ましい。

展覧会はアル・サンピエールの一、二階全館を使用して開催され、死刑囚絵画コレクションは全壁面が黒く塗られ、暗い空間のなかに作品が浮かび上がるように配置された一階の展示室に置かれていた。

この文章を読んでくれているかたなら、もちろん死刑囚の絵画についてもはや説明する必要はないだろうが、日本の死刑囚の絵画作品がこのようなかたちで海外のミュージアムで展覧されるのは、今回が初めてのはずだ。

フランスは一八世紀末のフランス革命以来、現代までギロチンによる死刑が採用されてきた国。ギロチンによる最後の処刑はなんと一九八一年だそうで（つい最近！）、それはフランスで死刑が廃止された年でもあった。当時、日本と同じくフランスでも死刑に賛成する国民が多数派だったそうだが、社会党のフランソワ・ミッテラン大統領から司法大臣に任命されたロベール・バダンテール（法律家・著述家）が、野次と怒号のなかで行った歴史的な演説によって法案が成立したのだという――「明日、皆さんのおかげで、フランスの司法は人殺しの司法ではなくなります。明日、皆さんのおかげで、われわれの共通の恥辱ゆえに、フ

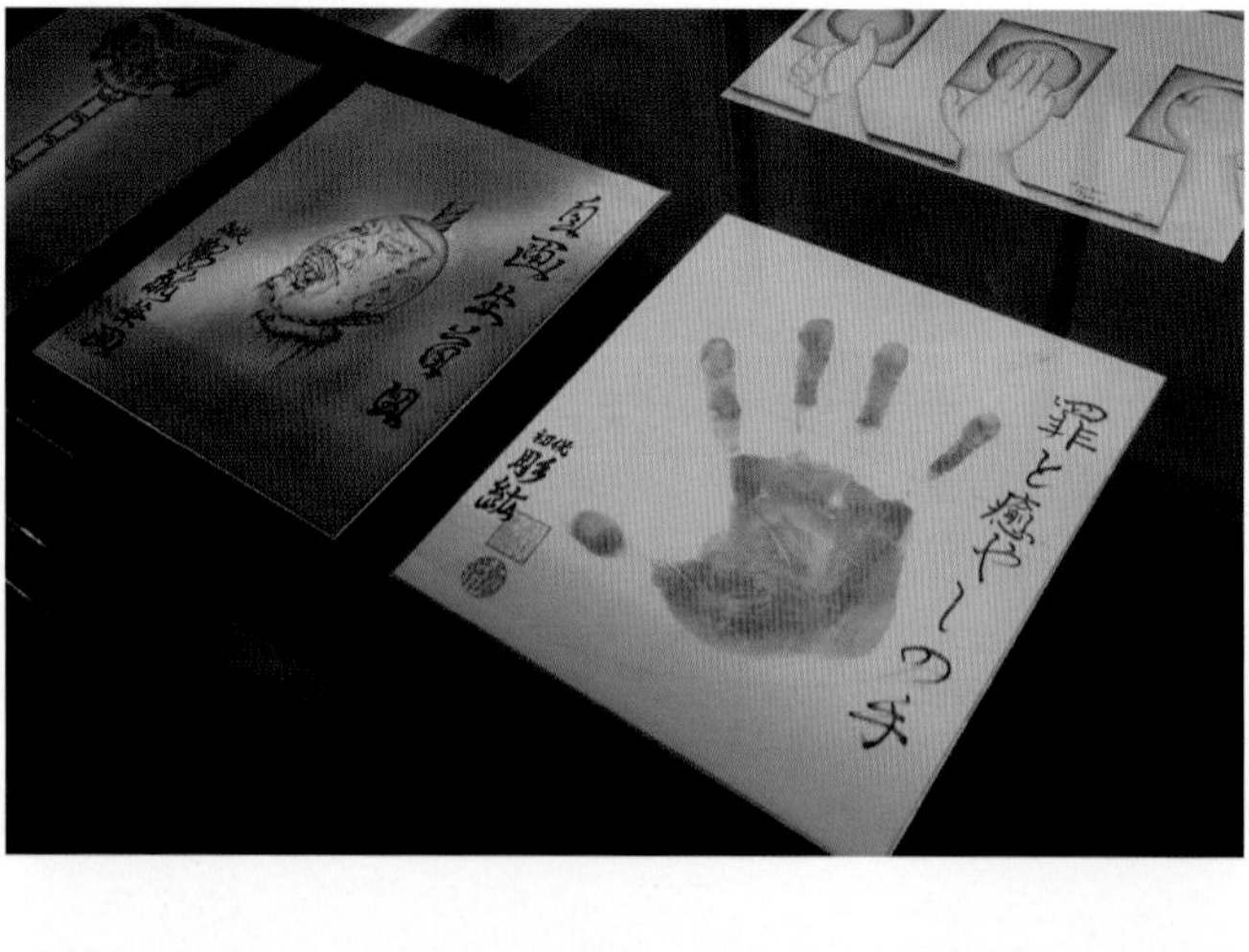

ランスの刑務所で、黒い天蓋の下、早朝に、人目を忍んで執行された死刑がなくなります。明日、われわれの司法の血塗られたページがめくられます」（在日フランス大使館ウェブサイトより：https://jp.ambafrance.org/article17191）。

ご承知のとおり極右勢力が力を増している現在のフランスにおいては、いまも死刑制度の是非が議論の対象となっているそうだが、とにかく四〇年間以上にわたって死刑廃止を貫いてきたフランスにあって、日本がいまだに死刑制度の適用国であることはもちろん、執行当日朝になっていきなり執行が宣告されるといった非人道的なシステム、また各死刑囚の罪状などの知識も当然ながら皆無であるため、今回の死刑囚絵画コレクションは大きな驚きをもって迎えられ、作品と添えられた詳細な解説にだれもが長時間見入っていた。担当キュレーターによれば、すべての展示のなかで観客がいちばん強く反応したのも、この死刑囚絵画コー

ナーだったそう。

　東京や日本各地でフォーラム90が主催してきた死刑囚表現展は、もちろん公立美術館ではなく民間の会場で数日間の開催、それも仮設パネルに直貼りされたりテーブルに置かれたりした状態での展示が多いのはご存じのとおり。今回のアル・サンピエールでのように一点ずつがきちんと額装され、照明を当てられて、つまりまっとうな美術作品として扱われ、しかも一年という長期間公開されるのは、日本ではまったく実現不可能な展示方法だろう。

　和歌山毒物カレー事件の林眞須美、秋葉原通り魔事件の加藤智大、オウム真理教の岡崎（宮前）一明……日本の展示ではどうしても死刑囚ひとりひとりの犯した罪（冤罪の可能性も含めて）に意識が向かいがちで、独立した絵画として作品に向かい合うことは難しい。パリのミュージアムで再会した死刑囚の絵画群は、その多くを日本で見てきた僕にとっても、これまでよりもずっと「作品寄り」の視点で見直すことができる機会になった。

　そもそも死刑に処せられるような罪を犯した人間に「お絵描き」が許されていいのか、という意見がある。近年脚光を浴びるようになったハラスメントのもとで制作された映画の名作など、表現者個人の資質と作品のクオリティのギャップをどう受け止めたらいいのかという議論もある。それは日本だけではなくフランスでも一緒だけれど、「法の名の下に人間が人間を殺していいのか」という根源的な問いかけと議論の深度に、圧倒的な差がある。見事な演説によって死刑廃止を勝ち取ったフランスの法相と、「死刑のハンコを押したときだけニュースになる地味な役職」と受け狙いの発言で更迭された日本の法相……。僕らはいったいどんな国に住んでいるのか。（写真も筆者）

（初出＝『FORUM90』184号、
二〇二二年一二月一五日）

死刑をめぐる状況 2022—2023

「死刑囚の表現」について離れぬ問い

第18回死刑囚表現展を終えて

太田昌国

加藤智大の八一枚に及ぶ絵画表現

死刑囚表現展を始めて一八年が経った。その間に、幾人もの死刑囚が処刑されたり、獄死したりしてきた。忘れ難いその作品群を、絵画はまなうらに、文章は脳裏に思い浮かべる。そのたびに、死刑という刑罰の残酷さを思う。

今年（二〇二二年）は、秋葉原無差別殺傷事件の加害者・加藤智大が処刑された。死刑確定前に四冊の単行本を出版した彼は、確定した二〇一五年以降は毎年、死刑囚表現展に作品を寄せてきた。絵画もあれば、文章もあった。他者との関わりを頑なに拒絶するかのような態度は、初期の応募作品の内容にも、他の応募者や選考委員に対する文言にも、見て取れた。それは、最後となった今年の応募作品においても、変わることはない。だが同時に、応募を始めて以降の八年間の過程では、他者への関心の高まり、共感・連帯の表明が顕著に現われるなど、「変化」の兆しが見られることについては、ここ数年来触れてきた。

彼は公判廷において「事件を起こすべきではなかったと後悔し、反省しています」と述べ、応募作品の中でも自分が犯した事件の間違いや秋葉原「計画」の間違いについて何度も触れた。だが、犯行当日秋葉原へトラックで乗りつけ、赤信号で一旦は停車させるほどに「本能的に、ものすごい抵抗があり、意志とは関係なく、体が拒否した感じ」（二〇一〇年七月二九日、東京地裁公判）を覚えながらも、最後には信号を無視し、歩行者天国の空間を楽しむ群衆の中へ突っ込んで多数を死傷させた。その根拠については、遂には〈論理的に〉語ることをしなかった。本来的に〈論理的な〉資質を持つ彼は、それが論理に拠っては説明し難いことを自覚していたから、できなかったのだろう。今回応募したのは、八一枚に及ぶ絵画表現で、どこにも同じ顔立ちをした女性のヌードが描かれている。文字説明も多々あって、それは、本人の言葉によれば、情報の質量とヌードの猥褻性の相互影響性を見図るためのようだ。「ナビ狂う」における「たった47秒でわかる秋葉原事件」というチャート式の表現は、これまでも彼が好んで行なってきた説明の一方法だ。だが、休日の秋葉原を愉しむ人びとを身勝手にも「人質」と名づけ、それらの人びとを「殺さざるをえない」と短絡的に断定する箇所は、見るも無惨な論理的な破綻をさらけ出している。〈自己内対話〉を深めつつあった加藤の「変化」の軌跡には、私は大いに注目してきた。今回の処刑は、この核心的な問題をめぐって、加害者がさらに自ら内省を深める可能性を奪ったのである。

首吊り自殺は、セルフ死刑
死刑は、オート首吊り自殺
加藤智大「問：抑止力とは？」

　東京拘置所やまゆり園」と題した作品中の「〃人権派〃がもみ消す死刑囚の実態」という説明にも注目した。壁や扉を殴り「バカヤロー」と叫び、廊下にお茶や残飯をぶちまける自称「無実」のチンピラ、拘置所に対する身勝手な要求が却下されるたびに「人権侵害」と騒ぐクソ左翼、床を踏み鳴らして地震を発生させ、階下への配慮もない偽善者——など、加藤が捉えた死刑囚の実態の一部が描かれている。他の死刑囚の姿をこのように描写した表現は、これまでなかった。加藤はここで何を言いたかったのだろうか。自分はこんな死刑囚とは違うという「自負」か「矜持」だろうか。死刑を宣告した国家権力との関係でいえば、常に死刑囚を防衛する側に立つ〃人権派〃が展開しがちな「死刑囚一般論」が、こんな死刑囚の現実を見落とすことへの警告だろうか。

　執行の時期にも触れておきたい。彼が執行された七月二六日は、安倍元首相が狙撃死した七月八日から数えて二〇日足らずの時である。二五年前の一九九七年八月一日、確定死刑囚の「連続射殺魔」永山則夫の死刑が執行された。この年の春、神戸で連続的な児童殺傷事件が起こり、二名が殺され、二名が重症を負った事件があった。加害者は中学三年で、一四歳の少年と判明したことから、社会に強い衝撃を与えた。少年犯罪をめぐって「世論」が興奮・沸騰する時期に合わせて、その「先駆け」というべき永山の処刑を急いだことは明白だろう。今回の加藤処刑もまた、元首相の狙撃死に関連づけての「見せしめ」「報復」という意味合いを、世論対策上持たせた支配側の意図が透けて見える。誰を、いつ、処刑するかという問題が、これほどまでに、支配者の恣意に基づいて判断・決定されているという事実から、私たちが引き出すべき課題はなんだろうか。
加藤智大処刑の衝撃性から、彼の表現に詳しく触れた。以下、他の人びとの作品に順次触れてゆきたい。

石川恵子、井上孝紘、猪熊武夫、植松聖

石川恵子の短歌では、昨年の「念願の『歎異抄』手に入れた　給付金で決断できた」の後日談を伝える歌に心惹かれた。「読むたびつのる親鸞の慈悲感謝の字を書きつづけ生きる日々よ」。同時に、給付金の八割は、自らがなした加害の罪ゆえ「迷惑をかけた」家族と弁護士への「恩返し」に使われたことも知る。「賞金《ごほうび》は亡兄《アニ》の霊前へ赦しこい慟哭届け償い込めて」という歌もある。この賞金とは、昨年の表現展で努力賞を受賞して得たものを指すのだろう。周囲の冷たい視線にも怯まず、「罪人の」妹を支え続けたという、今は亡き兄への敬慕の念が切ない。

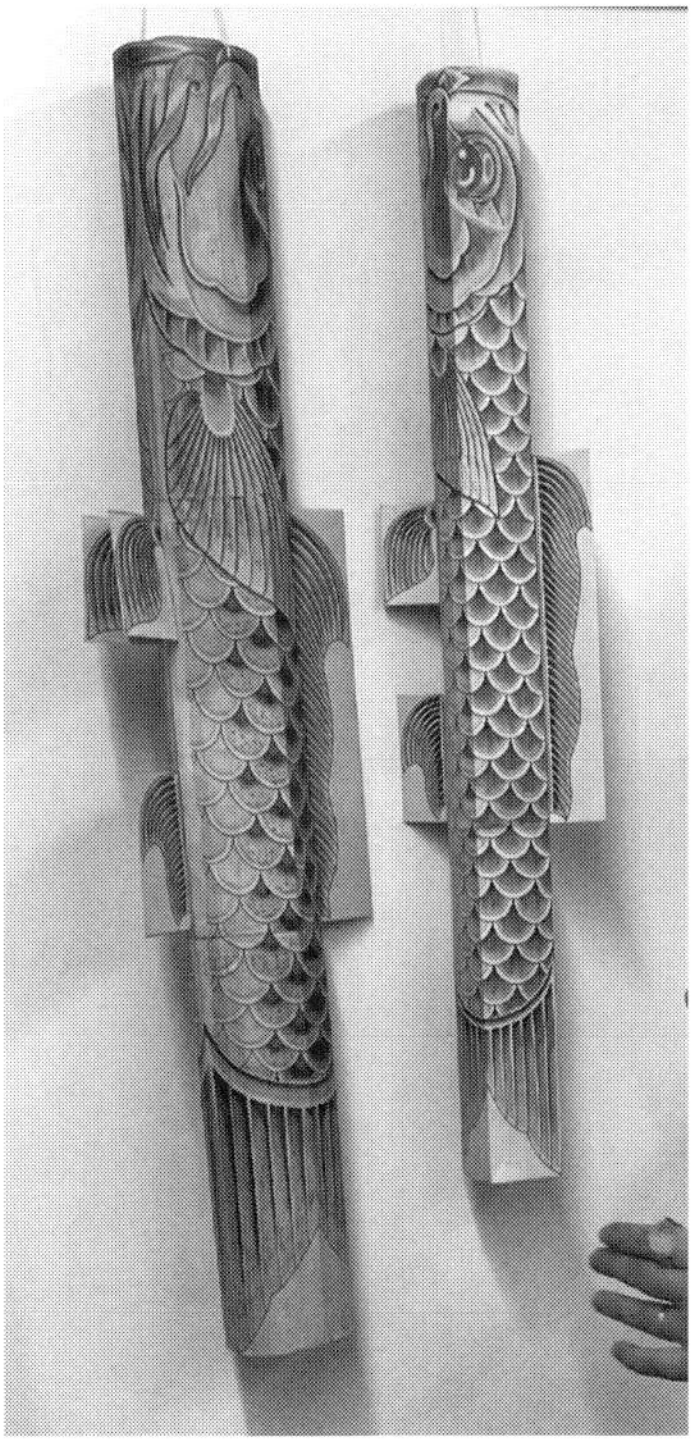
井上孝紘「鯉幟　太郎節句」

井上孝紘の立体作品「鯉幟　太郎節句」が鮮烈な印象を与える。完成した形を見ることができないままに、毎年のように立体作品を「想像」してつくる「創造」力に感服する。文章では《愛の鞭聖◎へのエール》に打たれた。やまゆり園大量殺傷事件の加害者・植松聖に宛てたメッセージなのだが、自らが持つ優生思想を他者へも強いる植松の在り方は筋違いで、愚論であるゆえを簡潔に論じる。相互交通の自由すら許されていない確定死刑囚同士が、表現展に応募する作品を通して対話し、精神的な交通を行うことで開かれてゆく可能性に期待したい。

猪熊武夫「日だまり（菜育）」

猪熊武夫からの、絵画三点の久しぶりの応募（実に、第一回以来のことだ）が

植松聖「覚悟」

うれしい。人物の表情が豊かに描かれていて、えも言われぬ面白みを感じる。

植松聖のエッセイ三点は、いずれも結論を先走って論じていて、説得性に乏しいと感じた。だが、絵画、とりわけ「覚悟」と題したそれに漲る色彩感覚と表現力に目を見張った。画面に書かれた数字や「PEACE! WORKER」などの文字に、作者はどんな含意を込めているのか。その本意を知るためにも、限られたか細い道とはいいえ、このひととの「対話」の可能性を断ち切られたくはないと強く思った。

風間博子の端正な佇まい

風間博子の絵画も文芸作品も、決して端正な佇まいを崩すことはない。それだけにと言うべきか、いくらかでも破調を来した表現に面白みを感じるのが、ここ数年の私の感じ方だ。今年の作品にそれはないが、「西日燃ゆタクラマカンへいつの日か」の一句は印象に残る。ヘディンの旅行記以来、新疆ウイグルにあるこの砂漠は多くの人びとを惹きつけてきたことだろう。絵画作品ではよく、冤罪を訴えていることから来るのだろうか、「光」輝く「出口」を求めている作者の夢が描かれるが、ここではいきなり、西日に燃えるタクラマカン砂漠へと飛んでいる。タクラマカンが、原語的には「一度入ると出られない」ことを意味するという説が有力だと知ったうえでの、作者の表現なのか。どちらでも構わないのだが、もし後者だとすれば、句の味わいは一気に違ってくる。表現は、読み手・聞き手・観る者がいてこそ完成するものだと実感する。

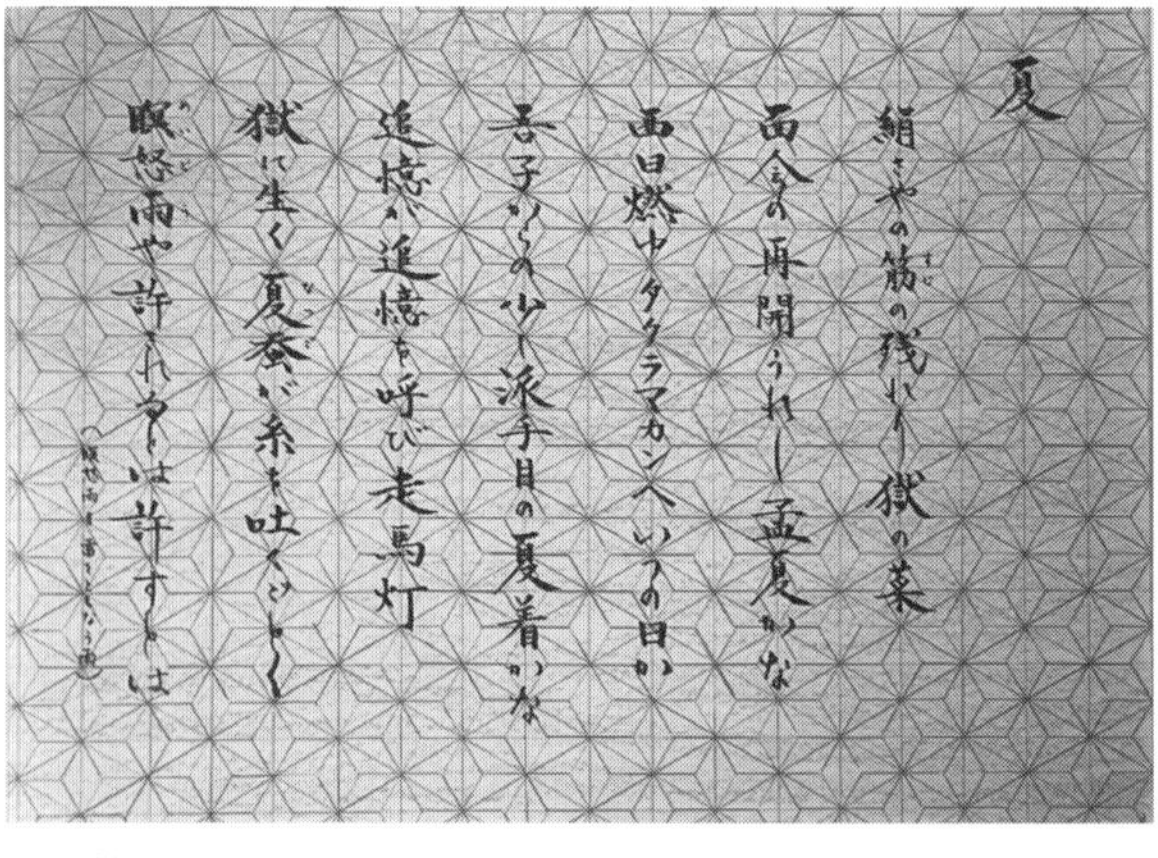

風間博子「獄の風　春夏秋冬　28句プラス「夏」」

金川一、北村孝、北村真美、坂口弘

金川一は四点の絵画作品を応募した。自画像は別として、猫、ガーベラ、テッポウゆりを描く絵はすべて「はり絵ふう」と題されている。二〇二〇年の作品「ふじさん」以来の模索が、独創的な表現を生み出していることを確認できる。

北村孝は例年、無実主張が認められない裁判への批判・不満を書いている。「また戦争が始まった」と題した今年の文章では、検察側が公費で集めた証拠が弁護側にすべてが開示されるわけではない現状について、「公共財」なのに、という言葉遣いで批判している。ウクライナ戦争の愚劣さに触れた前半部を含めて、作者は新しい地平に歩み出しているようだ。

金川一「猫を絵にしたハリ絵ふう」

北村真美は、いつも、獄の中で感じ取る季節の移ろいを歌う。「春めぐり　冬押し出して　衣替え」の「冬押し出して」には、寒い冬が去って暖かな春を迎えた万感の思いが籠もる。

坂口弘のエッセイ「新型コロナウィルスを制圧する」は、昨年と同じテーマを扱う。抗体を含む尿と唾を絶えず吸引すれば新型コロナウィルスは簡単に制圧できるとする、作者の信念が披瀝される。「拘束された身で確信的な物言いができる」根拠にされるのは、個的体験だ。仮定・推論・個的体験に基づく論理が、他者に説得性を持つことはなかなかに難しいことだ、と今年も感じた。

謝依俤、長勝久、典広、原正志

謝依俤の場合は、二〇〇八年の第四回表現展に初めて応募してきた時の「水墨画」の印象が抜けない。一〇枚の紙を貼り合わせると、空と山を濃淡で描き、余白を大胆に残した画面構成となって立ち現れた。深遠で、かつスケールの大きさを感受できた。北川フラム選考委員が「この人はいくらでも描けるのに、もうちょっとその気になってやるといいな」と語るのは、最初の作品との落差を感じ取るからだろう。

謝依俤「平和の花は全てのものの為に咲く」

長勝久は、詩やイラストを断続的に応

募してくるひとで、今年も「双子の姉妹」と題する絵が一枚だ。丁寧に描かれていることは素人目にもわかる。小田原のどか・新選考委員も言うように「他の作品をもっと見たい」。

典広（ペンネーム）は、短歌二二首と絵画一点の初応募だ。「叔父さんにさっさと逝けと言われるが次頑張ろうと職員が言う」の歌は、死刑囚が日常置かれている場をさり気なく描き出している。「さっさと逝け」はきつい言葉だ。小田原委員は、「次」が「来世的なものを意味するなら恐ろしい」と付け加えた。絵画については、もっと見たいと伝えたい。

原正志からの応募は、絵画二点だった。例年、女性のヌードを画面いっぱいに描くその作品は、選考会でも賛否両論で、公開講評会でスクリーンに投影すると、「苦痛だ」との批評が出たこともある。数年前からか、描き方に抽象性が増し、身体の輪郭もぼやけている。転機を迎えているのかもしれない。

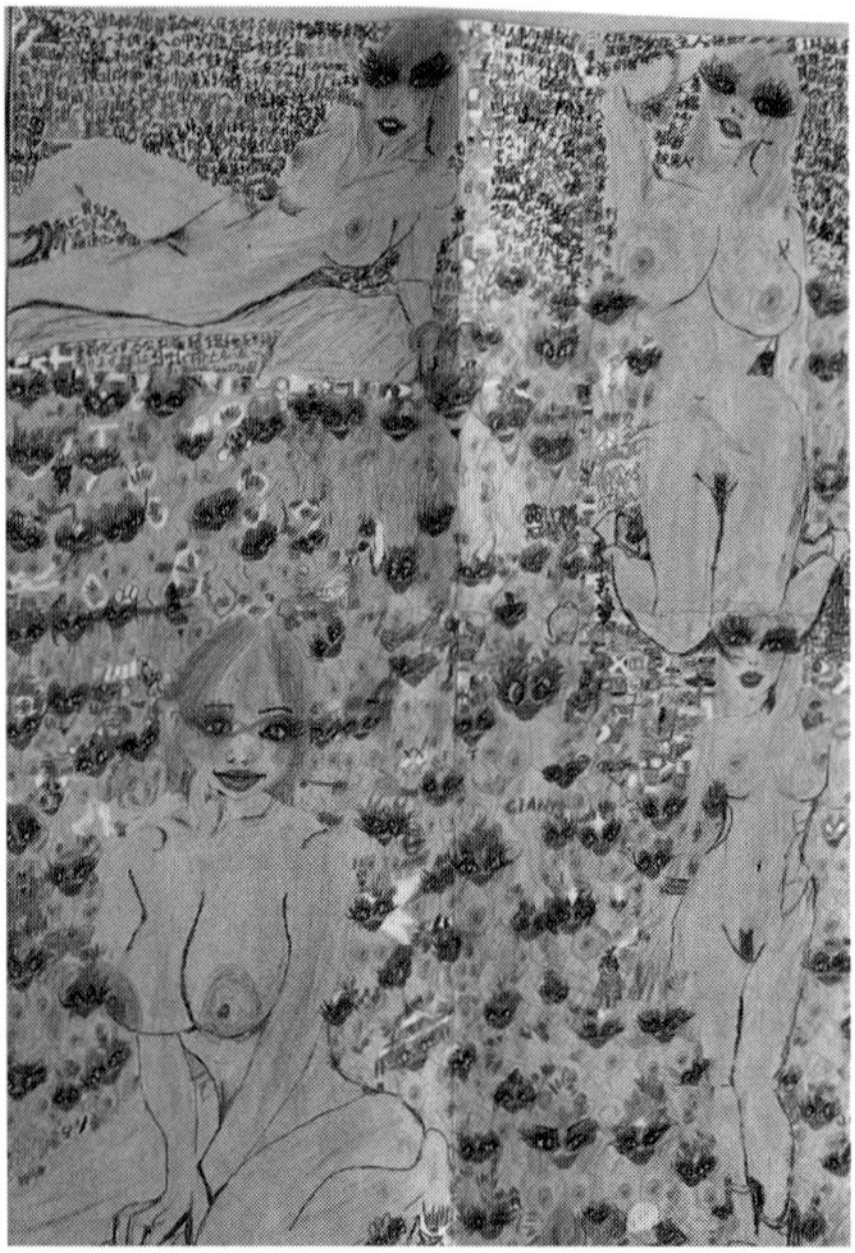

原正志「喘ぐ Final Gcup 少女、諸肌脱ぐ Final Gcup 少女、Perfect nude model 羽咲みはる、Jcup 少女・Pose を付ける model 三上悠亜 Gcup 少女と DISNEY・和水８神・佐賀維新祭・OnePiece（ナミ・NicoRobin）・ソメイテイ、お鶴ちゃん（板野友美）ぴよちゃんと森の仲間—愛と平和・絆」

何力「法無省」

檜あすなろ、何力、堀慶末、溝上浩二、盛藤吉高

　檜あすなろ（ペンネーム）からは六編の文学作品が寄せられた。テーマは、開放的収容施設、パソコン面会など、変わることなく先取りしたテーマを扱っていて、社会性を喪わないための努力が感じられる。初めて彼の作品に接した栗原康・新選考委員も、「後半の小説はすごく長くなっちゃって、ウッと思う反面、でも本当の意味での学ぶ知識欲みたいなものを感じられる作品かなと思った」旨を語っている。誰にでもそう受け取られるだけの内実を備えているのだといえよう。「あの男」は、川村湊選考委員から「創作精神が非常に虚構性が高い」との評価を得た。

堀慶末「祈る少女とたたずむ少年」

　何力の創作力は、今年も旺盛だ。短歌・俳句・川柳・詩などの文学作品と三点の絵画作品がある。表現展に触れて歌われた歌が多い。「拙作を神を委ねて荷を下ろし　どんな評価も虚心に受ける」「近年は毎度創作する時に　これは遺作になると危惧する」などは、表現展を運営する私たちの心にグサッと突き刺さってくる。「自画像」に描かれた顔の表情は親しみ易くも忘れがたい。

　堀慶末の絵画一一点では、模写と思われる作品の達者さもさることながら、「祈る少女とたたずむ少年」には、簡素な構図ながら深い物語性が感じられて、惹きつけられた。短歌では「殺りくで国の平和を保つロの　飢えた魂動けぬ世界」が、ウクライナ戦争後の世界状況をこの上なく端的に言い表していて、深く印象に残った。

　溝上浩二の作品生産力は驚くほど高い。絵画は一一九点、イラスト入りの文章も多い。思うところをただ書き流しているような文章で、推敲も足りないから、正直言うと、読みにくい。

　言いたいことの核心が見えてこないところも多い。だが、日常雑記風の書き物からは、時代の風景や雰囲気が否応なく溢れ出てくることもあるから、油断できない。ましてや、これは多くの人びとには窺いしれぬ獄中で書かれている。本人からすれば、ここを経過しなければ、次の段階へ進み出ることはできないのかも

しれないとも思う。

盛藤吉高は初めての応募で、絵画四点、短歌二首、俳句一〇句を寄せた。子どもの時代を懐かしげに思い出す作品が目立つ。「光る夏　花火にホタル　夢ごこち」のように。情景が目に浮かぶような俳句だ。死刑囚の作品には、この種の作品が多く、胸が詰まるような思いがする時がある。

溝上浩二「I BADLY WANT 1 〜 FORUM90 〜」

さて、以上で、今回の応募作者については残らず何ごとかを記した。受賞者は、以下のように決まった。井上孝紘＝アイデア賞（絵画）、風間博子＝努力賞（絵画）、加藤智大＝創意工夫賞（絵画）、堀慶末＝努力賞（短歌・絵画）、檜あすなろ＝先見賞（「あの男」）。

冒頭で加藤智大の刑死に触れたが、この一年間ではさらに、昨年初めて「麻酔切れ」なるペンネームで応募した小野川光紀が二〇二一年一二月二一日に処刑された。四四歳。あえかな、独特の雰囲気を湛えた絵で「新人賞」を獲得したひとだった。また、高橋和利が二〇二一年一〇月六日に八七歳で、「流山都」こと岩森稔が同年一二月一一日に七六歳で、それぞれ獄中で病死した。このふたりの表現も、くっきりとした形を取っていて、脳裏から消えていない。

「死刑囚の表現」というと、ついて離れぬ問いが必ず生まれる。殺された者はもはや何ごとも「表現」することすらできないのに、加害者が「表現」するのか、「表現」してよいのか、と。冤罪でない限り、死刑囚が引き起こした事件には必ず被害者としての死者が存在している以上、当然にも生まれる問いだ。この問いには、黙って頭を垂れるしかない。ひとを殺めるという悲劇的な行為をなしてしまった後で、国家によって死刑宣告を受けた死刑囚と、外部社会に住む私たちの「過去・現在・未来」に関わって、私たちの活動はあるのだと腹を括るしかない。（文中敬称略）

（初出『創』二〇二二年一二月号）

死刑囚表現展2022

二〇二〇年度の応募作品は、一〇月九日、「響かせあおう死刑廃止の声2022」の行われた星陵会館の一室で一部を展示し、一〇月一四～一六日に松本治一郎記念会館で全点展示を行なった。初日一四日一八時からの香山リカさんのギャラリートークは一〇〇人を超える人で溢れかえった。

入場者数は一四日二八六人、一五日五八二人、一六日一六一七人、合計二四八五人、最終日は入場規制をせざるを得ず、入り口の前には長蛇の列ができたほどだった。ネットで知った若い人、初めて参加する人が多く、今回は加藤智大さんの作品が最も注目を集めた。なお今年度から栗原康、小田原のどか新選考委員が加わり、療養中だった川村湊選考委員も復帰した。「響かせあおう死刑廃止の声」集会での公開講評は『フォーラム90』184号に掲載。

表現展に関して、共同通信の47ニュース、Yahoo ニュース、都築響一さんのメールマガジン roadsiders weekly、弁護士JP、『創』、東京新聞美術評、東京新聞社会面、東奥日報などが報じた。

死刑囚表現展文学作品の受賞作

深海魚　響野湾子短歌集　池田浩士編　2000円＋税

大道寺幸子・赤堀政夫基金　死刑囚表現展に2006年から19年まで（08年を除き）毎年応募、受賞した。

刑死した歌人の遺した遺した6千余首から912首を精選
上訴審棄却賜わる今朝よりは光り届かぬ深海魚となる
確定に決まりし日より亡者の如くずだらずだらと歩く癖つく
逝く先は月の砂漠と決めてをり戦に満ちたこの星を捨て
浅ましき獣の如き過去を持ち歌詠む事にひるみ覚える

鎮魂歌　闇サイト事件・殺人者の手記

堀慶末　1800円＋税
第13回大道寺幸子・赤堀政夫基金　死刑囚表現展特別賞受賞作
「いま、私は思います。残された時間をすべて、贖罪に捧げて行かねばいけないと。」

河村啓三の著作

1988年コスモリサーチ事件を起こし2004年死刑が確定。西成に生まれ夜の世界へ、サラ金を経て事件を起こす。獄中で自分の人生を振り返った第1作、宗教の世界に触れて行く第2作、獄中生活を描いた第3作がある。2018年12月27日、再審請求中に死刑執行。

こんな僕でも生きてていいの　2000円＋税

第1回大道寺幸子基金　死刑囚表現展優秀作品賞受賞作（2005年）

生きる　大阪拘置所・死刑囚房から　1700円＋税

第3回大道寺幸子基金　死刑囚表現展奨励賞受賞作（2007年）

落伍者　1700円＋税

第7回大道寺幸子基金　死刑囚表現展優秀賞受賞作（2011年）

鶴見事件　抹殺された真実　私は冤罪で死刑判決を受けた

高橋和利著　1800円＋税
第5回大道寺幸子基金　死刑囚表現展奨励賞受賞作（2009年）

1998年6月に鶴見で起きた横浜金融業夫妻殺害事件の犯人として死刑判決を受ける。一貫して「私は殺していない」と無実を主張し続けたが、2021年10月8日、東京拘置所で無念の死を遂げる。いま遺族が再審請求中である。本書は彼の無実の証明である。なお絵画表現でも受賞をしている。

極限の表現 死刑囚が描く　年報・死刑廃止2013　2300円＋税

極限で描かれたこれらの作品は何を訴えるのか。大道寺幸子基金表現展のすべて。加賀乙彦「〈悪人〉を愛する」、北川フラム「枠を超え埋め尽くす」、池田浩士編「響野湾子詩歌句作品集」、櫛野展正「アールブリュットと死刑囚の絵画展」、作品多数収載。

死刑囚90人　届きますか獄中からの声

死刑廃止国際条約の批准を求めるフォーラム90編　1800円＋税
2011年にフォーラム90が確定死刑囚に行ったアンケートの報告集。2005年から2011年までの大道寺幸子基金絵画部門受賞作品をカラー16ページ掲載。

2022 — 2023年

死刑をめぐる状況

死刑制度を変える

三つの訴訟について

金子武嗣（弁護士）

「再審請求中の死刑執行国賠」
「告知当日の死刑執行は違憲国賠」
「絞首刑違憲訴訟」

1……再審請求中の執行

——二〇二〇年三月に死刑確定者人権基金を立ち上げられましたね。

金子　私は、人権活動はボランティアでは責任を持った形ではできない、お金がなかったら何もできない、という問題意識があり、基金を作りました。

　基金の目標としているのは、裁判を起こした目標にもなるのですが、現在の死刑制度を変えるということです。死刑を廃止するということではなく、現在の死刑制度はおかしいからこれを変えていこうではないかということです。

——まず再審請求中の執行に関する裁判から始められました。

金子　なぜこの裁判が最初になったのかというと、死刑執行抗議集会での小田幸児弁護士の講演を読んだからです。二〇一八年一二月二七日に岡本（河村）啓三さんが処刑され、その抗議集会の小田さんの講演がフォーラム90のニュースレター（『Forum90』一六四号、のち『年報・死刑廃止2019』に再掲）に載っていました。あれがやはり一番大きい。小田さんは知っている弁護士だし、大阪の弁護士ということで、この問題をまず最初に取っかかりとしてやればいいのではと思いました。それで宇野裕明、定岡由紀子、川﨑真陽弁護士と相談して、ここを突破するとしたら国際人権と憲法の問題だということで始めました。再審請求中の死刑確定者は亡くなっていて提訴できないから、少し迂遠ですけれど、死刑確定者の元再審請求弁護人であった弁護士らが、弁護権が侵害されたことを理由に、国家賠償請求訴訟を二〇二〇年一二月二五日に提起しました。

　原告側は、①裁判を受ける権利の侵害（憲法第三二条違反）、国際人権準則違反（自由権規約第六条違反）、③適正手続の違反（憲法第三一条違反）を根拠として、再審請求中の死刑執行は許されず、日本の死刑執行の在り方には問題があると主張しました。一番やりやすいところからやり始めたということです。これを再審請求中の死刑執行国家賠償請求事件（第一号事件）といっています。

　最初は裁判所はなんで原告が弁護人なのと思ったでしょう。しかし袴田再審事件が死刑の問題として具体的にだんだん大きな問題になってくると、例えば五点の衣類の味噌漬け実験も死刑確定者の袴田さんができますかという話です。再審請求は、弁護団と死刑確定者の共同作業、どちらかというと弁護団の作業が主で一所懸命やっている。では、袴田さんが殺されたら、弁護団は拱して死を待つだけですか、それはおかしいでしょう。岡本さんの時にも、小田さんたち弁護人が一所懸命、岡本さん本人と一緒にやってきた。だからあの事件の訴訟の中で、国の側からこんな再審はおかしいとは一言も出ていないですよ。

2……当日告知・当日執行

――続いて死刑執行当日の告知の問題を提訴されています。

金子　再審請求中の死刑執行の裁判を進めていくなかで、やはりもう少し死刑制度について何かできないかと思い、次に「当日に告知し、その日に執行されるということ、これは残酷です」、この問題を取り上げることにしました。それで、弁護団で最初は、告知はいつだったらいいのかと議論したのですが、それは私らが言うことはできないだろう。告知についていつがいいとか悪いとかという話ではなくて、要するに「今の制度（当日告知・当日執行）が悪い」、それが問題点だ、と言えばいいのではないか。それでストンと弁護団の胸に落ちて、「当日告知・当日執行が違法」であるという訴訟の論点が出てきました。

　この時に問題になったのは、原告はやはり死刑確定者でなければだめだということです。そこで拘置所に収容中の死刑確定者二名が原告となり、死刑執行の日時の事前告知なく執行当日に告知され、同日執行される現在の死刑執行運用が違法であることを理由に、受忍義務不存在確認及び国家賠償請求を求める訴訟を提起したというのが第二号事件です。提訴したのは二〇二一年一一月八日で、準備にほぼ一年かかりました。

――フォーラム90で確定死刑囚アンケートをした時に事前告知のことも質問項目に入れたのですが、ほとんど考えていない死刑囚が多い。今は、当日告知され当日執行が当たり前のことになっています。それでもそれぞれ事前に一週間は必要だとか、最低三日は必要だとか、何日前ってそんなこと考えたくもないという返事もありました。

金子　それはそうですね。一番問題は、死刑確定者が、毎日毎日、自分が執行されるかもしれないという恐怖に怯えているという現実です。これが一番大きい。あまりにも残酷だ。それが法律で決まっているわけでもなんでもなくて、国（法務省）という行政の運用でなされている。それはないだろうということです。調べてみると、従前は事前に告知していたというケースもあるわけです。その時は本当に粛々と人間的に執行がなされていて何も問題なかったという事実も出てきた。この問題で裁判を起こそうということで一年かけて調査してみたら、いろんな事実が出てきました。第二号事件は、植田豊、笹山将弘、仲尾育哉、定岡由紀子弁護士と弁護団を組んでおこしました。

――アメリカなどでは事前に告知されていれば、それに対して自分を防御する様々な方法がある。しかし日本では全くないですね。そうすると、事前に告知されても何日後に殺されるというのが分かるという事だけであって、告知後に防御できるシステムみたいなものから変えていかないといけない。

金子　弁護人がついている人もいるわけですし、権利行使もできるでしょう。その日に告知されて執行される、やはりそれはないだろうということです。しかも刑事訴訟法にはちゃんと執行に対する異議申立もできるということが書いてある（刑訴法五〇二条）。入管の問題と一緒で、異議申立の権利があるにもかかわらず、その行使ができなくさせられる。再審請求中の執行もそうだけれど、再審請求の判断の権限のない国（法務省）がどうして判断できるんですか。当日告知・当日執行は不服申立の機会を奪う、正義に反するものです。

　しかも憲法三一条では不利益処分するときは必ず告知しろとあり、それは制度的に確立しているわけです。最高裁の死刑合憲判決でも「憲法第三一条によれば、国民個人の生命といえども、法律の定める適理の手続によって、これを奪う刑罰を」予定しており、「いかなる方法手続きをもって死刑を執行するかを法定している」（昭和二三年三月一二日）と判断している。それが「適正手続による死刑執行」というものです。そうすると、そういう不服申立の権利を奪うということは適正手続に反しおかしいのではないか。法律家に一番訴えるのはこの第二事件ではないかと思います。権利を行使できない、しかもそれを運用によってできなくさせている。それはおかしい。

　この裁判のなかで、私たちは、従前は事前告知していたのにどうしてこういうふうに変えたのかということを明確にしろと言っても、被告国は明確にしない。運用を変えた事実そして理由を明らかにしない、それは法律家の立場から見たらおかしい。入管の場合でも、裁判所の判断は、収容者の権利を行使できなくさせたことは違憲違法と言っている。裁判所は、それはおかしいぞということで明確にした。権利があっても相手方の妨害で行使できない、これは法律家として一番琴線に触れるところだという感じがします。

　裁判で、被告国からは、「そもそも死刑執行には告知なんかいらないのだ」、要するに「執行の便宜だけで告知しているだけだ」という主張が出てきた。乱暴な主張です。そもそも死刑確定者には死刑執行を告知される権利自体がないんだと言っているのです。

　調べてみると、一九世紀（一八九〇年）に、アメリカの連邦最高裁で「告知なき死刑は違憲である」という判例が出ているんです。そしてアメリカでは法律で定められ、当然のことにして告知し、しかも告知はすべて事前にしている。「一九世紀のアメリカの最高裁で否定されたような理屈を二一世紀の日本で言うのか」と言ったら、国は黙っちゃいました。

　それと、国は死刑確定者の「心情の安定」とか、「自傷他害の恐れ」とかそういうことをいろいろ言ってきました。では、アメリカの死刑存置州では全件事前告知で執行をしているが、自傷他害の例を出せと言うと、国は何にも出してこなかった。では日本でそういうことがあったのかと言うと、自殺の例があったと言うから、ではそれを具体的に明確にしろと言っても、それも出てこない。その一件だけで全部の死刑執行を変えたというのは、あまりにも無茶ではないか。しかも、その一件が本当に事前告知されたのが原因になっているのかということも明らかにしないし、分からないのです。アメリカの場合は全部事前告知なのに、それが原因で心情が不安定となったり、自殺したという例はない。では日本の死刑確定者とアメリカの死刑確定者は違うのかということになる。アメリカでは一年前から告知してるケースもあるのです。それを主張し、「なにが心情の安定なんだ」、そう言ったら、向こうはもう黙ってしまい、何にも言ってこない。

法務省でも事前告知は問題で、何日前にしようかと検討したはずです。結局意見がまとまらないからという話のようです。だから、今の制度がおかしいということは法務省でもわかっているんじゃないでしょうか。

3……絞首刑執行差止請求

――三つ目の絞首刑執行差止等請求事件は、拘置所に収容されている死刑確定者三名が、絞首刑が残虐で非人道的な刑罰を禁ずる国際人権規約（自由権規約）に違反する執行手段であることを理由に、絞首刑による死刑執行の差止め、絞首による死刑執行を受ける義務がないことの確認、及び、絞首による死刑宣告を受けた精神的苦痛に対する国家賠償を求める訴訟（第三号事件）ですね。

訴状を見ると、これまでの絞首刑違憲訴訟では残虐な刑罰だというようなのが争点でしたね。大阪此花のパチンコ店放火殺人事件の裁判では、首をつった人の身体のダメージを証拠を出して展開した裁判でしたが、それを踏まえてもう一歩先まで展開していますね。興味深かったのはアメリカ合衆国のそれぞれの州によって絞首刑は残虐だということで一つ一つ他の刑に変わっていく過程を丹念にレポートしています。

金子 そうなのです。やはり本丸が絞首刑だと思います。だから、二号事件の裁判を起こした後、じゃあ絞首刑まで踏み込みましょうと始めました。だけど、憲法違反ではないという最高裁の判決で守られている。その中でどうやって崩そうかということです。弁護団も水谷恭史、西愛礼、城使洸司、正木幸博、定岡由紀子、仲尾育哉弁護士と組んで裁判を起こしました。

刑事事件で絞首刑違憲を争うには、証拠が限られてくるし、そもそも死刑か無期かという量刑が争われている刑事の裁判所に判断しろというのは困難だと思う。それなら民事（行政）の裁判所で判断したらいい。例えば弁護人と被疑者の接見交通権の確立について判断したのは民事の裁判所で、おかしいと言って制度が変わったのです。刑事の裁判所では、相手は検察官です。刑事の裁判でも、それはそれで一生懸命やられて、相当程度証拠は集められていた。ただ刑事の裁判で争うのもいいけれど、執行する拘置所は第三者ですから証拠を一切出してこない。今の私たちの裁判では国には拘置所も含まれ当事者なのです。当事者である拘置所や法務省に「残虐じゃないなら証拠を出せ、どんなふうに執行してるのか明確にしてみろ」と言えるのです。

これまでの刑事裁判を見ると死刑は憲法違反だと主張するだけで、残虐という事実を明らかにしていくことを弁護士はほとんどやってこなかったのです。だから刑事裁判では死刑（絞首刑）は合憲だということになった。絞首刑の中身の残虐性立証が欠けていた。

私たちがやってるこの三つの事件は国際人権法を使ってます。私は北村泰三先生（中央大学名誉教授）に出会って、徳島刑務所接見妨害事件で国際人権法を使った判決（平成九年三月十五日、高松地裁）をもらった。あれ以来国際人権法はポピュラーになってきてみんな国際人権という主張がされるけれど、今でも徳島の事件の判決が引用されているようではだめじゃないかと思います。

裁判所は、特に死刑確定者が死刑執行の違法を争う事件について、理屈だけではまともに受け取らないです。だから、一年かけて事実を集めて裁判を起こしてきた。どれだけ訴状を中味があるものにするか。事実を集め本気度を見せる。弁護団をきちんと作る、きちんと理論的にも詰める。そのための費用を用意する必要があった。

これまで、北村先生に意見書を二つ書いてもらいました（第一号、第二号事件）。これから第三号事件についても書いてもらいます。理論的にきっちりするんです。意見書では裁判所が知らないことをどんどん出してもらっています。

また私たちは徹底的に日本の死刑執行の歴史を調べています。大正一一年に行刑制度調査委員会ができて、その答申で、絞首刑は残酷だけれど、「死の刹那における惨状を見えない様、執行方法を改善すること」とされていました。つまり、「残酷だけど見せなければいいではないか」という、ひどい話だと思うけれど、国は事実そういうふうに情報を非公開にしてきた。その答申以降、死刑執行の情報が出ていない。それまでは、執行に際して「首がちぎれた」とかというマスコミの記事も出ていましたけれど、それ以来出ないでしょう。

やはり死刑事件には偏見がある。この三つの事件でそれを正したい。弁護団構成も、死刑事件をあまりやっていない弁護士がやっているから新鮮なのであって、しかも、訴状は第一事件五〇ページ、第二事件一〇〇ページ、第三事件一五〇ページ、しかも具体的事実が記載されている。このような訴状を書いて、弁護団は勉強しているのだ、本気でやるつもりなのだといっている。そうすると、裁判所も本気で判断しなければならないことになる。国際人権法何条違反だとか、憲法違反だとか、抽象的なこと言っても、裁判所は見向きもしない。中味で勝負していく。三つの訴訟、そういう意味でも、一つずつ訴訟を積み重ねて努力しているんです。

それでもやっぱり第三号事件（絞首刑事件）は難しいです。だけど世界から国際人権法違反だと言われてるのを裁判所は合憲と言うんですか、というような問題提起をしている。

すでに述べたように、最初から三つの裁判を起こそうなんて思っていなかったんです。ところが次の次の次ということで一つずつ起こすことになって現在に至っています。

4……死刑制度を変える

――国際人権法に関しては、三つともほぼ同じ論理でやっておられますね。

金子　そうです。国連から日本はこれだけのことを言われていて恥ずかしくないのか。第二号事件の北村先生の意見書に書かれていますが、当日告知・当日死刑執行をやっているのは日本と独裁国のベラルーシだけです。こんな野蛮なことをやっている国は。国連からは日本はベラルーシと同じように見られているのです。私たちの日本は「法の支配」を標榜しているのに。当日告知・当日執行は、法の支配でもない。行政の運用なんです。

第一号事件では、法務省は、「この再審請求は認められないから」と判断し、勝手に執行する。再審請求は裁判所に判断権があるのです。判断権のない法務省が判断するなんて裁判所がバカにされている。岡本さんの事件では、処刑された約一年後の二〇一九年一二月五日付で弁護人宛に再審を棄却するという決定が届いている。再審裁判所の意地ですよね。

私のことからいうと、私も七六歳で余命が少なくなってきた。死刑の現在の状況は変えていかないとどうしようもないと思った。それで財団も作った。そして、死刑を変えるには、人がいる、時間がいる、理論がいる。それが一番ちゃんと判断してもらえるのは裁判所、しかも民事（行政）の裁判所です。東京ではなくて大阪でする。その代わりとことん準備し、こちらの本気度を見せる。この三つのうちの一つでも認められたら、国は現在の死刑執行を検討しなければならなくなる……と思いました。

あまりにも死刑確定者がひどい状況におかれているからです。当日告知・当日執行は、その日の朝に言われて、執行場に職員に連れていかれる。毎朝、死刑執行におびえている。また絞首刑の訴状にあるのですが、動物愛護法では動物の命を奪うのはできるだけ苦痛がないように殺せと言っているのに、死刑確定者は「執行に伴う多少の精神的・肉体的苦痛は当然甘受すべきである」という（大阪地裁平成二三年十月三十一日此花パチンコ店放火事件判決）。そうすると、死刑確定者は動物以下なんですか。

――二号事件は、そろそろ判決が出るのでしたね。

金子　私たちは明るい展望をもっています。現状があまりにも悲惨だからです。もし今の執行の「当日告知・当日執行」という執行のあり方が違法だという話になったら、国はどうするのでしょうか。どこかに風穴を開くと、やはりそれは、死刑執行は全体的におかしいということになる。

だから戦略を立てること。今の死刑を止めることなのですよ。死刑廃止と言っても変わるはずもない。今の死刑がおかしいなら、どこかで止めなければいけない。死刑執行を止めて議論をすることです。告知は何日か前ということを議論したら、じゃあアメリカではこうなってるからどうしてそうなのかという話に、死刑執行の中味に入ってくる。法務省は中味に入るのが嫌なのです。

私たちは訴状に調べられるだけの事実を出した。国は事実を出さないし、出てこない。そうすると、民事事件は証拠の優越なのです。私たちの言ってることが正しいという話です。

理屈も国が言ってることは通らないと思っています。

事実は明らかにしないし、理屈は通らない。国の理屈が一番通らないのは第二号事件です。アメリカは全部事前告知なのに、自傷他害がない。アメリカとの対比はとても効果的です。

今までは国の自傷他害の主張があって、裁判所もそういうものかなっていう感じでした。死刑の情報公開だって一緒です。アメリカでは死刑の執行を市民、マスコミ、被害者、死刑確定者の親族等に公開している。その公開をしていることで死刑確定者に自傷他害があったのですか、そんなこと全くないじゃないですか。これまで国がいってきたこと、それが常識とされるなら全ての常識をひっくり返す必要がある。国際人権、日本が国連からどんな評価をされているか、国連から最低の評価をされていることを裁判所は知らないのですよ。

国（法務省）としては、これまでは一過性としてやりすごしてきた。国会でも当たり障りもないことを答弁すれば終わりだろうと、そして国連だって政府報告書審査も五、六年に一回だから適当に答えておけばいい、そのうち収まるだろうとやってきた。そういうふうに適当に収めさせないように、裁判所にけじめをつけてもらう。日本の今の死刑制度をきっちりした形で法的に裁判所に判断してもらわないとだめということです。

（八月二〇日、四谷にて）

追記・三つの事件の訴状、外国特派員協会での記者会見、弁護団事務局長の報告は「CrimeInfo」のホームページで見ることができます）

死刑執行の無法状態を糾明する訴訟傍聴記 2022—2023

永井美由紀
（関西救援連絡センター）

1 再審請求中の死刑執行による弁護権侵害国賠

第7回口頭弁論

二〇二二年九月七日午前一〇時から、第7回口頭弁論が開かれた。原告の求釈明への応答や通達の提供を被告は拒否し、裁判所に対して訴訟自体が失当であるとの主張を繰り返している。

被告の主張は従前どおりで、再審請求中に死刑を執行してはならないとの明文規定はなく、職務上の法的義務を負わないと主張し、ゆえに国賠法一条一項の適用上の違法はなく、この裁判は国賠訴訟であり国賠法一条一項の適用上の違法の有無が争点であるとする。

また、再審請求中の死刑執行は憲法三二条が保障する「裁判を受ける権利」に違反し憲法一三条、三一条の保障の趣旨にも違反するとの原告の主張については、憲法三二条は、再審開始についての手続きを含まず、死刑確定者への死刑執行は裁判を受ける権利の侵害にはならないと主張している。

原告は、国がかつては死刑執行に対して慎重な態度をとっていたことを証明するため、以下の文書の提出を求めてきたが、被告は①②は「効力を失ったとして廃棄されたのか、文書は所持していない」、③は通達を出したことは認めているが、提出を拒否しているため、文書提出命令を請求中である。

通達は以下の三通である。

①昭和二六年九月五日第三一五五五号（刑政長官発検事総長検事長検事正宛）「死刑確定者について再審請求があった場合の報告について」

通達の記載（一部）

【死刑確定者に対しては再審事件の終結を見るまで死刑執行命令発付を見合わせることが相当と思料され】

②昭和二六年一二月二七日検務第八二八七号（刑政長官発検事長検事正宛）【死

刑執行命令発付後執行着手前死刑確定囚から再審請求があった場合の取扱について】

通達の記載（一部）

【死刑執行は特に慎重な取扱を要するものと思料されるので、右のような申立があった場合には、速やかに法務総裁の指揮を仰ぐよう致されたく、なお、法第四七六条の期間の関係上法務総裁の指揮を仰いで措置する時間的余裕のない場合には一応死刑の執行を停止し直ちに法務総裁の指揮を仰ぐよう致されたい】

③昭和三二年一月二八日第一五八五号(刑事局長発検事総長検事長検事正宛)「死刑確定者について再審請求があった場合の告について」

通達の記載（一部）

【当局では場合によっては、再審事件係属中にかかわらず死刑執行も止むを得ないと思料するのであるが、この点については、なお、個々の事件についてその再審請求の実体を把握し、慎重に検討の上執行の可否を決定する必要があるので、今後貴庁において、刑事関係報告規程により、死刑確定者から再審の請求があった場合の報告をするにあたっては、その請求の理由の要旨を、又再審請求に対する決定の報告をするにあたっては、その決定謄本をそれぞれ添付して報告することとせられたい】

田口裁判長から、双方の主張についての整理も行われ、原告の憲法三一条違反とする新たな主張への被告からの反論がまだであり、また通達③の廃止の有無についての求釈明に対する被告主張は、次回までに提出予定とされた。

また、原告から提出されている、上記通達に対する文書提出命令に対しては、特別抗告の日程も考慮の上、次回口頭弁論までに確定できる時期に決定を出すと、田口裁判長は明言した。

第8回口頭弁論

一一月三〇日午前一〇時から、第8回口頭弁論が開かれた。

被告からは、原告第三準備書面に対する反論として第七準備書面が陳述され、「自由権規約委員会又は国際機関等による勧告、期待及び要請等に応じるか否かの問題と、職務上の法的義務を負うか否かとは別次元の問題」「自由権規約委員会の一般的意見に法的拘束力がない以上、これを根拠として国賠法上の職務上の法的義務を導くことはできない」との主張が行われた。

また、原告ら請求の「文書提出命令」に対しては、この日決定が出されたが、対象の文書について被告は争っているわけではないので、文書の提出の必要はないとして、請求を退けた。

原告らは現在、憲法三一条及び自由権規約についての準備書面、学者意見書の提出を検討している。

第9回口頭弁論

二〇二三年二月八日午前一〇時から、第9回口頭弁論が開かれ、被告が第六準備書面でも主張する「再審請求中の死刑執行は、職務上の法的義務違反ではない」への反論として、原告第四準備書面が陳述された。

「自由権規約委員会の一般意見には拘束力はない」と主張する一一月三〇日付被告第七準備書面への反論は、次回提出予定。

原告請求の「文書提出命令」は、現在高裁に即時抗告中で、まだ決定は出ていない。

第9回口頭弁論

五月一〇日午前一〇時から、大阪地裁二〇二号法廷において、口頭弁論が開かれ、裁判長らが異動となり、弁論の更新手続きが行われた（大阪地裁第十九民事部大森直哉裁判長、小川貴裕・小西池将矢裁判官）。

原告からは、五月一日に文書提出命令が申し立てられている。

以前に再審中の死刑執行に関する三つの通達について、文書提出命令を申し立てたが、裁判所は「各文書が発出された事実を被告（国）は争っていない」として退け、被告はこの文書について「不知」の答弁を維持したままである。

被告は、文書提出命令の申立てに対する意見を述べるなかで昭和三五年二月二九日刑事第一四九号の通達で二つの通達は廃止されたと主張する。しかし何らの疎明もなされていないため、この通達の開示を求めた。これはもう一つの通達（昭和三二年一月二八日第一五八五号　刑事局長発検事総長検事長検事正宛「死刑確定者について再審請求があった場合の報告について」）は廃止されず効力を有していることを証明するためである（次項参照）。

この日、原告からは新たな書証が提出された。学者意見書および被告第七準備書面への原告側反論は準備中である。

昭和三二年一月二八日第一五八五号通達

「死刑確定者について再審請求があった場合には、その再審事件が締結するまで死刑執行命令の発付を見合わせる建前をとってきたが、近時死刑確定者のうちには、実質的な再審理由もなく再三にわたって再審を請求する傾向がみられ、これがため死刑執行に著しい障害をきたしている。そこで、当局では場合によっては、再審事件係属中にかかわらず死刑執行も止むを得ないと思料するのであるが、この点については、なお、個々の事件についてその再審請求の実体をは握し、慎重に検討の上執行の可否を決定する必要があるので、今後貴庁において、刑事関係報告規程により、死刑確定者から再審の請求があった場合の報告をするにあたっては、その請求の理由の要旨を、又再審請求に対する決定の報告をするにあたっては、その決定謄本をそれぞれ添付して報告することとせられたい。右命によって通牒する。」

第10回口頭弁論

二〇二三年八月二三日一〇時から、第

10回口頭弁論が開かれた。

原告から、北村泰三中央大学名誉教授の意見書が提出された。この意見書では「世界的な潮流は死刑廃止に向かっており、国際人権法上、死刑の適用および執行は極めて限定的でなくてはならない。死刑確定囚にも人権は保障され、死刑執行にあたり国際人権条約違反があれば『悪意的な生命のはく奪』として生命権の侵害となる。自由権規約第六条四項『特赦又は減刑を求める権利』は、死刑の適用、執行の見直しを行う手続きを例示的に示したものであり、日本における再審請求の権利を含むものであり、その権利保障は実効的なものでなくてはならず、判断が出るまで執行されないことも保障されている。したがって再審請求中の死刑執行は自由権規約違反となる。規約委員会の解釈が示される総括所見、一般的意見、個人通報事件での見解は規約解釈のための『規範的正当性』を有しており、各締約国が条約を『誠実に』解釈するためにはこれらを考慮しなくてはならず、これらが『法的拘束力』を持つかいなかの問題と各締約国が条約を独自に解釈してよいかどうかは別問題である」と述べられている。

また、この日陳述された原告第五準備書面では、被告の「法令の規定がなく職務上の法的義務はない」との主張に対して、法令の規定がなくても「立法不作為」として国賠法上の違法を認める裁判例を摘示し、反論した。

再審中の死刑執行を見合わせるとの通達（昭和二六年九月五日第三一五五五号通牒）と慎重な取扱いを指示する通達（昭和二六年一二月二七日検務第八二八七号通牒）が廃止されたが、昭和三二年一月二八日第一五八五号通牒は廃止されていないことを示す法務省刑事第一四九号通達（昭和三五年二月二九日法務省刑事局長作成）を、被告は乙一号証として六月二六日に提出したが、これら三つの通牒の部分以外は黒塗りで提出されている。

原告は、この黒塗りの書証に対して原告第六準備書面で、黒塗りの必要性がないことを示すために全文を書証として提出するとともに、この裁判での認否等に対する被告の不誠実さや隠蔽体質を弾劾した。

次回口頭弁論で、原告の主張はほぼ終了し、証人申請が緒出される予定である。

次々回の口頭弁論までに、原告証人申請を含めた被告国の反論が提出されるスケジュールが示された。

2 告知当日の死刑執行違憲国賠

第4回口頭弁論報告

二〇二二年一〇月二一日、第4回口頭弁論が開かれ、九月三〇日付原告第一準備書面が陳述された。

被告第二準備書面では、原告ら主張の自由権規約と人間の尊厳（憲法一三条）について反論がされており、それへの再反論である。

被告は、「死刑（執行）という法制度において、死刑執行の告知によって死刑確定者が自らに対する死刑執行（の時期）を知ることとなる利益は、反射的ないし事実上の利益にすぎず、権利や保護された利益として扱うことが念頭に置かれていない」「執行の便宜のために事実上されるものであるから、被執行者（死刑確定者）に対していつ死刑の執行を告知するかは、執行実施機関（刑事施設の長）に委ねられている」と主張し、死刑確定者に対する死刑執行の告知をするかどうかはもちろん、その実施態様（時期）も、執行する側の裁量であるとする。

しかし規約人権委員会は、保障された「人権」として死刑確定者への告知義務は当然として、「事前の告知義務」を認めており、日本政府に対し繰り返し「予定されている死刑執行の日時について合理的な事前の告知が与えられるべき」との勧告を行っている。これに対し、日本政府も告知義務を前提として「死刑執行の告知については、死刑確定者本人に対して、執行の当日、執行に先立ち行う」と回答している。

被告は「死刑の告知は、法に定められていない、執行の便宜のためのものにすぎない」とするが、「死刑の告知」が法に定められていないことこそが問題である。

被告は事前告知をしない理由として、「死刑の執行を受ける者の心情の安定を著しく害する等の弊害を回避するため」としている。しかし、これは「死刑確定者の心情の安定」を根拠に、死刑確定者の権利（事前告知をうける権利）の制限をしており、刑事収容施設法の衆議院法務委員会の付帯決議「死刑確定者処遇の原則に定められている『心情の安定』は、死刑に直面する者に対する配慮のための原理であり、これを死刑確定者の権利を制限する原理であると考えてはならないこと」に反する。

被告は死刑確定者が事前告知により「心情の安定」を損なうことによる「自殺・自傷や他害」のリスクと、他の死刑確定者への影響を主張するが、事実の裏付けがなく、証明されていない。

訪れる死が確実である場合、残された時間がどれだけあり、その間自分がどのように生きるかを決めることができること（自己決定権）が、憲法十三条に保障された人格権であり、事前告知が行われないことは、人格権侵害である。

この書面では、事前告知において、死刑確定者が平穏に心情も安定し、様々な癒しをうけて執行されていた事実として、玉井策郎大阪拘置所所長作成テープを始めとして、平田友三検事、野口善国弁護士、『免田栄獄中ノート』記載の二宮邦彦氏と津留静生氏のケースも述べられている。

この準備書面とともに、玉井策郎大阪拘置所所長作成テープも証拠として提出された。

被告第三準備書面も陳述され、「訴え自体が判例法理に反しており、本来刑事訴訟で争われるべきものである」「原告主張の権利利益は刑訴法五〇二条の異議申立の事由にあたらない」として、判例を列挙して主張がなされている。

第5回口頭弁論報告

一二月二二日に、第5回口頭弁論が開かれた。原告準備書面二、三と書証は、一一月三〇日付で提出されている。

原告準備書面二は、「最高裁判決（昭和三六年一二月五日第三小法廷）を根拠に行政訴訟では死刑執行方法を争えない」、「事前告知を受ける権利は刑訴法五〇二条の異議事由ではなく、法律に保護された権利利益でもないので刑法五〇二条でも争えない」と主張する被告準備書面三への反論である。

しかし最高裁は、昭和二三年三月一二日大法廷判決で、「死刑の執行方法の基本的部分には、法律の定める道理の手続」（憲法三一条が定める適正手続）が必要としており、いつ告知するかを法律で定めずに即日告知して即日死刑執行を行うという行政運用を採用していることは、憲法三一条に違反すると判示している。

被告国は、死刑の執行は、法律で定められた執行方法に関する基本的事項（法律事項）及び運用に委ねられた執行方法の細目が存在すると主張するが、告知時期などの執行方法の細目を定める内部規定を明らかにしていない。

また国は、原告は観念的な異議申立権の侵害を主張しており具体的な事実が示されていないとする。しかし、即日告知・即日執行、再審中の死刑執行など異議申立事由が幾つもあることを、被告国は認識していない。

国は、①刑訴法五〇二条の異議申立は法律上可能であり、②告知から執行まで異議申立の機会があり、死刑確定者の異議申立権を侵害しないと主張する。しかし、即日告知・即日執行では異議申立のための時間はなく、不可能であるのは明らかだ。

そもそも国が根拠とする昭和三六年一二月五日最高裁判決は「絞首」についての判示であり、また行政事件特例法下の判断であり、現行の行政事件訴訟法とは法理念が異なる。

被告国は、刑訴法五〇二条の異議申立ができると主張する。しかし、死刑確定者には事前に執行を知らされることはなく、また執行停止の効力もないため、異議申立をしても執行されてしまうため、刑訴法五〇二条の刑事訴訟手続きでは実効性がない。

原告は、公法上の当事者訴訟として即日告知・即日執行の受忍義務のないことを求める訴えは、行政事件訴訟法上の確認の訴えとして適法なものである、と主張する。

また、事前告知を受けた死刑確定者が自殺した事例があったため事前告知が行われなくなったと主張する被告準備書面四も陳述された。原告からは、以下の点についての求釈明が申し立てられた。

① 自殺に関するいつ・どこで・誰がなど具体的な事実及び警備状況、作成された報告書の提出。

② 死刑執行当日告知の運用に改めた経

緯に関する検討内容など。

被告準備書面三への求釈明として、①法律で定められた執行方法に関する基本的事項（法律事項）及び運用に委ねられた執行方法の細目とはなにか、②死刑執行に関する法務省の内部規程・内部通達、大阪拘置所の死刑執行を定めた規則・通達の提出、③②が存在しない場合は、どのように拘置所で死刑執行を運用しているのか、を明らかにするよう求めている。

第6回口頭弁論

二〇二三年三月一七日午後三時から、第六回口頭弁論が開かれた。

被告国は第五準備書面を提出し、二〇二二年一二月一六日付原告求釈明にも回答するとした。被告国はこの準備書面でも、本件の「確認の訴え」が不適当であるといくつかの最高裁小法廷判例を引用しての主張を行い、裁判所に賠償請求についても門前払いをせよと要求している。

被告第五準備書面に対して、原告らは三月一五日付準備書面で、被告の主張では死刑に関わる事柄に関しては一切司法上の救済手段が存在しないことになるとの反論を行い、被告が主張するように最高裁判決により訴えが不適法であるならば、死刑確定者の救済はできないことになり、判例自体を変更すべき事案となるとの主張を行った。

被告は、行政事件訴訟で原告の訴えが認められれば死刑という刑罰自体が否定されるとして、行政事件訴訟での訴えはできないと述べるが、死刑を命じた判決を否定することにはならない。

求釈明への被告の回答も不誠実極まりないものであり、原告らは三月三日付で「（死刑執行の）運用に委ねられた執行方法の細目とは何か」「（死刑執行の）運用に委ねられた執行方法の細目を定めた法務省の内部規定・内部通達や大阪拘置所の規則・通達はあるのか」「拘置所で死刑執行をどのように運用しているのか」を明らかにするよう求釈明を申し立てた。

また三月一五日付の求釈明申立では、大阪拘置所での「死刑執行告知の場所」「死刑執行告知の方法」「死刑執行場所への連行の状況」について明らかにするよう求めている。

第7回口頭弁論

六月一四日三時から第7回口頭弁論が開かれたが、裁判長の交代にともない弁論の更新手続きが行われた（横田典子裁判長、森文弥・立仙早矢裁判官）。

原告代理人からは意見陳述が行われた。以下は要旨である。

被告は刑事裁判で争うべきだと主張するが、刑事裁判で主張すべき要件には該当しない。即日告知・即日執行ゆえに死刑確定者は日々恐怖に晒されている。国はたった一人の自殺者が出たことを理由に事前告知を一斉に止めた。しかし、具体的な事実関係について明らかにしない。

この日、原告準備書面六・七・八、被告準備書面六が陳述されたが、被告の主張は一九五一年一二月五日の最高裁判決「行政訴訟では争えない」の適用を主張するのみ。

　原告は、北村泰三意見書も提出。即日執行は日本とベラルーシのみであり、人権侵害であることを主張する準備書面を次回提出予定。

　裁判所は次回までに争点の骨子を作成し、双方に提示する予定。

3 絞首刑は残虐な刑罰

第三の死刑関連訴訟を提訴

　二〇二二年一一月二九日、絞首刑は残虐な刑罰であり、憲法三六条に違反するとして、絞首刑執行差止め等を請求する訴訟が大阪地裁に提起された。原告は死刑確定者三名。

　訴状は、絞首刑がいかに残虐な死刑執行方法であり、人間の尊厳を傷つけるものであるかについて、百数十頁にわたって詳細に述べている。

　請求内容は、以下である。
①　行政訴訟法三七条の四に基づく絞首刑の執行の差止め。
②　行政訴訟法四条に基づき絞首刑による死刑執行を受忍する義務の不存在の確認。
③　死刑確定者は、本来受忍義務のない絞首刑の執行に対してなんらなす術もなく、苦悩と苦痛、不安に満ちた毎日を送ってきたとして、国賠法一条一項による損害賠償請求。

《参考》

・憲法三六条
　公務員による拷問及び残虐な刑罰は、絶対にこれを禁ずる。
・行政訴訟法三七条の四（差止めの訴えの要件）
　差止めの訴えは、一定の処分又は裁決がされることにより重大な損害を生ずるおそれがある場合に限り、提起することができる。ただし、その損害を避けるため他に適当な方法があるときは、この限りでない。

　裁判所は、前項に規定する重大な損害を生ずるか否かを判断するに当たっては、損害の回復の困難の程度を考慮するものとし、損害の性質及び程度並びに処分又は裁決の内容及び性質をも勘案するものとする。

　差止めの訴えは、行政庁が一定の処分又は裁決をしてはならない旨を命ずることを求めるにつき法律上の利益を有する者に限り、提起することができる。（以下略）
・行政訴訟法四条（当事者訴訟）
　この法律において「当事者訴訟」とは、当事者間の法律関係を確認し又は形成する処分又は裁決に関する訴訟で法令の規定によりその法律関係の当事者の一方を被告とするもの及び公法上の法律関係に関する確認の訴えその他の公法上の法律関係に関する訴訟をいう。

第1回口頭弁論

　二〇二三年四月二五日午後三時から、大阪地裁二〇二二号二民事部（横田典子裁判長、田辺暁志・立仙早矢裁判官)。

昨年一一月二七日の提訴後、被告国は答弁書と第一準備書面、原告は反論の第一準備書面と求釈明申立書を提出し、陳述した。

絞首刑の実態と残虐性を裁判所が判断するには、①死刑執行がどのようになされているのか、②大阪拘置所における死刑執行室と絞首に使われる器具およびそれを使った絞首の方法を明らかにする必要があるとして、求釈明が出された。

また、原告代理人により意見陳述が行われた。以下は要旨。

原告である大阪拘置所の死刑確定者三名が国に対し求めているのは、絞首による死刑執行の差止めと、絞首刑による執行の受任義務の不存在の確認、残虐かつ非人道的で人間の尊厳を傷つける絞首刑の恐怖にさらされ続ける精神的苦痛に対する賠償である。問うているのは、死刑そのものの是非ではなく、絞首刑によって命を奪うことの残虐性、非人道性である。

絞首刑は残虐な刑罰として世界各国で次々に廃止され、今では死刑自体の廃止が国際的な潮流である。第二次世界大戦の終結後、ホロコーストなど人権侵害への痛切な反省と人権概念の浸透に基づき、世界各国でさらに見直しが進み、より残虐でない死刑の執行方法を追求した結果、絞首刑は次々に廃止され、西側先進諸国で絞首刑を残すのは日本、アメリカ合衆国の一部の州と韓国のみ。ただし、一九九六年以降アメリカでは絞首刑の執行はなく、韓国は一九九七年以降死刑を執行していない。

他方日本では、絞首刑の執行方法の法的根拠は明治六年の太政官布告が政府見解であり、絞首刑の憲法適合性の判断は未だに七五年前、六七年前、六二年前の最高裁大法廷判決に基づいている。

政府は、具体的な執行方法や、執行を受ける者を選択する基準や手続きを公表せず、日本の絞首刑は徹底的に秘匿されている。

日本で実施されている絞首刑は、「残虐な、非人道的な若しくは品位を傷つける取扱い若しくは刑罰」に該当して自由権規約七条に違反し、自由権規約七条に違反する死刑執行は「恣意的な生命のはく奪」であり、自由権規約六条一項違反にもなる。国際社会では、「生命に対する権利」はあらゆる人権の根幹をなす人権であり、その実効的保護が他のすべての人権の享有の前提条件、「人間存在の至高の権利」であるとされ、死刑存置国に死刑執行を「極めて例外的な場合にしか行ってはならない」として、死刑の適用・執行方法に厳格な制限を課している。

自由権規約の実施機関である自由権規約委員会は、死刑自体を自由権規約七条違反とする国際社会の流れを受け、一般的意見や個人通報事例で死刑執行方法を厳格に制限している。死刑執行方法が「残虐な、非人道的な若しくは品位を傷つける取扱い若しくは刑罰」に該当するか否かは、事案のすべての事情、すなわち継続期間、方法、被害者の性別、年齢、健康状態などに基づいて判断され、その死刑執行方法が「身体的および精神的な苦痛を可能な限り少なくするような方法で行われなければ」「残虐な、非人道的な若しくは品位を傷つける取扱い若しくは刑罰」に該当する。また国連の人権機関は、「絞首刑」を「電気椅子」「焼身」などと同様に「身体的および精神的な苦痛を可能な限り少なくするような」死刑執行方法ではなく、自由権規約七条が禁止する「残虐な、非人道的な若しくは品位を傷つける取扱い若しくは刑罰」に該当するとしている。

第二次世界大戦中の全体主義国家による人道的悲劇と多くの犠牲に対する反省から、人権と平和は密接不可分であり、平和を守るには、人権を国際的に守ることが必要との教訓が各国で共有され、もはや人権は国内管轄事項ではない。日本も人権条約を批准しており、国際社会に対して、自由権規約に記載された義務を負う。自由権規約は、個人を権利主体としており、国内法なしで適用可能で、判例で裁判規範性も確立している。自由権規約の解釈については自由権規約委員会の示す一般的意見が重要な指針であり、一般的意見と異なる解釈判断はできない。

死刑執行を担当する法務省は、明治以降「絞首刑」による死刑を執行してきたが、絞首刑の情報について公開せず、大阪拘置所の処刑台は場所も明かされていない。被告は行政訴訟はできないと主張するのみである。「絞首刑」が「残虐」ではないと主張するなら、絞首刑の実態を明らかにし、正当性を主張されることを被告に強く望む。

第2回口頭弁論

八月三〇日、被告提出の乙五、六号証および第二準備書面が陳述された。

原告からは被告第二準備書面への反論として、第二準備書面と意見書が提出され、陳述された。

主任弁護人から口頭で原告第二準備書面の主旨が述べられた。「被告第二準備書面は、昭和三六年一二月五日最高裁判決を根拠に、死刑の執行方法である絞首刑の違法性を争うのは刑事裁判による確定死刑判決の効力を争ってその取消変更を求めるのと同義であり、行政事件訴訟で訴えを起こすのは許されないと第一準備書面と同じ事を繰り返すのみで、原告第一準備書面の反論になっていない。原告主張の絞首刑の残虐性に対しては認否もせず説明もしないという不誠実な態度である」と被告を弾劾した。そして、被告に対しては今後一切の反論をしないのかと求釈明を求めるとともに、裁判所に対しては、当然に為すべき訴訟行為を拒否する被告の不誠実な応訴態度について弁論の全趣旨において十分に掛酌するよう申し入れが行われた。

このように被告は「認否の必要はない」と主張して反証を拒否しており、審理に入れる状態には至っていない。

（初出『関西救援連絡センターニュース』）

色鉛筆訴訟その後

2022—2023

黒原智宏（弁護士）

1 はじめに

日本中の確定死刑囚において、数年前から、それまで可能であった色鉛筆及び鉛筆削りの購入・使用ができなくなっている。福岡拘置所に拘置中の確定死刑囚奥本章寛さんにおいて、色鉛筆及び鉛筆削りの購入・使用を求め、行政訴訟を提起していた。令和五年五月二五日、東京地方裁判所の出した結論は、内容の審理にすら入らない訴え却下判決―いわゆる「門前払い」判決であった。現在、控訴をして、東京高等裁判所に係属中である。

2 奥本章寛さん、そして色鉛筆訴訟とは

平成二二年三月一日、奥本章寛さんは、同居の妻、生後五か月の子及び妻の母（義母）計三名を殺害したとして逮捕起訴された。制度が始まったばかりの裁判員裁判で、結果の重大性を理由に死刑判決を受けた。その後に実施された犯罪心理鑑定では、犯行の動機は義母からの苛烈ないじめに耐えかねてのものであったとされたが、判断は変わらず、平成二六年一〇月一六日に最高裁判所の上告棄却判決。現在は、死刑判決が確定した身であって、福岡拘置所に拘置されている。

そのような奥本さんは、遺族へのせめてもの償いとして、色鉛筆を用いて作画を行い、販売収益を被害弁償金として送金をしてきた。

もっとも、法務大臣が令和二年一〇月二六日付けでなした訓令（通達）によって、それまで購入・使用が可能なリストにあげられていた色鉛筆と鉛筆削りが外され、以後、それらの購入・使用ができなくなったものである。

奥本さんは、上記訓令（通達）の取消を求め（取消訴訟）、また購入したものの使用を申し出る地位にあることの確認

を求めて（確認の訴え）、東京地方裁判所に行政訴訟を提訴することとしたものである。

3　東京地方裁判所の判断

しかし、東京地方裁判所の判断は、実質審理にも立ち入らない、訴え却下のいわゆる「門前払い」判決であった。

端的に述べれば、上記訓令（通達）は、直接、確定死刑囚の権利に影響を与えるものではなく、また、別途個別の申出ができるものであるから、申出前の段階では確認の利益がなく、したがって本件訴えは訴訟要件を欠くものとして却下されたものである。

4　上記判断の正当性

そのような東京地方裁判所の判断は、果たして正当なものといえるだろうか。

上記訓令（通達）が発出されるまでの訓令（通達）には、明らかに色鉛筆と鉛筆削りの品名があがっており、確定死刑囚は、自らの意思に基づいて、自ら購入し、使用することが許されていたものである。

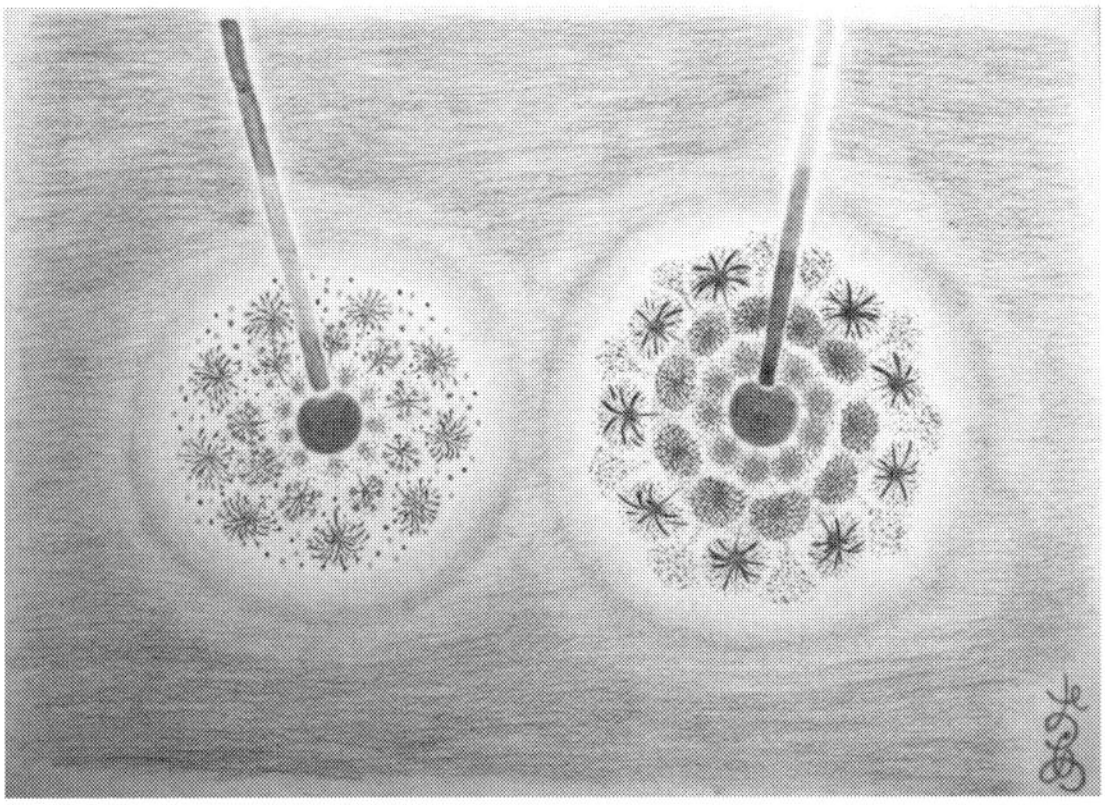

奥本章寛「せんこうはなび」2018年

上記訓令（通達）の発出までは、現にそのような地位を得て、作画できる地位を有していたことが、憲法上保障される表現の自由の一態様として作画活動をしていた事実が、過少に評価されてはならない。

これまで可能であった作画できうる地位が、一片の訓令（通達）で、喪失させられた。のちに別途、購入不許可処分や使用不許可処分が予定されているわけでもない。購入できないこと、使用できないことが決定されたのである。

そうであるとすれば、上記訓令（通達）に合理的な根拠があるのかどうか、憲法上の権利を制約する合理的理由があるのかどうかについて、実質審理の場で審理・判断すべきであったと考える。

しかし、東京地方裁判所は、門戸を開かなかった。

上記訓令（通達）は、直接、確定死刑囚の権利に影響を与えず、また、別途個別の申出ができるものであるから、申出前の段階では確認の利益がないから、訴えは却下との判断を下したものである。具体的な場面をよく想起してほしい。

　これまでは、色鉛筆及び鉛筆削りの購入・使用は、リストに明記されるかたちで、一律に認められていた。ところが、リストから外されたのである。拘置所の現場では、今後、一律にそれらの購入・使用はできない、と受けとめられたはずである。事実、色鉛筆・鉛筆削りの個別の購入・使用許可の申出は、これを取り持つ職員の段階で受け付けすらされない。個別の申出など、できないのである。

奥本章寛「かけくらべ」2018年死刑囚表現展応募作

　色鉛筆の多色セットがあれば、作画において、個性豊かな配色を可能とする。しかし、これらが禁止された現時点で、その代わりとして、例えば、カラークレヨンのセットであるとか、サインペン・筆ペンの多色セットの購入・使用を認めたかといえば、そのようなこともない。表現の自由への配慮は、およそ絶無である。
　テレビ放送を例にとれば、時代は、白黒テレビからカラーテレビへと進化した。地上波放送から衛星放送へ、アナログ放送からデジタル放送へと進展した。わけあって衛星放送を受信できない家庭に保障されるべきは、カラーのケーブルテレビ放送ではないのだろうか。
　作画活動をする確定死刑囚の方々は、大勢存在する。自己研鑽、作品発表、意見表明、被害弁償……。目的は様々であるが、多色セットの色鉛筆を用いて、多くの作品が製作されていた。作画を通じて、製作者は、後悔と懺悔を深め、受け手はよりよき社会への道標を得ていたのである。多色セットの色鉛筆を使用できる意義は大きく、その地位は、わたしたち市民にとっても、疑いなく重要であったのである。

5 謝意

　色鉛筆訴訟の経過の中、これまで多くの方々から励ましの言葉をいただいた。奥本さんの心にも私の心にも、大きく響いている。

　この場をお借りして、心からの謝意を

申し上げたい。

死刑判決確定後、宮崎拘置所から福岡拘置所に移監される際、最後の面会になるかもしれないと考えた奥本さんは、私にこのように伝えたことがある。「池に石が落ちるとぽちゃんと音がして、波ができるでしょう、輪になって。自分の事件がきっかけとなって、人と人が出会ったり、話をしたり、ものを考えたり。自分は、そのような波紋のような役割になれたら、それが本望です。」

「波紋ー奥本章寛と歩んだ十年のキセキ」2020 年 7 月、オークス刊

「波紋」に背中を押されるように、私は、その後も奥本さんに伴走することとなった。近年、色鉛筆が使用できなくなるという事態を受けて、「自分よりも絵がうまい方々はたくさんいる。色鉛筆が使えなくなって、みなさん、どうしているんだろう。困っているのではないだろうか」という奥本さんの思いを受けて、この色鉛筆訴訟の提訴に踏み切ったものである。

6 むすび〜「あなたは、どこに、どのような花を咲かせていますか?」

接見の際に、「死刑年報誌に、色鉛筆訴訟の経過を報告することになったのだよ。」と伝えてみた。そうしたら奥本さんは、

「あなたは、どこに、どのような花を咲かせていますか?」

という一文を拙稿に添えてほしいとの希望を述べた。

ここで、この一文の意味内容を解説することは、いかにも無粋であろう。読み手ひとりひとりにおいて、受け止め、感じ取っていただくべきものであろうからである。

死刑年報の発売を、毎年、今か今かと楽しみに待つ奥本さんが、掲載された俳句、書画から、いつも受け止め、感じ取っているように。


〔編集部より・『年報・死刑廃止2021』掲載の「償いの色鉛筆、取り上げないで」色鉛筆訴訟報告」も合わせてお読みください。〕

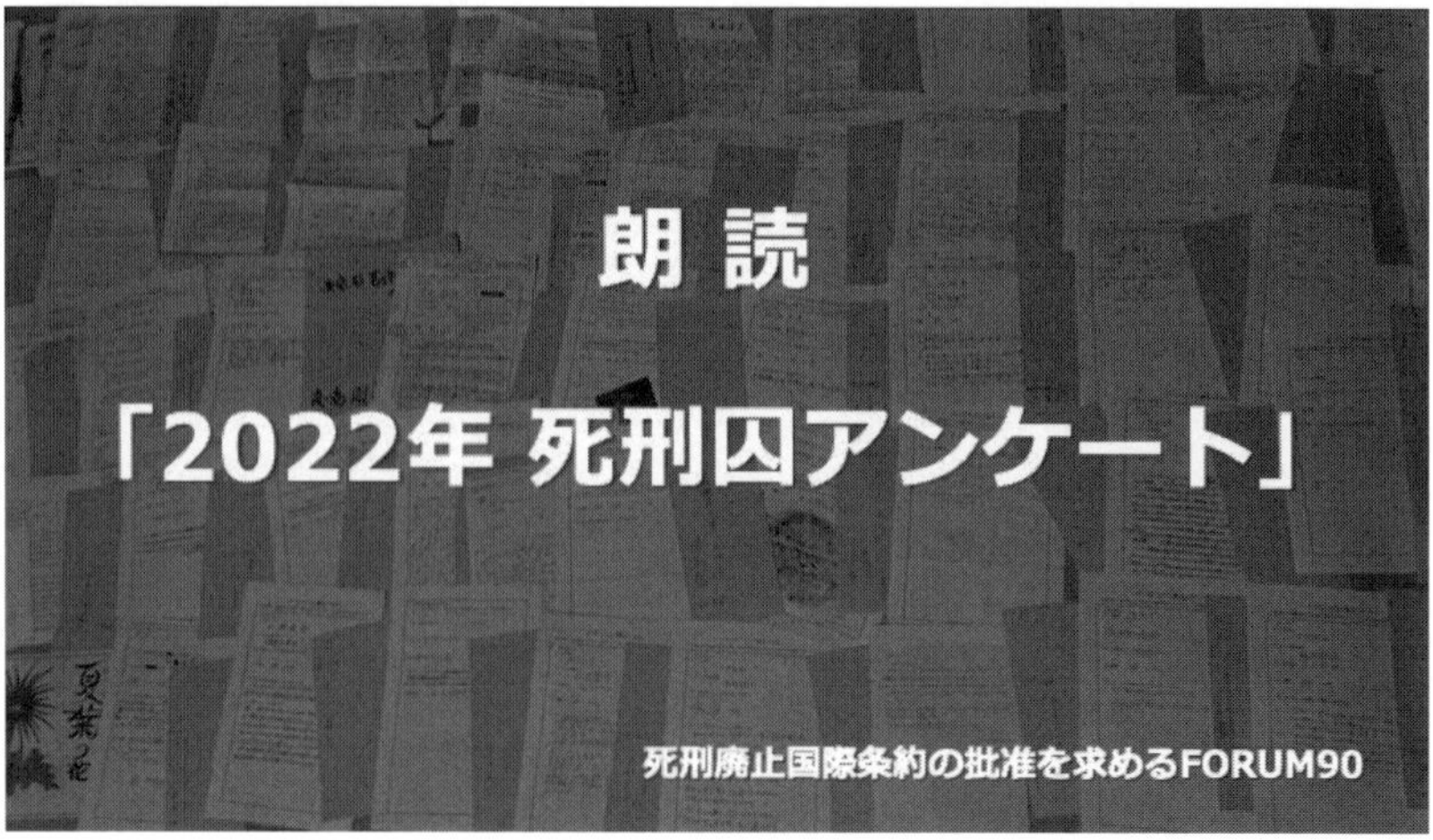

フォーラム90では福島みずほ事務所と組んで、4年ごとに確定死刑囚アンケートを行ってきた。

2008年が第1回で書籍『命の灯を消さないで』（インパクト出版会、以下全て同版元）に収載、2011年の第2回は『死刑囚90人とどきますか、獄中からの声』に、2015年の第3回は『年報・死刑廃止2015　死刑囚監房から』に、2018年の第4回はオウム死刑囚の大量執行の年で『年報・死刑廃止2018　オウム死刑囚からあなたへ』にオウムの方の回答のみを掲載した。また毎回、朗読劇や芝居を10月の死刑廃止デー集会で発表してきた。

2022年の第5回は10月9日の「響かせあおう死刑廃止の声」（星陵会館）でパワーポイントでグラフやアンケート用紙を上映しながら朗読劇を上演。多くの方に確定死刑囚の生々しい声を伝えることができたと思う。掲載したのはその台本である。なお、全ての方の回答を入れられなかったことを、お許しいただきたい。

シナリオ制作＝可知亮・国分葉子・大島みどり、原裕司。画像制作＝深瀬暢子。
朗読＝松本潤子（俳優座）、花田孝文（ジョイントオフィス）。

（ナレーション）

二〇二二年二月末に「死刑廃止国際条約の批准を求めるフォーラム90」は、福島みずほ参議院議員の協力を得て、全国の死刑確定者１０７名に向けてアンケートを行った。

フォーラム90が死刑確定者にアンケートを行うのは、今回で五回目。

アンケート返信数は52通、全死刑確定者１０７名の約半分。

欠かすことなく毎回アンケートに回答してくれる方々が多くいる一方、四年前の前回のアンケート以降新たに死刑が確定した方々のうち、11名が初めて回答を寄せた。

今回の回答者の中には、今年7月26日に死刑を執行された「秋葉原無差別殺傷事件」の加藤智大さんがいる。

「明日の晩この時刻に果たして自分はこの寝床で眠りに着くことができるのか。」そんな不安と絶望を抱きながら息をひそめて日々を送る死刑確定者の、アンケートから漏れ聞こえてくる声にしばし耳を傾けたい。

問・あなたのこと

「生年月日」

まずは彼らの年齢層。回答のあった50が母数となる。

70歳以上……15名（30％）
60代……10名（20％）
50代……8名（16％）
40代……9名（18％）
30代……4名（8％）
回答なし……4名（8％）

最高齢は84歳、最年少は30歳だ。

問・あなたの処遇について

「医療や健康について」

一般社会と同じように、高齢化の進む塀の中で、50名のうち17名が定期的な治療を受け、33名が定期的な投薬を受けている。心筋梗塞などの重篤な病のほか、独居房内で長時間座っていることで運動不足になり、高血圧や不整脈、便秘、腰痛に悩む死刑囚が多い。精神安定剤を処方されている人も少なくない。

問・裁判や弁護人の状況

「再審請求について」

再審請求をしている……31名（62％）

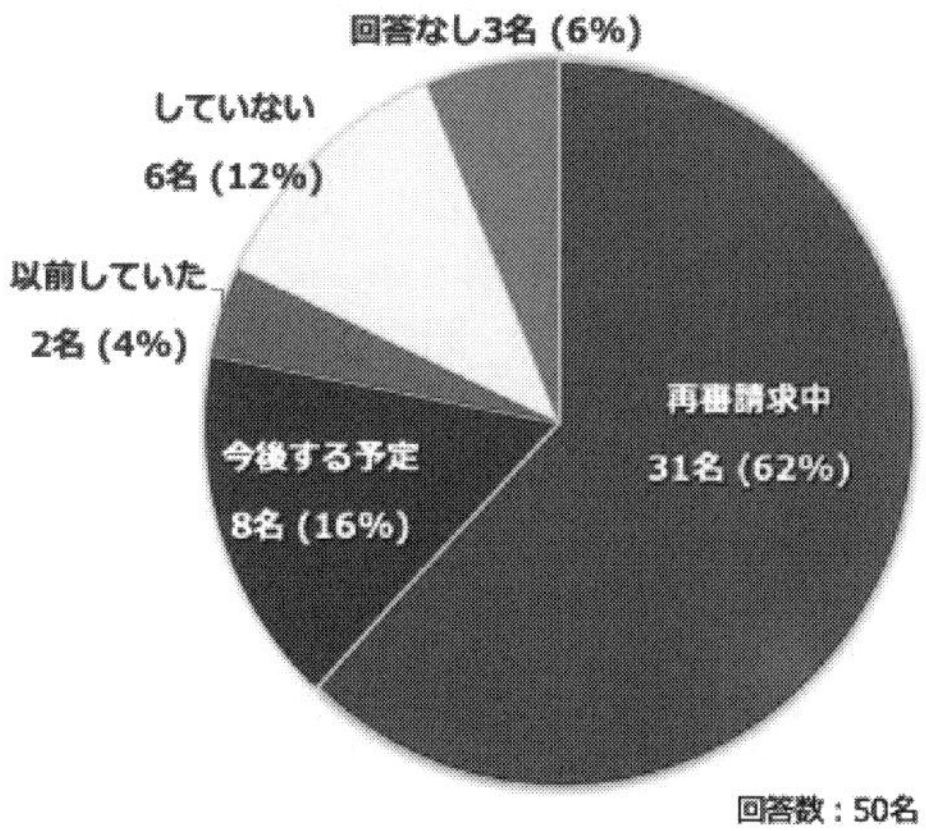

今後する予定……8名（16％）
以前していた……2名（4％）
再審請求をしていない……6名（12％）
回答なし……3名（6％）

「らくだを針の穴に通すより難しい」と言われている再審。その壁がどれほど高く、厚くとも、明日の夜を無事に寝床で迎えるためには、再審請求をし続けるしかない。しかし今では、再審中の死刑囚も執行されている現状となっている。

問・あなたの処遇について

「外部交通について」

外部交通権といわれる面会・文通については、面会はないという回答が８名、文通がないが4名。そしてこのうち３名は面会も文通もない、外部と遮断された日々を送っている。はたしてこんな生活にいったい何人の人間が耐えられるものだろうか。

問・執行は当日の朝、言い渡されています。事前に告知されたほうがいいと思いますか。事前告知がよい場合、どれくらい前が望ましいですか。

2、3日前……1名（2%）
3日前……1名（2%）
2-8日前……1名（2%）
5日前……4名（8%）
1週間前……9名（18%）
2週間前……1名（2%）
1カ月前……3名（6%）
3カ月前……3名（6%）
回答なし……14名（28%）
回答拒否……1名（再審に希望をもっているので）（2%）
その他　わかりません、どうでもいい、考えたことなどありません、事前告知は予測不能な事故を惹起する、そんなことはききたくありません等……12名（24%）

先ほど、大阪拘置所の事前告知裁判の原告代理人、金子武嗣弁護士からもお話があったように、家族・親族・友人らに遺書を残したい、言い残したいことや私物やお金のことを整理したい、最期に関係者に礼を言いたい、最後にすべきことを考えたい…。

事前告知を望む彼らが願うこと、それは私たちが人生最後に望むことと何ら変わりはない。

「もし僕が明日の朝に、いきなり執行の告知をされれば、とてもじゃないが自分の力、自分の足で処刑場まで行く気力はないと思う。事前告知じゃなくても処刑場に行ける精神状態ではないと思うけど、それでも事前告知があるのとないのとでは、こころの準備は変わるはず。」このように溝上浩二さんは書いている。

最後に、全国7か所の拘置所に収監されている確定死刑囚の声を聴いてみよう。

倉吉政隆（福岡拘置所）福岡・大牟田2人殺人事件等（1995年4月）

外部交通権者が一人もいないことです。飲食物と日用品の品々が度々上がり、高すぎて購入できないことです。

以前のようにテレビを見せてもらいたいです。DVDはテレビの番組のバラエティーやマンガなどのビデオディスクですので、CMばかり入っているので見ても楽しくないので、見ることがありません。

石川恵子（福岡拘置所）宮崎2女性殺人事件（1996年、1997年）

警察・検察・裁判所は、決して公正でなく、自らの昇進のためには手段を選ばないで、罪をより重くし、冤罪をも平気で作って来てることは長年の悪習である事実を、広く一般市民に知って貰いたい。故意に、である。この実情は、罪を犯したものしか判らず、どんなに広く訴えようと、権力で抑え込まれ、もみ消され続けている。一般市民は、司法界は正義の味方と信じて疑わないはずであるが、公正な取り調べ、公正な審理はもはや死語と言っても過言ではないのです。

事件をねつ造し、人をおとしめる事を全くためらわず、冤罪の人（可能性のある人）を執行するという憲法違反を政治的に繰り返して日本は、恐ろしい国である。この現実を当事者しか判らないのが悔しい限りです。

尾田信夫（福岡拘置所）川端町事件（1966年12月）

昭和50年6月、福岡拘置所では、西武雄君が処刑された。西君は当時100kg超の巨漢であったが、それが災いし、落下時の荷重で首がちぎれかかった。血が滝のように溢れ、刑場地下の床は正に血の海であったという。以上は、従事した職員複数の伝聞であるものの、迫真に富み事実と思われる。

絞首の方法は、それなりに残酷である。判例は方法が火あぶり、釜ゆでは残虐、違憲というが、血なまぐさい絞首が合憲と、どうして言えようか。

浜川邦彦（名古屋拘置所）三重男性2人射殺事件（1994年7月、11月）

外部との通信・面会等を制限され、友人の多くと連絡が取れないのが辛い。

筆記具類の差入れを許可してほしい。施設で購入する物品は値段が高い上、品質が悪いから。

寝具類も同じく差入れできるようにしてもらいたい。

とにかく施設で購入する物品の値段が高すぎる。全部100円ショップの品に統一してほしい。するべき。

風間博子（東京拘置所）埼玉4人連続殺人事件（1993年）

「山と山が連なっていて、どこまでも山ばかりである。」

名作「楢山節考」（深沢七郎著）の

浜川邦彦（名古屋拘置所）　三重男性2人射殺事件（1994年7月、11月）

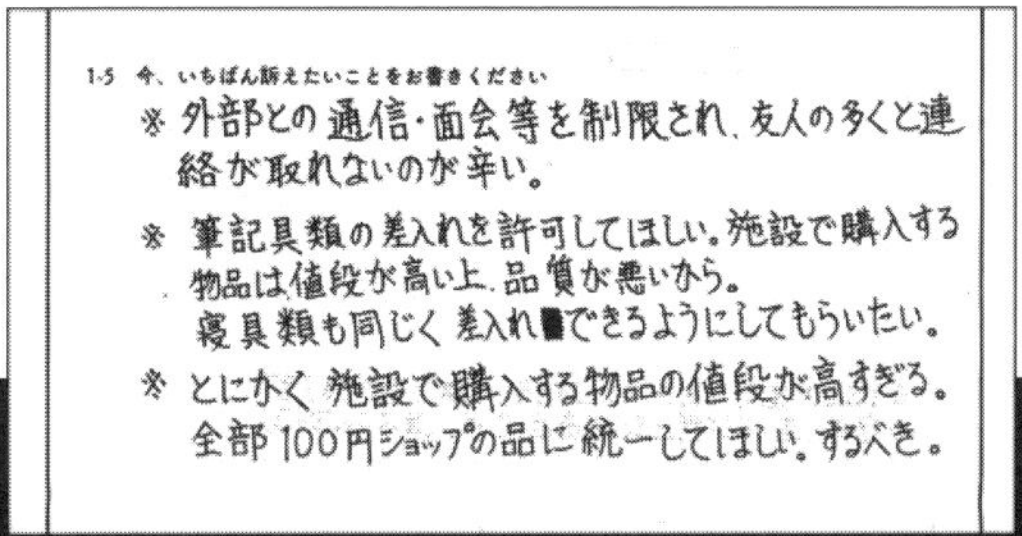
1-5　今、いちばん訴えたいことをお書きください
※ 外部との通信・面会等を制限され、友人の多くと連絡が取れないのが辛い。
※ 筆記具類の差入れを許可してほしい。施設で購入する物品は値段が高い上、品質が悪いから。
寝具類も同じく差入れできるようにしてもらいたい。
※ とにかく施設で購入する物品の値段が高すぎる。全部100円ショップの品に統一してほしい。するべき。

初まりの一節ですが、私の獄中生活もこんな感じの日々の連続です。

獄中生活も四半世紀を超え、巨大な権力相手にただ立ち尽くし、身動きとれぬ思いにとらわれることもありますが、弁護人の先生方のご指導・ご助力、支援者の方々の応援・ご協力、そして子供達の一途な思いに励まされて、気力と気概をいただき、雪冤の日が来ることを信じ、粉骨砕身頑張っております。

２０１９年3月に、ステージⅢb期の進行ガンが発見されました。私はその告知の場で即座に切除を願い出、同年6月20日に開腹切除手術をうけ、その後翌年3月まで、術後補助化学（抗がん剤）療法をうけました。

そろそろ術後まる三年となりますが、おかげさまで今のところ、急変するような病症はでておらず、経過観察となっております。ありがたいことです。

生き抜くと決心していたがゆえに、屈辱の「執行による死」を回避することができる有効手段として目の前にあった「病死」を選ばずに即刻、根治を目指しての開腹切除手術を選んだのです。

「必ず社会に生還する」という決意で、この四半世紀以上の年月を耐え，闘い続けてきているのですから、当然の決断でありました。

「生きていく」と決めたのですから、何としても生き抜き、生還する覚悟でおります。

小林竜司（大阪拘置所）東大阪大生リンチ殺人事件（２００６年6月）

死刑は犯した罪に対する罰にはなり得たとしても、償いにはなり得ないと思います。

罪を終生償わせるためにも「終身刑」を導入すべきではないかと私などは思うのです。

人の命を奪ったのだから、やはり死刑ではなく、終身刑が必要だと思います。

死刑は死んだら終わりです。終身刑は死ぬまで罪を償わせるものです。

池田容之（東京拘置所）横浜沖バラバラ強殺事件（２００９年6月）

私にとっては死刑判決が必要だったと

小林竜司（大阪拘置所）　東大阪大生リンチ殺人事件（2006年6月）

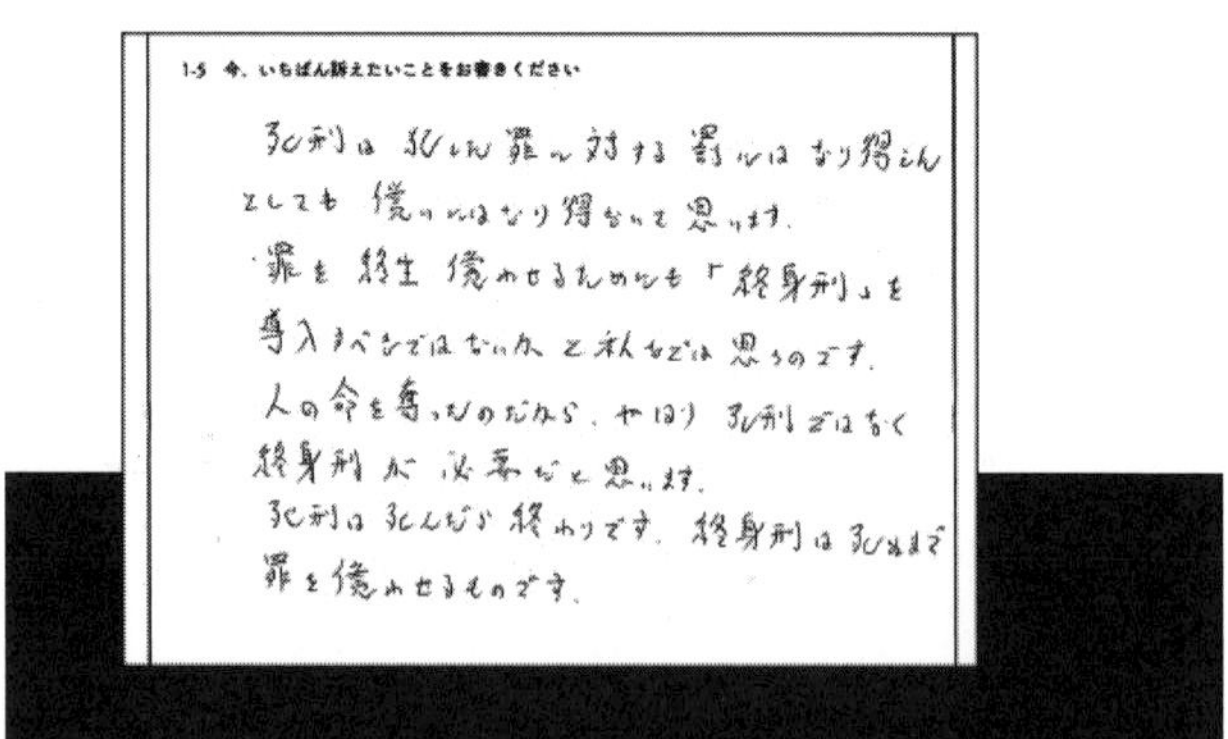
1-5 今、いちばん訴えたいことをお書きください
死刑は犯した罪に対する罰にはなり得たとしても
償いにはなり得ないと思います。
罪を終生償わせるためにも「終身刑」を
導入すべきではないかと私などは思うのです。
人の命を奪ったのだから、やはり死刑ではなく
終身刑が必要だと思います。
死刑は死んだら終わりです。終身刑は死ぬまで
罪を償わせるものです。

思っています。

　死刑になりたくて無差別に他者を傷つける事件は本当に悲しい事件だと思いますが、これらの事件は死刑制度を必要とした国会での議論の中で、想定していなかったのでしょうか。そうだったとしても、死刑制度がある事による利益の方が大きいのではないでしょうか。

　自由を許容する範囲を設定しなければ、それはただの無秩序になってしまいます。

　生きる権利は尊いと思いますが、絶望から抜け出せない人もおります。死ぬ権利についても考えていただけませんでしょうか。


林振華（名古屋拘置所）愛知県蟹江町母子殺傷事件（2009年5月1日）

　私は留学生として来日し、人並みの将来の夢を抱いた。親に金銭面で迷惑をかけたくないという思いで、万引き、そして事件を起こしました。本末転倒だと思いました。中国にいた時、それなりにできる子だったプライドも邪魔したかもしれない。

　日本語学校の学費は、私が通った三重大より高い年間60万円でした。私が最初の万引きをしたのは、学費を払った直後、一文なしの頃でした。

　食費がなく、知人に借りる勇気もなく、何日も何も食べない日もありました。コンビニのゴミ置き場から廃棄弁当を漁って食べたこともありました。飢えの恐ろしさを覚えました。

　しかし来日当時、日本語が分からず、中国では全寮制高校で詰め込み式の教育を受け、勉強以外ほとんど社会経験がなかった。

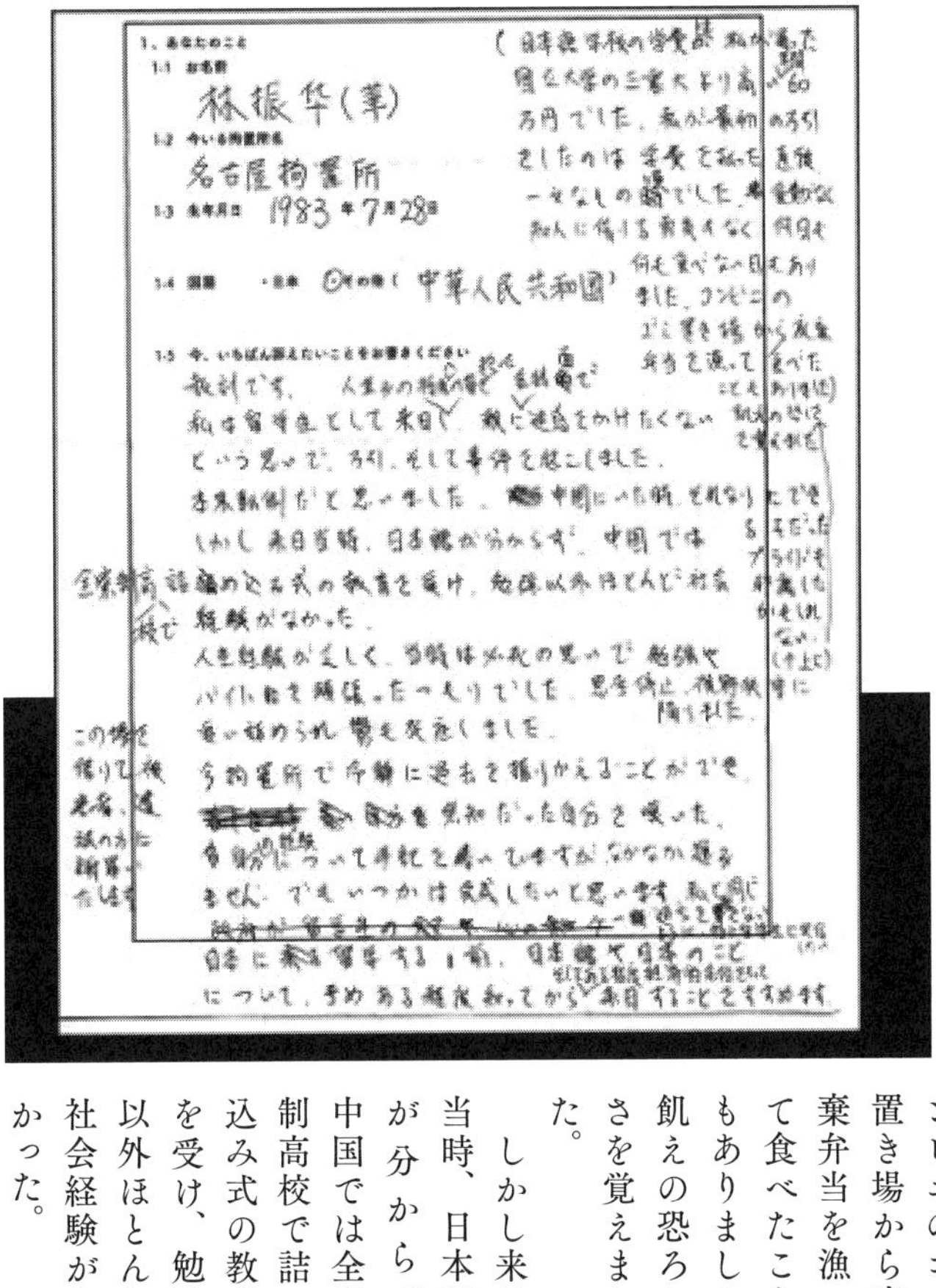
林振华(華)
名古屋拘置所
1983年7月28日
中華人民共和国

人生経験が乏しく、当時は必死の思いで勉強やバイトを頑張ったつもりでした。思考停止、視野狭窄に陥りました。追い詰められ鬱も発症しました。

今、拘置所で冷静に過去を振りかえることができ、無知だった自分を嘆いた。自分の経験について手記を書いていますが、なかなか進みません。でもいつかは完成したいと思います。私と同じ過ちを犯さないように、特に留学生に発信したい。

H・M（名古屋拘置所）木曽川・長良川殺人事件（1994年9〜10月）

私は死刑確定者として、死刑制度に反対いたしません。罪は償うべきものです。ただ、その制度の問題が時代の流れの中で出てきたことからすれば、法制度のあり方を議論を尽くしてほしいと感じています。

例えば「終身刑」または代替刑を導入することで、死刑制度を廃止しても良いと考える人がいます。終身刑があれば死刑にならなかったであろう人が死刑囚中にはいるということになります。

そもそも刑務官は、人を矯正させたいと考えてなる人もいます。死刑執行をしたくてなったわけではないと思います。運悪く拘置所に配置されたゆえに、死刑執行という生命を奪う業務にいやでもあたらねばならないというのは、つらいことと聞きます。

そもそも人である以上、死刑囚もいずれは生命を終える日が来ます。死刑判決をうけた人の病死者は2003年から34名、自殺者は1999年から2名とされていますが、死刑執行をいそぐ必要もないように感じます。むしろ、自己契約作業を行うことを通じて贖罪等を行わせる方法で、生きて自己の犯した罪を償う道があってもよいように想います。

坂口弘（東京拘置所）連合赤軍事件（1971年〜1972年2月）

アメリカは、絞首↓電気椅子↓薬物の流れになっており、これと比べると、日本はふた昔も遅れをとっていることになる。

ビデオでイギリスのエリザベス女王の伝記映画を鑑賞したが、その中の絞首刑の場面で、日本は16世紀のイギリスと同じレベルの国かと唖然としたものである。

中原澄男（福岡拘置所）暴力団抗争連続殺人事件（1997年10月）

当所にて、床下から熱やドライアイスが上がってくること。デンパに毎日嫌な思いをしていますし、もう両足が悪くて歩くのが痛いです。毎日夜勤者が人のおる房に入って、デンパや足に熱やドライアイスを入れます。こんなことが無くなればいいと思う。

これは私が死ぬまで続くと思います。座布団の下からと、布団の下から上がってきます。

ウソのようですが、本当のことです。

加藤智大

（東京拘置所　2022年7月26日死刑執行）

秋葉原無差別殺傷事件（2008年6月8日）

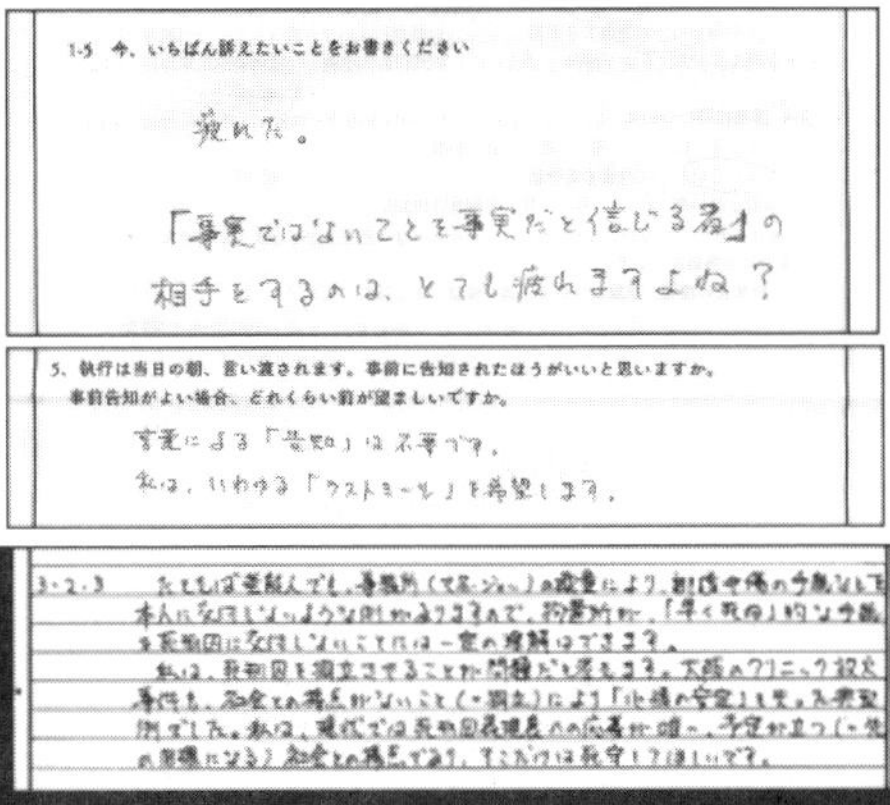

1-5 今、いちばん訴えたいことをお書きください
疲れた。

5、執行は当日の朝、言い渡されます。事前に告知されたほうがいいと思いますか。
事前告知がよい場合、どれくらい前が望ましいですか。

3-2-3

加藤智大（２０２２年７月26日東京拘置所にて死刑執行）秋葉原無差別殺傷事件（２００８年６月８日）

疲れた。

「事実ではないことを事実だと信じる者」の相手をするのは、とても疲れますよね？

言葉による「（執行の）告知」は不要です。

私はいわゆる「ラストミール」を希望します。

たとえば芸能人でも事務所（マネージャー）の裁量により、誹謗中傷の手紙などを本人に交付しないような例がありますので、拘置所が「早く死ね」的な手紙を死刑囚に交付しないことには一定の理解はできます。

私は、死刑囚を孤立させることが問題だと考えます。大阪のクリニック放火事件も、社会との接点がないこと（＝孤立）により「心情の安定」を失った典型例でした。私は、現状では死刑囚表現展への応募が唯一、予定が立つ（＝先の目標になる）社会との接点であり、そこだけは死守してほしいです。

（ナレーション）

当たり前だが、死刑囚も人間だ。

事実であるかどうかの判断がつかなくなった過去のできごと、えん罪を訴える声、拘禁症の発症が疑われるような内容、これらすべては彼らが今この瞬間に生きているからこそ発することができる声だ。耳を澄ませなければ、傾けなければ聞こえてこない彼らの小さな声を聞く責任を、私たち社会は持っている。

７月26日に死刑執行された加藤智大さんの声は、もう永遠に聴くことはできない。彼が伝えたかったことは何だったのだろうか。

（照明カットアウト）

死刑をめぐる状況

2022—2023

「死刑廃止国際条約の批准を求める請願」を提出

石川顕（フォーラム90）

フォーラム90ではこの一年間（二〇二二年）、国会議員へのアプローチに力を入れてきた。死刑廃止を実現するには最終的には国会における死刑廃止法案が成立しなければならないと考えれば、死刑制度に疑問を持ち、廃止に向けて活動してくれる議員の存在は不可欠だ。

一九九〇年代、死刑の執行が三年四ヶ月停止されていた頃には、死刑廃止を推進する議員連盟には一〇〇人を超えるメンバーがいたし、法務委員会では死刑をテーマにした集中審議が行われた。そして、死刑廃止を視野にいれた重無期刑の創設法案を超党派で議論、提出の一歩手前までこぎ着けたことがあった。それらの動きをリードしてくれたのは、死刑廃止に熱心な与野党の議員がいたからに他ならない。

そこで、フォーラム90では国会議員への働きかけをいくつか行ってきたので紹介する。①衆議院選挙が二〇二一年一〇月に行われたことからフォーラム90への賛同人募集を改めて実施した。②その賛同人に応募してくれた議員に参加を求めて死刑執行抗議集会を開催した（二〇二二年一月二六日）。その結果、初めての議員とコンタクトすることができた。③「議員と市民の対話集会」（五月一九日）を開催、当日は新しい議員が挨拶に駆けつけてくれた。④世界死刑廃止デー企画への参加要請を行ない、直接会場参加した議員もいた。

こうした議員へ働きかける企画や活動をこれまでの数年間多くはしてこなかった。法務省との意見交換も、特定の議員を窓口に行うこともあったが、法務省側のゼロ回答に積極的になれず回数もすくない状態であった。しかし、この一年間の一連の活動の結果、これまでフォーラム90の活動に直接参加されていなかった立憲民主党、日本共産党、沖縄の風、れいわ新選組の議員の方々とコンタクトすることができたわけである。「まだまだ死刑廃止に賛成してくれる議員はもっといるはずだ」という感触を得ることができたことは一定の収穫だと思っている。そこで、今回は国会請願の署名活動を実施することとした。これは全国の仲間の協力のもと署名を集め、それを賛同してくれる議員に窓口になってもらって衆参議長あてに「請願」という形で提出するというものだ。フォーラム90のニュースレターでもお願いしたので、ご承知だろうが、「死刑廃止国際条約の批准を求める」ことを主旨とする署名内容にした。

紹介議員になってもらえるよう要請したのは、死刑廃止賛同議員のみならず、衆参法務委員会に所属する議員、法曹資格を有する議員の約一〇〇人に対して協力を依頼した。ちなみに、長いフォーラム90の歴史の中で、このような請願署名活動は、初めてだった。

その結果を報告する。集まった署名は二五二六筆で署名用紙は六二八枚であった。署名提出の紹介議員になってもらった議員は、衆議院では西村智奈美議員、寺田学議員、鎌田さゆり議員、吉田はるみ議員（各議員とも立憲民主党）、大石あきこ議員（れいわ新選組）、参議院では川田龍平議員、打越さく良議員（両氏とも立憲民主党）、山添拓議員（日本共産党）高良鉄美議員（沖縄の風）、福島みずほ議員（社民党）の一〇人であった。ＦＡＸで依頼文を送付しただけなので、十分なフォローをすれば増えたかもしれない。いつかは全議員に要請したらどうだろうか。

やはり、こうして活動を通して、国会議員の中に死刑廃止活動に参加してくれる潜在的な議員はまだまだ存在していると確信することができたわけで、死刑廃止活動に賛同する議員、死刑に疑問を持つ議員の掘り起こしにフォーラム90も力を入れていきたいと思っている。

葉梨康弘前法務大臣の「死刑ハンコ」発言で、死刑問題自体が広く露出し、その制度の問題点も顕在化してきた。こうした機会を捉えて、私たちの死刑廃止活動も次のステップ、つまり死刑を廃止する法案を成立させるプロセスを視野に入れた活動の展開を念頭においてこれからも力を合わせていきたい。

全国から寄せられた署名用紙の束を整理していて、フォーラム90の皆さんが広く友人知人家族に署名をお願いして下さったんだな、と感じた。署名活動に参加して下さった皆さんに心からお礼を申し上げる。（初出『FORUM90』１８４号、二〇二二年一二月一五日発行）

【追記】 この度の国会請願署名の結果について報告をする。

第二一〇回国会（二〇二二年一〇月三日〜一二月一〇日）に提出した。国際条約関連の内容のため衆議院は外務委員会、参議院は外交防衛委員会で審議されたが、両院ともに「審査未了」で終わった。

請願の仕組みであるが、請願が受理されると議長は、請願の趣旨に応じて各委員会に付託する。委員会では、採択・不採択、さらには保留の「審査未了」を判断する。採択された請願は本会議で審議、採決されると内閣に送付される。内閣からはその後、請願の処理経過が院に報告されることとなる。

今回の死刑廃止の請願で、越えなければならないハードルがまだまだ高いことを再認識させられた。

死刑廃止をめざす日本弁護士連合会の活動報告

2022―2023

小川原優之（弁護士）

1 はじめに

日本弁護士連合会（日弁連）は、小林元治日弁連会長を本部長とする「死刑廃止及び関連する刑罰制度改革実現本部」を設置しています。私は、この実現本部の事務局長を務めていますが、日弁連は、「死刑制度の廃止に伴う代替刑の制度設計に関する提言」を、二〇二二年（令和四年）一一月一五日に行いました。

これは、死刑制度を廃止し、死刑に代わる最高刑として終身拘禁刑を創設することを提言するもので、終身拘禁刑とは、現行刑法の無期懲役・禁錮刑と異なり、刑法第二八条（仮釈放）の適用のない終身の拘禁刑のことです。

今回の活動報告は、この提言についてご説明します。なお、以下の説明で、意見にわたる部分は私見であることをお断りしておきます。

2 提言に至る経緯

日弁連は、二〇一六年一〇月七日の第五九回人権擁護大会（福井）の「死刑制度の廃止を含む刑罰制度全体の改革を求める宣言」において、

① 死刑制度の廃止を目指すこと

② 死刑を廃止するに際しては、死刑が科されてきたような凶悪犯罪に対する代替刑を検討すること

③ 代替刑としては、「刑の言い渡し時には仮釈放の可能性のない終身刑制度」、あるいは、「現行の仮釈放の開始期間を二〇年、二五年等に延ばす重無期刑制度」の導入を検討すること

④ ただし、終身刑を導入する場合も、時間の経過によって本人の更生が進んだときは「無期刑への減刑」等の適用による「刑の変更」を可能とする制度設計が検討されるべきであること

を提言しました。

　さらに、二〇一九年一〇月一五日の日弁連理事会において、「死刑制度の廃止並びにこれに伴う代替刑の導入及び減刑手続制度の創設に関する基本方針」として、

①刑法を含む全ての法令において犯罪に対する刑罰として定められた刑種としての「死刑」を全て削除するほか、関係法令に定められた死刑に関する規定の削除又は改正を目指す

②死刑の代替刑として、仮釈放の可能性のない終身刑を新たな最高刑として導入し、死刑制度廃止の時点における死刑確定者及び以後の死刑に相当する犯罪に対して適用する刑とすることを目指す

③仮釈放の可能性のない終身刑から、例外的に仮釈放の可能性のある無期刑に減刑を認める手続制度を設けることを目指す

④例外的な減刑手続制度の具体的な内容を今後の主な検討事項とすること等が決定されました。

　日弁連は、このように積み上げてきた検討及び議論の現時点での到達点として、昨年一一月、冒頭で述べた「死刑制度の廃止」と「それに代わる最高刑としての終身拘禁刑の創設」、そして「例外的な減刑手続制度」の具体的な制度設計案を提言したのです。

3　「死刑制度の廃止」を求める理由

　「死刑制度の廃止」に関しては、日弁連の内部においても未だその方針に反対する意見もあるところであり、各地の弁護士会によっては会内の意見が大きく割れ結論を出せないところもあります。

　しかしながら、死刑制度は、基本的人権の核をなす生命に対する権利を国家が刑罰として剥奪する制度であり、もし誤判があれば取り返しのつかない結果になるばかりでなく、刑罰制度の本来の趣旨、すなわち「犯罪への応報であることにとどまらず、罪を犯した人の人間性の回復と自由な社会への社会復帰と社会的包摂の達成に資するものであるべき」こととも全く整合しない制度です。

　また、二〇二二年六月に「刑法等改正法」が成立し、従前の懲役刑と禁錮刑が廃止されて新たに「拘禁刑」が創設され、刑罰の在り方が「懲らしめ」から「改善更生」に変更されようとしており、「死刑」はそのような受刑者の「改善更生」を一切否定する刑罰であり、その特異性が極めて際立っています。

4　「死刑制度の廃止」に際し、これに代わる最高刑の創設が必要な理由

　現行刑法上、刑の種類は、死刑、懲役、

禁錮（刑法等改正法施行後は、拘禁刑）、罰金、拘留及び科料が主刑とされています（刑法第九条）。

拘禁刑は無期及び有期とされ、有期は一月以上二〇年以下とされており（同法第一二条第一項）、また、有期刑の最長を三〇年まで加重することができることになっています（同法第一四条第一項）。

そして、無期拘禁刑受刑者については、法定期間として一〇年を経過して受刑者に改悛の情があるときは行政官庁の処分によって仮に釈放することができることからすると（同法第二八条）、現在最も重い刑罰である死刑を廃止すると、これまで二番目に重い刑罰であった無期拘禁刑が最も重い刑罰となるのですが、死刑廃止後の刑罰制度としてそれでよいのか、死刑に匹敵する新たな最高刑が必要か否かの検討が必要となります。

死刑制度の廃止は、必ずしも世論だけで決めるべき問題ではありませんが、立法による解決が必要な以上、現実には世論に働きかけてその支持を受けることがやはり必要です。

その場合、死刑廃止後の被害者や遺族等の応報感情や一般市民の処罰感情を鑑みると、死刑を廃止するに当たっては、これまでは死刑が相当とされてきた事案において、死刑に代わる最高刑を新たに創設することが、死刑廃止に多くの賛同を得るために必要であると思われます。

5 「死刑」に代わる最高刑として「終身拘禁刑」が妥当な理由

前述したように二〇一六年一〇月七日の第五九回人権擁護大会の宣言では、死刑の代替刑として、「仮釈放の可能性のない終身刑制度」と「現行の無期刑の仮釈放の開始期間を二〇年、二五年等に延ばす重無期刑制度」の二つを候補として提案していましたが、二〇一九年一〇月一五日の日弁連理事会決定の「基本方針」では、このうち、「仮釈放の可能性のない終身刑（終身拘禁刑）」を選択し、新たな最高刑として提案しています。

そして、その理由については、「死刑制度を廃止することに伴って導入すべき代替刑として、できるだけ多くの国民が許容できる内容のものを提案することが必要」ということを前提に、「重無期刑は、仮釈放が可能となるまでの期間が長くなるとはいえ、仮釈放の可能性が法律上は一体として認められているもので、量的な意味での違いはあるものの現行の無期刑と基本的に変わるところはない。そこで、現行の無期刑とは質的に異なる仮釈放の可能性のない終身刑を最高刑として提案することとした」と述べています。

すなわち、死刑の代替刑として、自由刑の極刑ともいうべき「刑として法的に仮釈放の可能性のない終身の拘禁刑」を新たな最高刑とすることが、死刑を廃止することを国民が許容することに繋がる、と考えたものです。

実際、二〇一九年に内閣府が実施した死刑制度に関する世論調査（三〇〇〇名中一五七二名が回答）においても、「死刑は廃止すべきである」と回答した者が九・〇％（前回二〇一四年調査九・七％）、「死刑もやむを得ない」と回答した者が八〇・八％（前回調査八〇・三％）という結果でしたが、「死刑もやむを得ない」と回答した者のうち、「状況が変われば、将来的には、死刑を廃止してもよい」と回答している者は三九・九％にも上っているのであって、「将来」の死刑廃止の当否に対する態度という基準で分けてみると、廃止賛成は四一・三％、廃止反対は四四・〇％となります。

また、仮釈放のない終身刑が新たに導入されるならばどうかという問いに対しては、「死刑を廃止する方がよい」と回答した者が三五・一％、「死刑を廃止しない方がよい」と回答した者が五二・〇％となっており、死刑制度を廃止するに当たり、代替刑として終身刑を創設するという提案は、国民世論の一定評価を得ることができると推測されます。

6 「終身拘禁刑」の人権上・人道上の問題

このように日弁連が敢えて「仮釈放のない終身拘禁刑」を死刑の代替刑として創設することを提言しているのは、国家による生命の剥奪という究極的な人権侵害行為である「死刑」という刑罰を一刻も早く廃止する必要があり、そのような世論を形成するためには、死刑に代わる最高刑として終身拘禁刑の創設が必要だと判断したからに他なりません。

しかしながら、日弁連は、二〇一〇年一二月一七日の「無期刑受刑者に対する仮釈放制度の改善を求める意見書」において、無期拘禁刑について、仮釈放の制度（刑法第二八条）があるにもかかわらず、二〇〇四年以降無期刑受刑者の仮出所者の平均受刑在所期間が二五年を超える事態となって事実上終身刑化していることに対し、「…それ自体が国際人権基準に違反する恣意的な拘禁であり（市民的及び政治的権利に関する国際規約（以下「自由権規約」という）第九条一項違反）、また非人道的なものである（自由権規約第七条違反）」と批判し、その制度の改革を訴えています。

法務省統計資料によると、二〇二〇年の仮釈放者の平均在所期間は、三七年六か月とされています。

この観点からすれば、今回の日弁連の提言においても、如何に「死刑」に代わる最高刑として世論の理解を得られる制度が必要であったとしても、人権の観点から「非人道的」と評価されるような制度の提案は行うべきではないと考えられます。

死刑に代わる最高刑として、自由刑の極刑である「仮釈放の可能性を認めない終身拘禁刑」の制度を提案するに当たっても、例外的に減刑された刑罰（無期拘禁刑）の執行過程において仮釈放が可能となるような制度設計が、やはり必要となるでしょう。

　その方策として、日弁連は、「終身拘禁刑」の受刑者に対して、事後に例外的に仮釈放の適用がある「無期拘禁刑への特別減刑手続制度」を同時に提言しているのです。

7 恩赦制度との違い

　刑の減刑制度としては、現行制度上は恩赦制度もありますが、恩赦制度は司法権が確定させた国家刑罰権の全部又は一部を行政権の作用によって消滅させるものであり、特に、国家の慶弔時において実施される政令恩赦につき、その政治性ゆえに原理的に批判があります。

　現行法上、受刑者は恩赦の出願をなし得るのみで恩赦の請求権がないこと、また、減刑判断における政治性や恣意性の排除という観点からも、刑の減刑は、やはり新たな法制度の創設で対応すべきであると考えられます。

　恩赦は、法の硬直性に対する補完としての救済機能があることがその長所として考えられており、法律による「特別減刑手続制度」の補完的機能として考えておくべきだろうと思われます。

8 「特別減刑手続制度」の概要

（1）提言では、特別減刑手続を担当する機関は、裁判所とすべきであるとしています。
　ここにいう「減刑」「刑の変更」とは、刑の量定のやり直しを意味するものではなく、あくまで対象を「終身拘禁刑」という特定の刑に服する者に限った上で、申立てを受け、時間の経過による対象受刑者の「改善更生」という事情を考慮し、「無期拘禁刑」への変更の可否の判断を可能とする制度です。

　この点、現行法上の恩赦制度が行政府によって実施されていることや、仮釈放制度が地方更生保護委員会の判断で行われていること、市民の代表で構成される検察審査会のような制度もある等の理由から、「裁判所の裁判官だけの判断ではなく、多角的な観点から判断できるメンバーによる別途の機関の創設を検討すべき」という意見もあり得るところです。

　しかし、「減刑」は、裁判所がなした判決を個別に事後的に変更するものにほかならず、そうであれば、その「変更の判断」自体は、やはり裁判所が責任をもって行うべきであろうと考えられます。
（2）また「特別減刑申立必要期間」については、一五年又は二〇年とすべきであるとしています。
　日本も締約国となっている国際刑事裁判所に関するローマ規程第一一〇条第三

項で、「終身の拘禁刑につき二五年間刑に服した段階で減刑をすべきかどうかの再審査が行われる」とされています。

仮に、「特別減刑申立必要期間」を一五年とした場合、無期拘禁刑に減刑後の仮釈放法定期間の一〇年を加算すると、終身拘禁刑受刑者についても最低二五年で仮釈放の申請が可能ということになり、上記の国際規程上にも見合うということになります。

しかし、二五年間の自由拘束で仮釈放の可能性が認められることに対しては、有期拘禁刑の最長期間（三〇年）よりも短期間で仮釈放の可能性が出てくることになり、「終身拘禁刑」とは名ばかりで、「死刑廃止の代替刑」足り得ない、という批判も考えられます。

他方、「特別減刑申立必要期間」を二〇年とした場合、無期拘禁刑に減刑後の仮釈放法定期間の一〇年を加算すると、「終身拘禁刑」の受刑者についても最低三〇年で仮釈放の申請が可能ということになり、上記の有期拘禁刑の最長期間（三〇年）との比較の問題は解消されますが、前述の国際規程との比較では拘禁期間が長過ぎるとの批判が出てくる可能性があります。

そこで「終身拘禁刑」の受刑者に対して例外的に「特別減刑手続」を認めるための「特別減刑申立必要期間」については、一五年又は二〇年間が適当であると提言するものですが、この点は日弁連内においても意見が大きく分かれたところであり、今後更に検討されるべきものです。

(3) 提言は、「特別減刑手続制度」の中で、終身拘禁刑受刑者を擁護する付添人の選任権を認め、国選付添人を選任できる制度を設けることも検討すべきであるとしています。

終身拘禁刑受刑者にとっては重要な権利に関する手続であるため、終身拘禁刑受刑者を擁護する付添人の選任権を認めるべきではないかと考えるからです。また、私選で付添人を選任できない者に対しては、国選付添人を付すこと、すなわち、国選付添人制度を設けることも検討すべきであるとしています。

9 「終身拘禁刑」の創設と現行の「無期拘禁刑」の関係について

新たに死刑の代替刑として、仮釈放制度の適用が刑罰自体としては一切ない「終身拘禁刑」を創設する以上、現行の「無期拘禁刑」の運用による事実上の終身刑化を終わらせ、刑法第二八条の本来の趣旨に立ち返り、現行「無期拘禁刑」については法文どおり法定期間の一〇年を経過した場合は、社会復帰に向けた仮釈放の審理が適正に行われるようにすべきです。

そこで服役期間が一〇年を経過した無期刑受刑者に対しては、その期間が一五年に達するまでの間に初回の仮釈放審理を開始し、その後は一～二年ごと、長くても三年以内の間隔で定期的に仮釈放審理の機会を保障するべきです。

10 重罰化のおそれ

日弁連が今回提言している「終身拘禁刑」については、「そのような刑ができれば、これまでは死刑判断との比較の結果、無期拘禁刑の適用で留まっていた案件が、死刑判断のために必要な要素の厳密な検討が行われることなく、死刑判断ではないということで終身拘禁刑の判断が行われてしまうことが考えられ、かえって厳罰化に繋がる」という意見もあります。

しかし、今回提言する「終身拘禁刑」は、前述してきたようにあくまで「死刑制度の廃止」後の死刑の代替刑として最高刑として提案するものです。

そのため、終身拘禁刑が創設されたか

『2022年10月第7回日本政府報告書審査　人権政策の改変を求めた自由権規約委員会総括所見』（日本弁護士連合会、2023年8月発行）

国際人権（自由権）規約委員会が、2022年10月13日、14日に、ジュネーブの国連欧州本部で第7回日本政府報告書の審査を行い、11月3日に同審査を踏まえて、総括所見を発表。「総括所見は、人権状況についての権威ある評価を示しており、日本政府はこの総括所見を尊重することが必要」ということで日弁連が作成したパンフレット。

多岐にわたって問題点が指摘されているが、「死刑に関する問題については、再審請求中に死刑執行が行われた事例があることに懸念を表明し、死刑廃止に向けた世論喚起が求められました。刑事司法に関しては、逮捕時からの保釈と国選弁護人の弁護を受ける権利の保障、取調べの時間と期間の制限、逮捕前を含む全事件・全過程の録画、マンデラルールに沿った医療の提供などが勧告されました」。

全文は以下で読むことができる。

https://www.nichibenren.or.jp/library/pdf/jfba_info/publication/pamphlet/ccpr7_pam.pdf

らといって、従来の無期拘禁刑の判決が下されていた事案に対して、安易に、重罰化の傾向の流れに合わせて終身拘禁刑の判断にならないように、従前に死刑が相当とされた事案のみに適用されるよう、その運用については司法関係者の間での慎重な判断と検討が行われる必要があります。

11 「終身拘禁刑受刑者に対する具体的な処遇に対する考え方」について

拘禁刑受刑者の処遇については、現行制度上、刑事被収容者処遇法で規定されています。行刑改革会議提言においては、「わが国の行刑は、受刑者を一定の場所に拘禁して社会から隔離し、その自由を剥奪するとともに、その改善更生及び円滑な社会復帰を図るという基本的理念に基づき行われてきた。この基本的理念は、被拘禁者処遇最低基準規則など種々の国際基準にも合致するものであり、今後の行刑運営においても維持されるべきものである」と述べています。

そこで、新たに創設される「終身拘禁刑」の受刑者の処遇についても、刑事被収容者処遇法で規定し、種々の国際基準にも合致した処遇内容が求められていると考えるべきです。

国際基準とされている改定国連被拘禁者処遇最低基準規則（ネルソン・マンデラ・ルールズ）は、「受刑者の処遇は、社会からの排除ではなく、社会との継続関係を強調するものでなければならない」（同規則八八（1）参照）、「拘禁刑又はこれと同種の処遇を科せられた者の処遇は、刑期が許す限り、釈放後、法を遵守する自立した生活を営む意思と能力を持たせることを目的としなければならない」（同規則九一参照）、「受刑者の刑罰開始の当初から、釈放後の将来について考慮が払われなければならない」（同規則一〇七参照）と規定しています。

終身拘禁刑受刑者の処遇については、これらの規則や行刑改革会議の提言を参考にし、憲法が求めている個人の尊厳を尊重した内容となる処遇制度を検討する必要があります。

12 「終身刑の創設のための刑法等の一部を改正する法律案（仮称）」とのちがい

「量刑制度を考える超党派の会」が以前、「終身刑の創設のための刑法等の一部を改正する法律案（仮称）」を提案したことがあります。

この議連は、発足時に、「死刑制度の存廃を議論の対象としない」ことを申し合わせており、この提案は、「死刑と無期刑の間に存在するギャップについて、矯正当局による無期刑受刑者の仮釈放の運用に頼ることなく、立法措置をもって対処する必要がある」との立場から、死刑と無期刑との中間刑として終身刑の創設を提言するものです。

他方、日弁連の提言する「終身拘禁刑」は、あくまでも「死刑制度の廃止」後の死刑の代替刑として最高刑として提案するものであり、「量刑制度を考える超党派の会」の提案とは、この点が全く異なっています。

13 日弁連提言実現のために

日弁連は、今年、二月、三月に一〇〇名を超える国会議員に、日弁連提言について説明し要請活動を行いました。

また四月には、「日本の死刑制度の今後を考える議員の会」の勉強会に参加し、「量刑制度を考える超党派の会」の終身刑創設案と、日弁連の提言する「終身拘禁刑」の違いを説明し、死刑制度を廃止する必要性について意見を述べました。

死刑制度の廃止は、立法の問題であり、国会議員を説得しないことには実現しようのない課題です。

私は、これまで多くの国会議員や法務大臣とお会いしてきたのですが、フランスでの死刑廃止がミッテラン大統領の決断であることや、韓国での死刑執行停止が金大中大統領の判断であることからも明らかなように、日本でも、最終的には総理大臣の決断に依らざるを得ない問題であると思います。

今後も、多くの国会議員に要請活動を行い、さらに有力な国会議員をどう説得して議論に参加してもらうのかが重要だと思います。国会議員の議論が活発になる中で、法務省もその議論に巻き込み、そのような状況を作り出すなかで、死刑の執行をしにくい環境をうみだす必要があります。

来年二〇二四年には死刑制度の存廃に関する政府の世論調査が行われます。マスコミも含めて死刑の代替刑としての仮釈放のない終身刑について広範な議論を行い、死刑制度の存廃について迷っている市民の理解を深めるなかで、「死刑制度もやむなしという世論が八〇％ある」という「常識」を変えていく必要があります。

多くの市民と協力し合って、死刑制度の廃止を実現していきたいと思います。

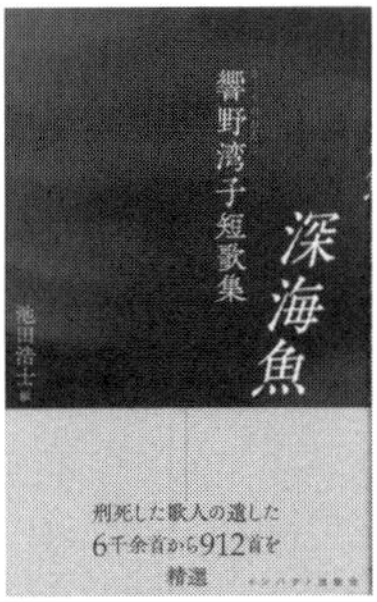

深海魚　響野湾子短歌集

池田浩士編　2000 円＋税

刑死した歌人の遺した６千余首から 912 首を精選

響野湾子さんとは、2019 年８月２日、東京拘置所で刑死した死刑囚だ。2006 年から「死刑廃止のための大道寺幸子基金」死刑囚表現展に毎年応募し、選考委員である加賀乙彦、池田浩士、川村湊、香山リカ、北川フラム、坂上香、太田昌国さんたちから高い評価を受けてきた。

上訴審棄却賜わる今朝よりは光り届かぬ深海魚となる／我が命もて償うに足らざるを知りて絶望深まりぬ罪／確定に決まりし日より亡者の如くずだらずだらと歩く癖つく／生きたい！と望みし被害者殺めし手で我が再審書認るを恥ず／逝く先は月の砂漠と決めてをり戦に満ちたこの星を捨て

ISBN978-4-7554-0269-2

５００冊の死刑　死刑廃止再入門

前田朗著　3000 円＋税

小説、詩歌句、ルポルタージュ、死刑囚の作品から研究書までを網羅した死刑図書館への招待。

年報・死刑廃止の連載をもとに、再燃する死刑論議／死刑の現場へ／死刑囚からのメッセージ／死刑存廃論／凶悪犯罪と被害者／死刑と冤罪／死刑の基準／裁判員制度と死刑／世界の死刑　比較法と国際法／歴史と現代／死刑と文学、の 11 のテーマに 500 冊を超える死刑関連書を分類・分析し、それらを適切に紹介し、現在の死刑問題の到達点を思考した必携の書。

ISBN978-4-7554-0298-2

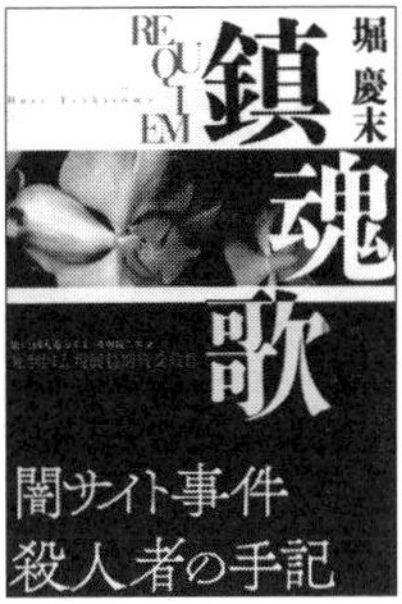

鎮魂歌

堀慶末著　1800 円＋税

闇サイト事件殺人者の手記。

「いま、私は思います。残された時間をすべて贖罪に捧げていかねばなりません。」著者は金銭目的で３件の重大事件を起こした。逮捕されてから獄中で文章を書き、初めて自分に向きあい始めた。不十分ではあれ、事件までの自分自身を捉え返し、罪の大きさに押しつぶされそうになりながら、書くことを通して贖罪を模索し続けている。こうした作業を出版することが、事件を再生産する社会を変えていくことにつながるだろう。そして死刑という不条理な制度について考えるひとつの端緒になるに違いない。第 13 回死刑囚表現展特別賞受賞作。

ISBN978-4-7554-0288-3

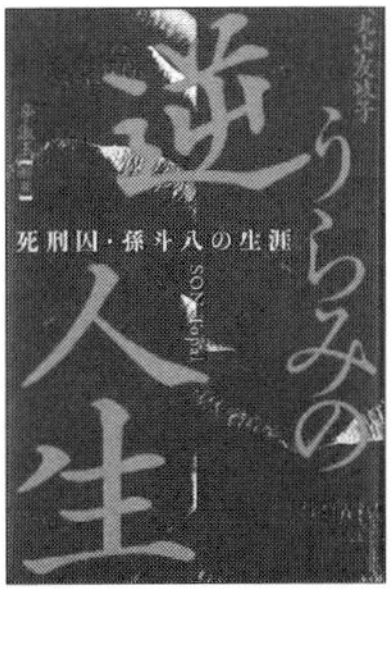

逆うらみの人生　死刑囚・孫斗八の生涯

丸山友岐子著　1800 円＋税

刑場の現場検証に立ち会った死刑囚・孫斗八。彼は、日本の監獄行政、死刑制度とまさに命がけで闘ったパイオニアであった。

強盗殺人で死刑判決を受けた彼は、獄中で法律を学び、人権無視の拘置所の現状を告発、本人訴訟で一審勝訴を勝ち取る。また死刑受執行義務不在確認訴訟では刑場の検証に自ら立ち会っている。しかし 1963 年 6 月 17 日、旧大阪拘置所で突如死刑を執行されてしまう。本書は孫と交流のあった故丸山友岐子の優れた歴史的ルポルタージュであり、1968 年以降 4 つの出版社から刊行された歴史的名著である。

ISBN978-4-7554-0273-9

「国家と戦争犯罪と死刑」開催に当たって

第一二回死刑映画週間

太田昌国（フォーラム90・死刑映画週間チーム）

二〇一二年にこの死刑映画週間を始めた当初から、私たちの裡にはひとつの問いがあった。

「国家」というものは、なぜ、他の存在（いかなる個人であれ、集団であれ）には決して許されることのない、他者への強制的な死を与えることができる／あるいは、できると考えられている存在なのだろうか？ という問いである。それは、「国家」の名の下でなされる戦争の発動と、死刑の判決および執行を指しての問題意識である。ふたつとも、国家が、人を殺してもよいという「お墨付き」を「殺す側」の立場に立つ「国民」に対して与える行為に他ならない。だから、この映画週間を続けてきた一二年間、「国家」と「死刑」と「戦争」とはいかに緊密に結びついているものかという思いが、私たちの頭から消え去ることはなかった。

昨年（二〇二一年）の第一一回死刑映画週間は、二月一二日から一八日の日程で行なった。上映した七作品の中に、直接的に「戦争」をテーマとしたものはなかった。だが、映画が語る物語の背景に「戦争」が垣間見える、あるいはしっかりと根を下ろしているものがあった。例えば、韓国のキム・ミレ監督の『狼をさがして』は、日本の戦争責任の問題に真っ向から向き合うことを怠ってきた戦後日本社会の在り方を批判して行動した、一九七〇年代の若者たちを描く作品だった。熊井啓監督の『帝銀事件』は、この事件の真犯人が実は、戦時中、傀儡国家「満洲国」ハルビンに本拠をもって、生物兵器の開発・細菌戦の実践・人体実験などに従事していた旧日本帝国陸軍７３１部隊メンバーのような専門知識を持つ者以外には考えられないとする警察の捜査方針が、ＧＨＱ（連合国総司令部）の指令によって捻じ曲げられたという、知るひとぞ知る挿話が埋め込まれていた。ＧＨＱの中軸をなした米国が、７３１部隊が行なっていた研究と実践を「貴重なもの」と捉え、それが遺した研究材料を我がものとし、メンバーらを戦犯訴追の対象から免じて自らの懐に匿ったことも、周知の事実である。

「国家」「死刑」「戦争」の間にある、分かち難い結びつきを改めて痛感することとなった昨年の死刑映画週間が終わって一週間後に、ロシア軍がウクライナに軍事侵攻した。前年の二〇二一年、米国軍がアフガニスタンから撤退して、二〇年間もの間続いた「対テロ戦争」なるものが、ようやく終わるかとひと息つく日々は、半年間と続かなかった。米国主導の戦争がいくらかでも後景に退いたかと思ったら、今度はロシアが戦争を開始したのだ。超大国の無謀で、身勝手な動きは、地球上に生きるものたちに一刻の休息も与えることはない—そのことを実感した。

その後続いているウクライナ戦争の日々——情報は溢れ続けている。悲劇が進行しているのは、他ならぬヨーロッパの地である。それまで二〇年間続いていた「対テロ戦争」は、主としてアフガニスタンやイラクなどの非白人地域で進行していた。したがって、前者に比べて情報量は遥かに少なかった。アフガニスタンでの死者は八万人、イラクのそれは二〇万人にも達しようという推定がなされているのに。しかもウクライナ戦争の場合、戦禍に晒される住民一人ひとりがスマホを持ち、自らが受けている被害状況を世界じゅうに向けて即座に発信できる時代になっている。それによって私たちは、戦争の現場から遠く離れていながら、「国家」の名の下に正当化される殺人行為を日々眺めている。この悲劇的な戦争を即時にやめさせる術を持たないぶん、私たちは居心地がわるい思いを抱く。同時に、ミサイルや砲弾が落とされて生まれる惨劇を日々見ることで、戦争を固く拒絶する思い、戦争を可能にする武器の開発・製造・売買や、戦争を遂行する軍隊の存在に対する疑念や拒絶感もヨリ強固になる。だが、排外主義に凝り固まった為政者や、戦争を糧にして生き延びようとする一定層の人びとが社会には存在しており、国家権力は常にそれらの者たちの手中にあるから、戦争への真の反省が社会に広く浸透する道は、どの国にあってもか細い。繰り返し、幾世代にも渡って戦争への反省を深めなければ、新たな戦争を始める者たちが常にいる。

そんな思いに基づいて、私は、この一一カ月間、ウクライナ戦争の奥に、近代日本がアジア太平洋地域で仕掛けた戦争の姿を透視してきた。軍事侵攻、虐殺、性的暴行、強制拉致と連行、無差別爆撃、民間人殺傷、略奪、虚偽宣伝、傀儡国家のでっち上げ……すべてが、この社会の、つい九〇~八〇年前の姿だ。

ウクライナ戦争を鏡にして、そんな自国の過去を振り返り得る数作品を、今年の上映作品リストに加えた。「国家」「戦争犯罪」「死刑」が連なって見えてくるはずだ。

（初出・死刑映画週間配布パンフレット）

ゲストのトークから

まとめ 可知亮

二〇二三年二月一一日～一七日に第一二回死刑映画週間を開催しました。コロナの影響がかなり減少し、入場者数が少しずつですが増えてきました。昨年は入場者総数が八六四人でしたが、今年は一一六一人で、昨年より約三〇〇人増えました。残念ながらいまだに収支は、黒字にはなりません。来年一三回目を開催できて、三〇〇人以上入場者が増えれば収支は黒字となり、死刑廃止を訴える大きな力となるでしょう。

伊藤真美さん

海と毒薬

2023年2月11日(土)～2月17日(金)
渋谷 ユーロスペース
東京都渋谷区円山町1-5 KINOHAUS 3F
第12回死刑映画週間
国家と戦争犯罪と死刑
映画（監督 制作年）×語る人（一回限り、裏面参照）
国家はどんな理屈を使ってでも、「人殺し」としての戦争を始めてしまう。
ウクライナ戦争は私たちに、改めてその事実を教える。
戦争犯罪を裁く必要性もあるだろうが、
戦争そのものを否定する立場がますます重要だ。
国家は死刑制度を通しても、「人殺し」の権限を独占している。
死刑執行の裁量権を持つ法相が、法相は地味な仕事で、
死刑のはんこを押した時くらいしかテレビに出られない、
お金も集まらない、と嘆いた。
戦争でも死刑でも、兵士や公務員に他者の殺害を命じる立場にある者は、
こんなにも無責任だ。
今回の7本の映画は、そんな人間社会の過去と現在に異議を発し、
国家に万能の権限を与えてよいのかと問いかける。
『白い牛のバラッド』（ベタシュ・サナイハ 2020）×村山木乃実
『海と毒薬』（熊井啓 1986）×伊藤真美
『愛は降る星のかなたに』（斎藤武市 1956）×太田昌国
『悪は存在せず』（モハマド・ラスロフ 2020）×中村菜穂
『チェチェンへようこそ―ゲイの粛清』（デヴィッド・フランス 2022）×石川大我
『抗い―記録映画作家 林えいだい』（西嶋真司 2016）×西嶋真司
『顔のないヒトラーたち』（ジュリオ・リッチャレッリ 2014）×柳原伸洋

今回の上映後のトークゲストは、次の方々でした。

初日の『海と毒薬』上映後は、千葉の房総で「花の谷クリニック」を運営している内科専門医・緩和医療認定医の伊藤真美さん。伊藤さんは、原発のない国・戦争のない世界・死刑制度のない社会の三つの願いを掲げて活動されています。

医療が否応なく持つ「生と死」の問題を、死刑制度に言及しながら話されました。（一九八六年、日本、監督＝熊井啓）

西嶋慎司さん
抗い―記録作家林えいだい

『抗い―記録作家林えいだい』のトークは、この映画の監督である西嶋真司さん。林えいだいさんの最後の原稿には特攻隊のことが書かれていたそうです。特攻隊というのは、上官の命令で死を強要するもの、太平洋戦争末期に沖縄で起こった集団自決も同じで、決してあってはいけないことである、西島さんのお話はここから始まりました。（二〇一六年、日本、監督＝西島慎司）

石川大我さん
チェチェンへようこそ

同性愛者であることをカミングアウトしている参議院議員の石川大我さんが『チェチェンへようこそ―ゲイの粛清』上映後のゲストでした。難民問題のNGOに関わっている山口薫さんが聞き手となり、LGBTQなどの性的少数者の人権が、世界でそして日本でどのように扱われているか。これらの性的少数者が死刑制度とど

使用写真© 滝島恵一郎　©RKB 毎日放送　©MadeGood Films.com

のようにかかわるのか。それらのトークが続きました。

（二〇二〇年、アメリカ映画、監督＝デヴィッド・フランス）

村山木乃実さん
白い牛のバラッド

イラン映画『白い牛のバラッド』のトークは、第一〇回映画週間で上映したイラン映画『ウォーデン 消えた死刑囚』でもご登壇いただいた、宗教学・ペルシャ文学研究者の村山木乃実さん。お話は、イラン国内での、コーラン・検閲・女性の3点に関して詳しく語ることから始まりました。とりわけ検閲のことが分からなければこの作品を本当に理解することができないことを教えられました。お話を聞いて味方がすっかり変わりました。

（二〇二〇年、イラン、フランス映画、監督・脚本＝ベタシュ・サナイハ、マリヤム・モガッダム）

中村菜穂さん
悪は存在せず

『悪は存在せず』は二〇二〇年ベルリン映画祭で金熊賞を獲得した映画ですが、日本では一般公開はしていません。死刑をめぐる四つの物語がそれぞれ呼応しあう、まさに死刑の映画の傑作、多くの人に見て欲しい作品でした。

　トークゲストの中村菜穂さんはペルシャ語とイラン文学の研究者。最初にイランは、優れた映画を数多く製作してきた国であると同時に、死刑執行が世界の中でも多い国として知られている、と話されました。トーク後には在日のイラン

使用写真

女性たちによる「ヘジャブ強制反対」「死刑反対」のパフォーマンスが行われました。彼女たちは「女性・命・自由!」と声を上げました。

（二〇二〇年、イラン、ドイツ、チェコ映画、監督・脚本＝モハマド・ラスロフ）

顔のないヒトラーたち
柳原伸洋さん

ドイツ映画『顔のないヒトラーたち』のトークはドイツ現代史を研究している柳原伸洋さん。戦後ドイツは、東西ドイツに分断され、西ドイツは国家成立時に死刑を廃止します。そのようになった経緯、その後の西ドイツでの戦争責任をめぐる問題、日本とはまた違った敗戦国としての現代史が話されました。
（二〇一四年、ドイツ映画、監督＝ジュリオ・リッチャレッリ）

愛は降る星のかなたに
太田昌国さん

『愛は降る星のかなたに』は、第二次世界大戦中に起きたスパイ・ゾルゲ事件にかかわり、死刑になった尾崎秀実を描いた映画。トークの太田昌国さんは、なぜソ連は日本へスパイとしてゾルゲを潜入させたのか。尾崎秀実はどのようにして情報を得られるようになったのか。それらのことを歴史的な視点を踏まえて話されました。少女時代の浅丘ルリ子の初々しさも嬉しい。

（一九五六年、日本、監督＝斎藤武市）

（可知亮）

※これらのトークは、〔死刑廃止フォーラム90 YouTube〕チャンネルでいつでも見ることができます。

死刑関係文献案内
二〇二三年

前田朗

一　はじめに

菊田幸一・辻本衣佐編『死刑問題に関する文献目録』（明月堂書店、二〇二二年）は、一八六七年から二〇二二年一〇月まで、つまり近代日本を通じたすべての死刑関係文献目録である。二五〇頁に及ぶ全体が文献一覧となっている徹底した目録であり、今後の死刑問題研究をリードする快挙である。

国連死刑廃止条約採択三三年の記念出版となったことから、「はしがき」において死刑廃止条約に言及し、世界の国・地域の約三分の二で死刑廃止（又は事実上の廃止）が実現しており、ウクライナを侵略しているロシアも死刑廃止国であることから、「憲法第九条を持つわが国が死刑廃止へ踏み出せないはずがない」という。

マルク・アンセル『新社会防衛論』は死刑廃止を先導するものであったとし、その翻訳出版をめぐるエピソードを紹介する。

「『新社会防衛論』は〝人道的刑事政策の運動〟といわれている。このアンセルの運動はわが国においては必ずしも成功していない。しかし国連の『死刑廃止条約』は、〝生命の不可侵〟の理念から、国家による生命の剥奪を国際法違反であるとしている。アンセルの『新社会防衛論』は、その理論の正当性を国連が補強しているといえよう。」

文献目録は、一八六七年の神田孝平「西洋諸国公事裁判の事」中外新聞三三号に始まり、膨大な文献を列挙している。一見すると無味乾燥な書名・論文名の列挙だが、よくぞこれだけ調べ上げたものだ

菊田幸一・辻本衣佐編『死刑問題に関する文献目録』
（明月堂書店、22年12月）

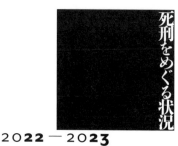

と感心することしきりである。

二……教誨師

田中伸尚『死刑すべからく廃すべし——114人の死刑囚の記録を残した明治の教誨師・田中一雄』（平凡社、二〇二三年）は、明治時代のある教誨師が書いた死刑囚の記録を基にした歴史ノンフィクションである。手記には死刑に抗する文言が切々と綴られていた。

田中伸尚は、明治の「大逆事件」の再審請求で主任弁護人をつとめた弁護士森長英三郎（一九〇六～八三年）の裁判資料、

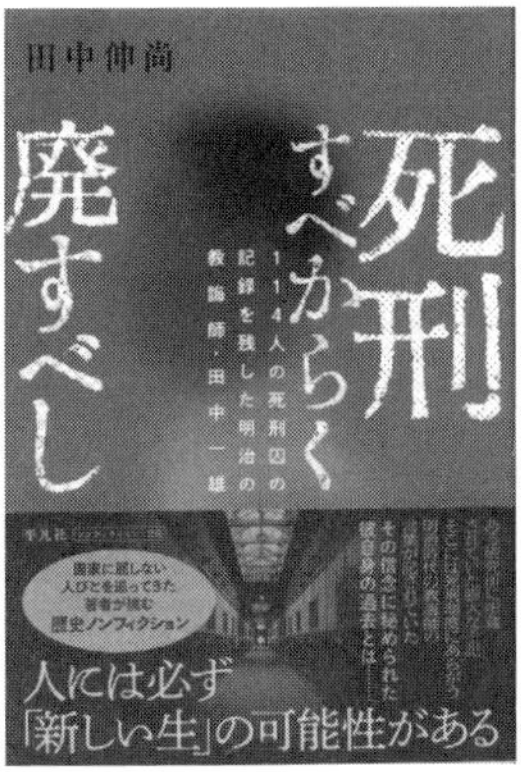

田中伸尚『死刑すべからく廃すべし』（平凡社、23年4月）

蔵書、書簡などを所蔵している法政大学ボアソナード記念現代法研究所の「森長文庫」で、『故田中一雄手記　死刑囚の記録』に出会った。

『死刑囚の記録』は黒の厚紙の表紙で、B5判の袋綴じ、上・下二冊の冊子で、「上」が一〇二丁、「下」が一一〇丁、合わせて二一二丁、約四三〇頁の長大な手記である。本文は和紙に謄写印刷（ガリ版印刷）で、印刷部数がごくわずかであることはすぐに想像できたという。

田中伸尚によると、田中一雄は二つの監獄で約二〇〇人もの死刑囚の教誨にたずさわった。『死刑囚の記録』には、このうち旧刑法（一八八二年施行）と新刑法（一九〇八年施行）の二つの時代にまたがる一九〇〇年から退職するまでの一二年間に担当した一〇〇人を超える死刑囚一人ひとりの生と死が、さまざまな角度から記されている。

死刑囚個人の姓名、身分（平民など当時の族称）のほか、生年や出生地、親の職業や暮らし、育った環境、教育の程度、仕事、性格、宗教意識や信仰心、身体の強弱、飲酒や賭博の習慣の有無、犯罪の内容と動機、自己の犯罪をどう感じているか、獄中での言動、教誨への対応、死刑執行前の心理状態、遺言、さらに田中の教誨感想や死刑の是非などが書きこまれている。

さらに田中一雄は死刑制度にも触れている。当時、監獄教誨をほぼ独占していた浄土真宗の死刑囚教誨は教育勅語にもとづく国民道徳を説き、極悪人の心を落ち着かせて死を受け容れさせる「安心就死」であった。しかし、田中一雄は「安心就死」から距離を置いた。

「極悪人と断罪され、肉親などからも見放され、寄る辺なき身となった一人ひとりの死刑囚の生い立ちや家族環境や教育程度などに目を凝らし、なぜ非道な犯罪に至ったのかに迫り、ときに共感的な眼差しを向け、死刑はやむを得ないのかと心を働かせる。そこから一歩踏みこんで、

時間をかけ、丁寧に教誨すれば極悪人も『新しい生』を生きられる可能性があるはずだ――。手記には田中のそんな熱い想いが脈打っている。」

　開国以来初の外国人死刑囚のロバート・ミラー、「稲妻強盗」こと坂本慶次郎、八王子の強盗殺人事件の二六歳の青年、群馬県警巡査殺害事件の博徒の親分、本所区強盗殺人事件の二人組などの死刑と教誨をはじめ、一一四人の死刑囚の情報から一部が紹介される。

　特に多いのが田中一雄が「情欲殺人」と呼んだ類型である。千葉県出身の農業従事者が親しくした女性の夫を殺害した事件、東村山出身の青年が強盗強姦を装った事件など、「情欲に起因する殺人事件は、いつの時代も、どこでも、そして不思議な具合で起きる」が、田中一雄は「死刑の必要を全く認めざり」と書き残している。

　田中一雄は、幸徳秋水らの大逆事件の死刑囚たちにも接している。幸徳秋水らに教誨をしたかどうかの記録はないが、可能性は高い。二四名のうち一二名について天皇の「恩命」により無期に減刑されたが、その通知にも田中一雄は立ち会っている。

　ところが田中一雄の手記は、大逆事件について他の事件とは異なる姿勢で書かれたと考えざるを得ないという。

「田中は世紀の大事件の死刑囚を前に教誨原簿のスタイルに則って事務的に埋めるだけで、一二人にどう向き合ったのかについてその様を語らず、教誨師としてのことばもない。まるで貝になってしまったかのようである。」

　田中一雄は、大逆事件がでっち上げであったことに気づいていたのか。執行の現場の状況を伝えようと考えなかったのか。書こうと思ったが書けなかったのか。九人目の古河力作のところで、田中一雄は「記したき事多くあるも、事秘密に属するを以て書くことを得ず」と書く。刑法第七三条・大逆事件への疑念を抱いていたのであろう。

「田中は、『大逆事件』の連累者には悔い改めるような教誨は無理だと認識し、『生き直し』や『新しい生』を語ることさえ不可能で、教誨を事実上放棄せざるを得なかった。国家に追従してかれらを批判する立場からの教誨はできたが、語りたくても語れないと悔しさを滲ませた田中の思いはそうではなかった。一人ひとりの生と死を己と同等に考えていたと思われる田中は、教誨師として刑法第七三条がどれほど理不尽、不条理な法であるかに苦しんだ。『記したき事多くあるも、事秘密に属するを以て書くことを得ず。以て遺憾とす』の一行は田中の苦悩のクライマックスだった。苦悩それ自体が田中の意識せざる『抵抗』でもあったのではないか。」

　最後に田中伸尚は、田中一雄の出身・経歴を探索する。浄土真宗の僧侶で死刑囚教誨師だった田中一雄だが、その前歴は謎に包まれていた。断片的な情報をもとに調査した結果、意外な前歴が見えて来る。

　完全に証明できたわけではないが、会津藩出身の医師「百崎養軒」こと「田中一夫」は贋金札事件に関係して捕まり、死刑の恐怖におののきながら、刑場へ引き出される際に運よく救われた。百崎の名を捨て、田中一夫又は一雄と称して生まれ変わり、ついには監獄教誨師の道を選んだ――田中伸尚が手繰り寄せた幕末から明治への激動の時代の波乱万丈の物語は、教誨師でありながら死刑廃止論を唱えた田中一雄の手記を彼方から裏付けている。

「稀有の『手記』は、田中のこの愚直な抵抗の精神の『結晶』だった」。

三……………凶悪犯罪と死刑

　小野一光『完全ドキュメント北九州監禁連続殺人事件』（文藝春秋、二〇二三年）は、二〇〇二年三月に、福岡県北九州市で一七歳の少女に対する監禁・傷害事件で逮捕された松永太と内縁の妻・緒方純子の二人の周辺で、それまでに大量殺人事件が起きていたことが次々と判明していった驚愕の事件のドキュメントである。少女の父親が殺されていたのをはじめ、逮捕された緒方純子の家族六人も殺害されていた。小野は、七人はなぜ、どのようにして惨殺されたのかを追いかける。

　一九九六年二月二六日、広田由紀夫が浴室内で虐待死。

　一九九七年一二月二一日、松永太と緒方純子が尾形孝を殺害。

　一九九八年一月二〇日、松永と緒方が尾形和美を殺害。

　同年二月二〇日、松永と緒方が緒方智恵子を殺害。

　同年四月、緒方隆也が死亡。

　同年五月一七日、松永と緒方が緒方佑介を殺害。

　同年六月七日、松永と緒方が緒方花奈を殺害。

　六カ月の間に七人が死亡する異様な事件が、なぜ発覚することなく、被害届も告発されることもなく、進行したのか。

　二人が逮捕されたのは、二〇〇二年三月七日、広田清美への監禁・傷害容疑で身元不詳のままの緊急逮捕であった。三月一一日、小倉北署に「北九州小倉北区内における少女特異監禁事件捜査本部」が設置された。同月一三日、二人の身元が特定された。

　九月一八日、緒方花奈の殺人容疑で逮捕となり、捜査本部の名称が「小倉北区のマンション内における監禁・殺人等事件捜査本部」に変更。その後、同年から翌二〇〇三年六月にかけて他の殺人事件が発覚していく。

小野一光『完全ドキュメント北九州監禁連続殺人事件』（文藝春秋、23年2月）

マインドコントロール、電気ショック、爪剥ぎ、肉親殺し、遺体解剖、死体遺棄——凶悪犯罪ドキュメントでは他の追随を許さない小野が、二〇年にわたって追跡した事件をくまなく描き出す。

松永と緒方は、殺人罪、詐欺罪、強盗罪、監禁致死傷罪といった、複数の犯罪を組み合わせることによって、被害者を金づるとして取り込み金銭的な搾取を繰り返しながら、監禁状態において虐待を加えることで被害者を支配し、その支配状況に乗じてさらに徹底的に搾取し、その資力が尽きて利用価値がなくなると、殺害・死体遺棄をもいとわぬ徹底的な証拠隠滅を行って、完全犯罪をもくろんだ。

検察官の論告によると「被告人両名は、いずれの犯行においても、金づるとして支配下に置いた被害者を短期間のうちに別人のように衰弱させるとともに、厳しい生活制限を伴う虐待行為を続けることによって、被害者の人間性を徹底的にないがしろにしてきたばかりか、緒方一家に対する殺人事件を遂行する場面においては、生存する被害者に家族の殺害及び死体損壊までをも手伝わせ、絶望の淵に追い込んだ挙句に殺害するという鬼畜の所業をもやってのけたのである」。

二〇〇五年九月二八日、福岡地裁小倉支部で松永と緒方に死刑が言い渡された。二〇〇七年九月二六日、福岡高裁は松永の控訴を棄却して死刑、緒方には死刑判決を破棄して無期懲役を言い渡した。松永は最高裁に上告し、緒方の控訴審判決について福岡高検が、それぞれ上告した。二〇一一年一二月一二日、最高裁は上告をいずれも棄却した。これにより松永の死刑と緒方の無期懲役が確定した。

高橋徹『「オウム死刑囚父の手記」と国家権力』（現代書館、二〇二三年）は、北陸朝日放送の報道部長や報道担当局長を歴任した高橋が、井上嘉浩元死刑囚の父の手記をもとにしたドキュメントである。

井上嘉浩は、ホーリーネームはアーナンダ、オウム真理教諜報省トップで、教組の「側近中の側近」といわれた教団幹部である。オウム真理教事件の被告の一人となり、一審判決は無期懲役だったが、二審で逆転死刑となり、二〇一八日七月六日、麻原彰晃こと松本智津夫らと同じ日に執行された。

『願望——もう遅すぎたかもしれない』という手記は、父親が「いつの日か嘉浩に読んでもらうべく、嘉浩が逮捕されてからの獄中の生活、そして数々の公判に出廷を余儀なくされていた嘉浩の偽りのない姿を書き綴っ」たものである。しかし、息子は死刑執行されてしまった。

この手記は、生きて罪を償うために井上嘉浩さんを死刑から守る会事務局長の浄専寺住職の平野喜之に託された。高橋は手記を基に「贖罪～オウム死刑囚　父の手記」というドキュメンタリー番組を制作した。その内容を出版したのが本書である。

井上嘉浩の生い立ち、家族、事件発覚後の加害者家族の苦悩、変わり果てた息子、脱会宣言、殺人者として裁かれる法廷の息子、東京拘置所の生活規則。

　そしてついに教祖・麻原に対する告発が始まる。「自分の命と引き替えに教祖と刺し違えた」と報じられた井上嘉浩の証言。二〇〇〇年六月六日、東京地裁判決は無期懲役であった。地下鉄サリン事件の首謀者や実行犯と同じ死刑とするのではなく、反省悔悟する被告人に情状酌量を認めたのである。

　だが検察は速やかに控訴し、四年後の二〇〇四年五月二八日、東京高裁は無期懲役を破棄し、死刑を言い渡した。一審の無期懲役が覆ったのはオウム関連で初めてのことであった。

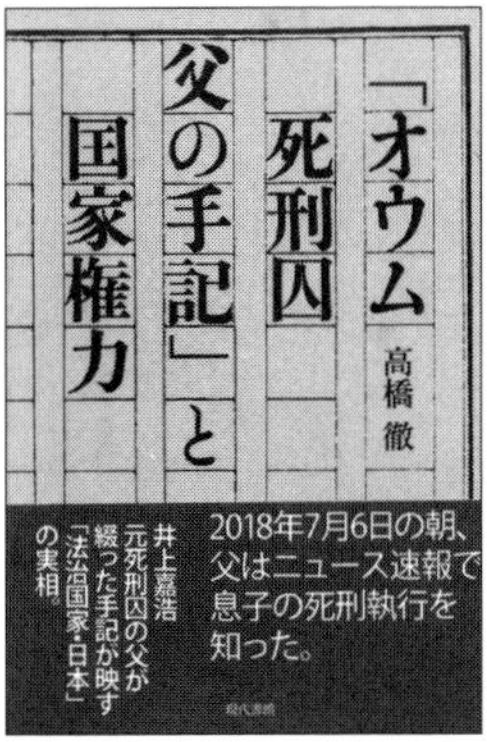
「オウム死刑囚父の手記」と国家権力
高橋徹
2018年7月6日の朝、父はニュース速報で息子の死刑執行を知った。
井上嘉浩元死刑囚の父が綴った手記が映す「法治国家・日本」の実相。
高橋徹『「オウム死刑囚父の手記」と国家権力』
（現代書館、203 年 7 月）

　死刑判決を受けて、生きて罪を償う会が発足した。息子の生を願いつつ、被害者への思いに苦悩する父親。生きていることのかけがえのなさを痛感しつつ、被害者への贖罪から絶望に襲われる息子。

　二〇〇九年一二月一〇日の最高裁判決は上告棄却であり、死刑が確定した。オウム事件の死刑囚一三名のうち、一審と二審で判断が分かれたのは井上嘉浩だけであった。

　そして井上嘉浩は再審請求中であるにもかかわらず、突如、死刑執行されてしまう。

　高橋は「飲み込んではいけないもの」と言う。

「私は、死刑執行に『飲み込んではいけないもの』を飲み込んでしまったような感覚にとらわれた。その正体は何だろうか。」

　無期懲役から死刑へ、そして再審請求中の死刑執行。執行の時期と人選にも疑問がある。なぜ麻原と同じ日なのか。なぜ天皇退位を控える時期なのか。数々の疑問に法務大臣は答えようとしない。

「飲み込めないもの……。例えばピンポン玉ほどの大きさの鉄の球のような……。消化されるはずもなく、いくつもいくつも私の胃袋の底に沈殿している。」

「オウム事件は今なお進行中」と考える高橋はカルト被害のない社会を願う人々の活動を紹介しつつ、被害者遺族と加害者遺族の双方に視線を向ける。

「被害者にとって、オウム事件は終わらない。加害者家族にとってもオウム事件は終わっていない。」

四……冤罪と死刑

免田事件資料保存委員会編著『検証・免田事件［資料集］』（現代人文社、二〇二二年）は、九五〇頁に及ぶ分厚い資料集である。凄い資料集が出版されたものだ。

黒カバーの装丁本を机の上に立ててみる。表紙に描かれたブルーの多面体はこの国の暗黒裁判に閉ざされた闇を示すのだろうか。それとも免田栄が迷い込み、そこから抜け出すのに三四年の死闘を余儀なくされた刑事司法の迷路を象徴するのだろうか。あるいは免田栄と家族と弁護団が切り拓いた輝ける人権の地平の今後の可能性を予兆する多面体なのだろうか。

一九四八年の事件発生から七四年、一九八三年の再審無罪判決から三九年、二〇二〇年の免田栄の死から二年。確定死刑囚が初めて再審無罪を勝ち取り、死刑台から生還した世紀の大事件の基本資料が一挙に公開された。

驚愕の書であり、執念の書であり、絶望の書でありながら、希望の書である。

免田事件資料保存委員会は高峰武（元熊本日日新聞記者）、甲斐壮一（元熊本日日新聞記者）、牧口敏孝（元RKK熊本放送記者）である。高峰武には著書『生き直す――免田栄という軌跡』（後述）がある。

第1章「通知」には「福岡刑務所が免田栄策さんに宛てた通知」三通（一九五二年）が収録されている。三通目には再審請求申立てによって死刑執行手続きが停止されたことが記されている。現在、法務省は再審請求に関わらず恣意的に死刑執行を強行しているが。

第2章「書簡など」には免田栄が実家に宛てた手紙類四〇〇通、教誨師・潮谷総一郎に宛てた一〇〇〇通などの膨大な手紙類のうち一一〇通が収録されている。三〇年に及ぶ死刑囚の獄中からの訴えを知ることで、時代、死刑制度、そして免田栄の成長の過程を知ることが出来る。家族への手紙には、再審請求の経過報告とともに拘置所での生活の様子、家族への思い、体調不良の報告、洗礼を受けたことの報告など多様な文面が含まれる。潮谷教誨師への手紙も、再審請求の経過とともにその都度の心情が細かく記され、不安、怒り、覚悟、希望、そして死刑廃止論が含まれる。

第3章「真実を」には再審無罪後の免田栄の発言として死刑廃止フォーラム講演録、第一回死刑廃止世界大会報告などを収録する。「再審というのは人間の復活なんです」という言葉の重みが伝わってくる。

第4章「時代」には国会会議録として、免田事件の再審手続きの遅延問題（一九五九年）、死刑確定者の処遇問題（六三年）、免田事件の証拠物紛失（六四年）、死刑囚の仮釈放（七〇年）、再審の要件、証拠物の紛失（七四年）の審議録が収録される。凶器とされた「なた」などの証拠物を検察が紛失したことから法務大臣が「ただちに死刑の執行はない」

免田事件資料保存委員会編著
『検証・免田事件［資料集］』
（現代人文社、22年8月）

と答弁している。

第5章「司法」には捜査段階の供述調書（員面調書、検面調書）、起訴状、弁護人選任届、熊本地裁八代支部判決（死刑）、控訴趣意書、福岡高裁判決（控訴棄却）、上告趣意書、最高裁判決（上告棄却）、第三次再審請求審・熊本地裁八代支部決定（再審開始・西辻決定）、同抗告審・福岡高裁決定（再審開始取消し）、第六次再審請求審・福岡高裁決定（再審開始）、再審公判・熊本地裁八代支部判決（無罪）、最高検察庁・再審無罪事件検討結果報告などが収録される。無罪判決を書いた河上元康元裁判長インタビュー、再審公判担当の伊藤鉄男元検事講演も注目される。担当裁判官の率直な証言、公判立会検事の「教訓」、免田弁護団を編成した「七人の侍」の講演など、確定死刑囚の再審無罪という稀有の事態に向き合った司法関係者の立場と熱意と心情が読み取れる。

第6章「二つの異議申し立て——無罪判決への再審申立て・年金問題」には、再審無罪確定判決に対する再審請求書、裁判所宛上申書、再審確定判決に対する再審請求棄却・熊本地裁決定、年金問題に関する国会会議録、年金特例法通知状などが収録される。再審無罪にもかかわらず「死刑判決が取り消されていない」と感じられる問題や、無年金問題を通じて「人権の回復」とは何かを考えさせる。

第7章「記録」には事件当時の新聞記事、再審請求段階の新聞記事（主に熊本日日新聞）が収録される。幻の西辻決定（再審開始）の直後の報道がなく一カ月近くたって毎日新聞が掲載したという。西辻裁判長のコメントでは犯行当夜のアリバイ証人の証言が真実だとして再審開始決定を行ったことが記録されている。一九五六年にアリバイ証明ができていたのに、再審無罪獲得のために一九八三年まで死闘を余儀なくされたことの意味を司法関係者は心に刻むべきである。

第8章「写真が語る日々」には「獄窓に生きる」「再審公判を闘う」「自由社会に生きて」の三部構成で免田栄の写真が収録される。

第9章「死」には免田栄死亡記事、裁判長や主任検事のコメントなどが収録される。

二〇二二年一二月五日、免田栄の三回忌が営まれた。しかし免田事件は過去の事件ではない。司法の民主化と人権擁護のために免田事件をつねに最重要教材として学び続ける必要がある。

高峰武『生き直す——免田栄という軌跡』（弦書房、二〇二二年）は、一九七六年から熊本日日新聞記者として免田事件

高峰武『生き直す——免田栄という軌跡』
（弦書房、22年1月）

を追いかけた高峰が、三四年の歳月を費やして死刑再審無罪を闘い取り、無罪判決後も元死刑囚の汚名と闘い、日本社会に人権を根付かせようと生き抜いた免田栄の九五年の生涯を辿る。

「自由社会に帰ってきました」。

一九八三年七月一五日、再審無罪判決を受けて法廷から出てきた免田栄の第一声を聞いて以後、社会部記者・高峰と免田との付き合いが始まった。

「なぜ、私たちの社会は無実の人を三四年もの間、死刑囚として獄窓に閉ざしたのか、なぜ過ちを改めなかったのか。マスコミはどう報道してきたのか。」

マスコミの一員として高峰はマスコミに突き付けられるべき問いを再確認する。だが、マスコミはこの問いを引き受けてこなかったし、応答しようともしない。一人のジャーナリストとして高峰はこの問いを四〇年間、抱え続け、応答し続けた。

同じ問いは裁判所、検察庁、弁護士界に突き付けられ、刑事法学者にも突き付けられたはずだ。だが、裁判所も検察庁もおざなりの反省をしたふりをして、やりすごしてきた。刑事法学も同じ姿勢で、冤罪づくりに加担し続けている。

高峰は、無罪判決の翌年に結婚した玉枝さんも含めて、免田夫妻と交流を続けた。免田の誕生日（一一月四日）、米寿のお祝いなど、会合を重ねた。そして二〇一八年、高齢者施設に入所することになった免田から、段ボール二〇箱の資料を預かることになった。それらは熊本大学文書館に寄贈され、保管、整理、保存されることになった。獄中から家族や支援者・潮谷総一郎に宛てて出された手紙類、家族から獄中への手紙、免田の獄中メモ、公判調書の写しなどが含まれていた。その整理作業を通じて、高峰は「免田さんが本当に訴えたかったこと」に気づく。

死刑判決への道、獄中の苦闘、再審請求審、一度は再審開始を認めた西辻決定とその破棄、諦めずに闘い続けた免田と家族、史上初の死刑再審無罪、そして釈放後の人生を追いかけながら、高峰はこの国の司法や社会そのものに肉薄する。

最後に高峰は「再審というのは人間の復活なんです」という免田の言葉に遭遇する。

死刑執行への恐怖、冤罪で葬られることの悔しさだけではない。「人間の復活」とは、死刑囚としても元死刑囚になっても「人間として認められなかった」免田栄が生涯をかけて自ら闘い続ける原動力であり、訴えようとしたことであった。

「閉ざされた空間で生きる意味を自問する中、学ぶことで自身の『生き直し』を決心した免田さんにとって、生きることは学ぶこと、学ぶことは生きることだった。それは無実を認めさせるということにとどまらない、『生きる』ということの普遍的意味に対する免田さんなりの心からの気付きではなかったか、と思う。『人間の復活』。『一人の人間が芽を吹く』。未来へ向けた何とも瑞々しい言葉ではないか。」
免田は獄中で慈愛園園長の潮谷総一郎と交流し、キリスト教に導かれ、聖書を読んでいた。最初の再審開始の西辻決定により光を与えられた免田は、イエス・キリストの「復活」を意識して「生き直し」を考え続けたのではないだろうか。

黒川みどり『被差別部落に生まれて―石川一雄が語る狭山事件』（岩波書店、23年5月）

黒川みどり『被差別部落に生まれて――石川一雄が語る狭山事件』（岩波書店、二〇二三年）は、部落差別の歴史を研究してきた歴史学者が、冤罪・狭山事件により無実の獄につながれた石川一雄の語りを基に、事件の全貌、石川一雄の生涯、そして部落差別の実態を描き出す。

『つくりかえられる徴――日本近代・被差別部落・マイノリティ』『差別の日本近現代史』『創られた「人種」――部落差別と人種主義』『被差別部落認識の歴史』などの著書を持つ歴史研究者である黒川は、今や多くの人々の記憶から消えようとしている狭山事件を論じることで、「事件が内包する問題と向き合おう」とする。「冤罪の不当性と、それが一人の人生を一変させてしまう残酷さ、そしてそれに加えて、その背後に執拗に部落差別が介在してきたことを読み解く」ためである。

そこで黒川は、石川一雄本人から聞き取りをするが、同時に妻として一雄とともに闘ってきた石川早智子、及び部落解放同盟埼玉県連合会の片岡明幸とともに、事件を振り返る。

一九六四年三月一一日の一審・浦和地裁判決は死刑であった。一九七四年一〇月三一日の二審・東京高裁判決（寺尾判決）で無期懲役となった。即日上告したが、一九七七年八月一一日の最高裁上告棄却決定により無期懲役が確定した。

その後、再審請求を続けるが、一九九四年一二月二一日、仮出獄となった。二〇一三年には映画『SAYAMA　みえない手錠をはずすまで』（金聖雄監督）が制作された。

狭山事件で死刑は二つの意味を持つ。

一つは、取調べにおいて警視の約束を信じ込まされて、自白をして仮に死刑を言い渡されても助かるから大丈夫と思い込んでいた件である。死刑判決を言い渡されても、一雄は、警視の約束だからと安心して、死刑判決よりも、当日のプロ野球の試合の勝ち負けに関心を持っていたほどである。部落差別ゆえに、刑事司法手続きについての知識を全く持っていない一雄は、警察や検察の言いなりになるしかなかった。

二つは、一審死刑判決から二審無期懲役判決に至るまでの一〇年間である。一雄は、死刑判決後に「取調官にだまされた」

と気づいて闘い始めた。騙し討ちの取り調べとの闘いであり、冤罪を生み出す刑事司法との闘いであり、言い渡された死刑の恐怖との闘いであり、根底にある部落差別との闘いを、一つひとつ学びながら時間をかけて闘いぬく。

始まりは文字を学ぶことであった。新人刑務官であった拘置所の看守から「刑務所に行くんだったら字を覚えないと」と言われて、字を教わり始めたが、「この出会いがなければ、冤罪のまま死刑が執行されていたかも知れない。この奇跡の出会いに感謝する」という。

死刑執行は午前中になされるので、午前中は静かに過ごしていたため、刑務官が房にやってきて字を教えてくれた。最初に教えられたのは「無実」であった。「やってないなら字を覚えて助かる道を選べっていうことで、俺が教えてやるからってことで教えてくださった」。字の教師となった刑務官は宿題を出した。字を何度も何度も書いて覚えるようにとの教育である。

「それを何回か休んで書かなかったら、すっごい叱られて、そのまま怠けていたら本当に死刑にされるぞってことで怒った」という。

やがて一雄は字を書くのが「楽しくなった」。手紙を書けるようになるまで三年かかり、字の学習に打ち込むため両親との面会も断った。文字を取り戻すための必死の闘いである。

「無実なのにお前、死刑執行になっていいのか」と言って八年間も漢字学習をさせた拘置所刑務官がいた事実は記録にとどめるに値する。

だまされていたことに気づいた一雄は、控訴審の第一回公判で殺害を否認する。まだ弁護士を信じられずにいたが、拘置所の刑務官から弁護士の職務を教わり、やがて弁護士との信頼関係を構築していく。

死刑判決との闘いに踏み出した一雄に、部落解放同盟の支援運動がはじまる。狭山差別裁判闘争が部落解放運動の枢要な柱になっていく。支援者に手紙を書き続ける。被差別の立場ゆえに犯人に仕立て上げられたことを理路整然と訴えるようになる。支援が全国に広がる。

「私の恨みの矛先は私を無実の人間と知りながら犯人に仕立て上げなければならなかった司法機構と権力であり、国家権力の隠れ蓑を暴き満天下にさらすまでは如何なる弾圧にも絶対に服従いたしません」と闘志を燃やす一雄は、無罪を確信して臨んだ控訴審の無期懲役判決に「あの時の怒りは絶対に忘れない」と言う。死刑判決の時とはまったく異なる、見事に成長を遂げた一雄は次なる闘いに乗り出し「最後の勝利をわが手に」とメッセージを発信する。

無実の者には無罪を求めて再審請求審を闘い続ける一雄は、「所長さんから仮出獄で出られるから出ろって言われたけど、仮出獄っていうのは犯罪者だから、私は絶対に出ないって頑張っていた」。

「無罪勝ちとって、堂々と刑務所の門から出ようと、そう思っていた」が、外では一雄の仮出獄を要請する動きが起き、活発化し、「千葉刑務所包囲」が行われるに至った。

一九九四年一二月二一日、一雄は仮出獄となった。三二年ぶりの帰宅と歓迎の渦の中、ここから「見えない手錠」をはずす新しい闘いと、早智子との結婚という新しい物語が始まる。

黒川は本書で一雄の数々の短歌を紹介しているが、最後に次の二首で終える。

夢幾つ多難にみちた人生も
　皆の支援で希望の年に

青春を塀の中に置き去りし
　司法の誤謬を今ぞ質さむ

五……刑事法学

吉弘光男・宗岡嗣郎編『犯罪の証明なき有罪判決――23件の暗黒裁判』（九州大学出版会、二〇二二年）は、表題通り「犯罪の証明がなされていないのに有罪判決が出された事例」を批判的に検証する。

有罪判決を出すためには「犯罪の証明があった」ことが必要であり、「犯罪の証明がないときは、判決で無罪の言渡しをしなければならない」（刑訴法三三六条）にもかかわらず、日本の刑事裁判では、裁判官の「自由心証主義」が過度に重視され、有罪判決の前提である「犯罪の証明」が軽視されてきた。その結果、「裁判官の自由な判断」によって有罪判決が量産され、「暗黒裁判」が後を絶たない。

熊本県松橋町（現・宇城市）の殺人事件である松橋事件では、凶器の形状と創傷の不一致にもかかわらず、自白偏重と自由心証主義の跳梁によって有罪が言い渡された。後に開示された証拠によって、自白が虚偽であることが明らかとなった。しかも当時の検察はそれを意識して、重要証拠を隠蔽していた。このため再審無罪となった。吉弘・宗岡らは「暗黒裁判を克服しようとすれば、公訴官たる検察官に対し、裁判官が理性的な『犯罪の証明』を厳しく要請することから始めるべきだろう」と述べる。

裁判官が普通の（最低限の）裁判官であれば、暗黒裁判を克服できる。格別優れた裁判官を必要としない。しかし、日本の裁判官にそうした期待をすることは困難である。

第一部の「暗黒裁判の原点」では、①別件逮捕と自白による死刑が言い渡された帝銀事件を取り上げ、自白内容は支離滅裂であり、自白と「そこに・あった・事実」との不一致が歴然としていたのに、ほとんどこじつけだけで死刑判決が引き出されたことが確認される。

②練馬事件では、警察には「誰から」でも自白を取れるノウハウがあるのに、他人の自白で罪になることが最高裁によって容認された。「裁判を受ける権利」とは国家に対する被告人の反論権であるが、それが通用しないのが日本である。

③映画『真昼の暗黒』のモデル八海事

件では、四人が長斧で頭部を打ち下ろしたというストーリーの破綻にもかかわらず、「検察官化」する裁判官の「空虚な認識」が事態を深刻化させた。

④戦後最大のフレームアップとして知られる松川事件でも、調書裁判が横行し、論理的可能性と実在的可能性の意図的混同により事実が捻じ曲げられた。

⑤警察官による交番爆破を被告人に押し付けた堂々たるフレームアップの菅生事件では、警察権力による権力犯罪が確認される。権力の侍従となった裁判官の腐敗はとどまるところを知らない。

第二部の「死刑再審事件の明暗」では、①史上初の死刑再審無罪の免田事件で、有罪判決は自白調書の「上書き」にすぎず、「そこに・あった・事実」を直視すれば無罪しかありえなかった。再審では、まさに物証が被告人の無罪を証明した。

②再審無罪の財田川事件でも、死刑判決は検面調書を「上書き」したにすぎず、検察は「秘密の暴露」を工作していた。「冤罪を作る検察官、それを隠す裁判官」という構図が見事に躍動する。

③再審無罪の松山事件では、見込み捜査で別件逮捕し、自白が取れれば立件する捜査による「ストーリー」は当初から不自然であり、警察は証拠の襟当に大量の血痕を付着させたにもかかわらず、裁判官は警察の犯罪的不法を指摘しようとしない。

④再審無罪の島田事件では、そもそも嫌疑も何もなかった被疑者に自白させ、非科学的な鑑定で有罪を捏造した。「自由心証」の絶対視が誤判を生み出す。

⑤忘れられた死刑誤判事件の福岡事件では、強盗殺人の共謀と実行行為の認定に齟齬があり、共犯者の供述調書が「真である」ことは証明されていないのに、「そこに・あった・事実」に目を塞ぐ裁判が続く。

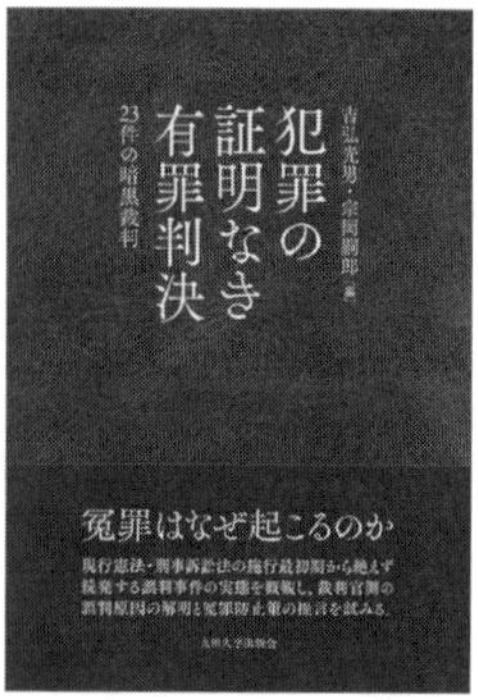

吉弘光男・宗岡嗣郎編『犯罪の証明なき有罪判決』（九州大学出版会、22年2月）

⑥差別と誤判そして死刑執行を語らなければならない菊池事件では、殺害行為は全く証明されていないうえ、そもそも確定審は憲法の保障する「裁判」ではなかった。

第三部の「暗黒裁判を基礎づけた最高裁・田中コート」では、暗黒の中の暗黒として田中耕太郎裁判官による「裁判破壊」「司法破壊」のすさまじさを確認する。①暗黒裁判を基礎づけた三鷹事件・砂川事件では調書裁判、政治主義、反憲法が絡まり合い、戦後日本の刑事司法の基本型ができあがった。政治的フレームアップのための「空中楼閣」に開き直り、「判検一体」という反憲法的理念がスパークした。

②松川事件大法廷判決にも関与した田中耕太郎は暗黒裁判の事実認定論を体

現する。田中が言う「木を見て森を見失わないこと」とは、司法の外の論理を密かに司法に持ち込む魔法の言葉であった。田中の論理は現代まで継承されている。

③差戻し後の八海事件では、「そこに・あった・事実」を直視した事実認定と、理性なき「心証」の暴走が激突する。「真昼の暗黒」は序章にすぎず、犯人性が証明されていない有罪判決が恐怖をまき散らす。

④戦時下弾圧事件の横浜事件では、特高警察・思想検事が暗躍したが、戦後、思想検事が最高裁判事になったことで、特高警察・思想検事によるフレームアップの手法が戦後に継承された。拷問を活用した思想検事である池田克による松川事件の事実認定は暗黒裁判の生命力を誇示するものであった。田中耕太郎や池田克に代表される悪魔的情熱がこの国の司法を領導する。

第四部の「暗黒裁判は収束していない」では、調書裁判が今も続き、検察官と裁判官の協働による誤判・冤罪が再生産されていることを示す。

①布川事件でも調書裁判と自由心証主義の暴走のため、自白があれば、起訴され、有罪となるお決まりのコースをたどった。供述調書の「変転・混乱・矛盾」を検証する姿勢は皆無であった。しかも検察は証拠を隠していた。

②貝塚事件では、「判検一体」となった犯罪的第一審公判の無残さが顕著である。自白「調書に・書かれた・事実」は事件の実在的な事実と一致しないのに、裁判官は捜査官の不法を「より軽く」「より緩やかに」捉える。

③再審無罪の足利事件では、見込み捜査とDNA鑑定への過信に始まり、論理的可能性への立脚が誤判の根源となった。自白「調書に・書かれた・事実」は「そこに・あった・事実」と一致しないのに、裁判官はただ「調書に・書かれた・事実」だけを見た。

④東電OL殺人事件では、警察は決定的な無罪証拠を隠していた。このため証拠によらない事実認定がなされ、実在的可能性ではなく、論理的可能性に立脚した「事実」認定が横行する。

⑤見込み捜査、死刑判決、そして死刑執行が強行された飯塚事件では、裁判官は創作の中で死刑を認めた。目撃証言の疑問、血液型鑑定、DNA型鑑定により偽装された科学主義が、暗黒裁判の恐怖を加速させる。

⑥地裁所長襲撃事件では、調書は自由自在に作出されることが再確認される。別件逮捕と警察によるストーリーの形成により、架空の事件が像を結ぶ。

⑦東近江患者死亡事件では、裁判官は検事の主張を疑わない理由が解剖される。根拠なき「見込み」と「供述調書」による補強が事実をゆがめる。刑訴法第一条の「事案の真相」とは何かを改めて考える必要がある。

最後に吉弘・宗岡らは、恵庭殺人事件を取り上げ、殺害方法と遺体の移動から見て実行為は可能か、遺体の焼損方法と証拠は矛盾しないか、「アリバイ崩し」に欺瞞はないかを検討する。刑事裁判実務はガリレオ裁判に似ていると言う。

編者は吉弘光男・宗岡嗣郎の二人だが、本書は実際には一二人の刑事法研究者が執筆している。内山真由美、梅崎進哉、大場史朗、大藪志保子、岡田行雄、櫻庭総、平井佐和子、福永俊輔、森尾亮、森川恭剛。ただし執筆分担は示されていない。「共同執筆者による文字通りの共同の著作物であり、分担執筆ではない」という。三〇〇頁に及ぶ文字通りの共同著作というのは意欲的で大胆な新機軸である。

六……………外国の死刑

藤澤房俊『「わたしの死を泣かないでください」――サッコ・ヴァンゼッティ冤罪事件』（太陽出版、二〇二三年）は、イタリア史研究者による、イタリア人移民のサッコとヴァンゼッティに対する人種差別とアナーキストに対する思想弾圧による死刑冤罪事件の研究である。

藤澤には『シチリア・マフィアの時代』『大理石の祖国』『第三のローマ』『ピノッキオとは誰でしょうか』『ムッソリーニの子どもたち』などの著書がある。

「一九二〇年代前半のアメリカ社会には、ロシア革命で高まった『赤への恐怖』による思想的偏見と、マーノ・ネーラ（マフィア）の犯罪と低賃金で働くイタリア人移民に対する民族差別が交錯する社会的ヒステリー現象が覆っていた。」

憧れの「自由の国」アメリカに渡ったイタリア人のサッコとヴァンゼッティはボストンで知り合い、第一次世界大戦への徴兵を忌避してメキシコに逃れた。大戦終結後にアメリカに戻ると、アメリカの社会的ヒステリーに巻き込まれ、殺人容疑で逮捕され、電気椅子で処刑された。「アメリカのドレフュス事件」と呼ばれ、国際的に抗議運動が起きた。

藤澤房俊『「わたしの死を泣かないでください」――サッコ・ヴァンゼッティ冤罪事件』（太陽出版、23年6月）

映画『死刑台のメロディ』（ジュリアーノ・モンタルド監督、一九七一年）は、フォーク歌手ジョーン・バエズの主題曲「ここに、あなたがいる」とともに知られる。映画公開から六年後、処刑から五〇年後の一九七七年、マサチューセッツ知事は、裁判は公正ではなく、「あらゆる不名誉と汚辱が、ニコーラ・サッコとバルトロメーオ・ヴァンゼッティと、その家族、その子孫から永久に取り除かれる」と宣言した。

限られた資料から、二人のイタリアでの少年時代を紹介した上で、「自由の国」アメリカに憧れてやってきた二人が直面した現実を描き出す。「自由の女神像」は入国管理の通過場所でもあり、イタリア人の二人は「誰の自由」が保障されているか身を持って体験していく。差別的視線の中、イタリア人労働者は低賃金労働での暮らしを余儀なくされ、アナーキストの影響を受けていく。戦時には徴兵拒否を選択するが、それによってさらなる差別が繰り返される。ロシア革命が起き、アメリカではストライキが吹き荒れる。「赤への恐怖」の時代が始まる。

ブリッジウォーター強盗未遂事件では、法廷において人種差別が露骨に展開される。ヴァンゼッティには明白なアリバイがあったのに、執拗な尋問によりアリバイは不当にも潰され、無視される。あらかじめ決められていた有罪判決だ。

サッコとヴァンゼッティが共犯とされたサウスブレイントリー強盗殺人事件でも、現場に残された物証は二人に結びつかず、二人にはアリバイがあったのにやはり否定されてしまう。強引な訴訟指揮の末、第一級殺人の死刑判決が言い渡される。

死刑判決後、二人は控訴審や四回の再審請求を行ったが、すべて棄却され、死刑が確定する。この時期の二人と弁護士たちの「絶望的な、長い苦悶の日々」を、藤澤は主にヴァンゼッティの手紙を駆使して明らかにしていく。

「死刑執行までの刑務所で過ごした七年間のヴァンゼッティの希望と絶望が交錯する苦悩、他者への無限の思いやり、人間愛と寛容への訴えなどを、かれが家族や知人に宛てた手紙を通じて知ることが出来る。とくに、死刑執行が近づくにつれて、怒りを押し殺して綴ったルイジーナ宛の手紙は『残酷なドラマの証言』である。それは読むものに感動を与える。」

他方、サッコは絶望の淵に追い込まれる。「サッコは、家族とイタリア帰国を決めていただけに、無罪を勝ち取るのに必死であった。しかし、つぎつぎと再審請求が棄却され、絶望したサッコは、頭を独房の壁に打ちつけ、髪の毛を掻きむしり、錯乱状態に陥った。家族のところに帰りたいと泣き叫び、日に日に衰弱していくサッコは、四月にブリッジウォーターの四人精神病院へ移送された。」

ヴァンゼッティは友人への手紙で裁判を冷静に批判する。

「判事が間違ってわたしを有罪としたのではないことを確信している。それは、かれがわたしを犯人に仕立て上げた張本人だからです。かれは知識も、経験もある人だから、根拠のない証言を分かっているのです。判事は正義のためではなく、貧者からパンを奪い、金儲けのために人民を虐殺する戦争を起こす金持ちを守り、保護するためにいるのです。わたしの判事は、出世するためにわたしを有罪にしたのです。なぜなら、わたしがストライキをしている人たちを応援し、戦争に反対し、貧しい人たちに目を開かせようとしたからです。」

控訴棄却と再審請求棄却に次いで、弁護団の奮闘により特別調査委員会が設置されたが、調査結果は死刑が妥当というものだった。冤罪を晴らすための調査委員会だったが、委員長のハーバード大学総長ローウェルは司法の権威を守る態度であった。

ヴァンゼッティは妹ルイジーナに宛てて次のように書いている。

「わたしは無実だ！と、顔を高く上げることができる。わたしの心は清い。自由と正義のために生きてきたように死のう。ああ、わたしが死刑の判決を下された恐ろしい罪のために死ぬのではないことをすべての人に言いたい！」

一九二七年八月二三日未明、死刑が執行された。

執行後、二人の遺骨は故郷に送り届けられ、村の共同墓地に埋葬された。

執行に対する抗議の輪が世界に広まったが、イタリアのムッソリーニ政権は終身刑への変更を申し出たものの、冤罪からの解放を訴えなかった。

サッコ・ヴァンゼッティ冤罪事件の一六年前の一九一一年に幸徳秋水らアナーキスト一二名を死刑に葬った大逆事件が起きていた日本では、アナーキスト組織を中心に「国際弾圧防衛委員会」が結成され、築地小劇場で救援集会を開催し、抗議文を在京アメリカ大使館に提出した。サッコとヴァンゼッティの即時釈放、死刑を言い渡した判事の罷免、知事の辞職を要求している。

第二次大戦後に、サッコとヴァンゼッティの名誉回復運動が展開され、演劇『サッコとヴァンゼッティ』や映画『死刑台のメロディ』を経て、執行から五〇年後の一九七七年、マサチューセッツ知事が死刑判決は誤審であったことを認めた。一九八四年、マサチューセッツ州は死刑を廃止した。

最後に藤澤は「わたしはレイシストではない」と言うのは簡単だが、アメリカも日本もいまなおレイシズムに揺れ動いているとして、名古屋出入国管理事務所で見殺しにされたウィシュマ・サンダマリさんの事件、在日コリアンに対するヘイト・スピーチとヘイト・クライムに言及する。

「わたしたちに今求められているのは『アンチレイシストであろうとすること』だけでなく、ジェンダー、セクシャリティ、学歴や経済格差、年齢や病気や身体的特徴による日常的なさまざまな差別を学び、世界のどこにいても。子どもでも大人でも、学校でも職場でも、すべての人が、それを無くす共生を実践することである。」

宮下洋一『死刑のある国で生きる』（新潮社、二〇二二年）は、「二八年間、個人主義の欧米諸国で生きてきた」というジャーナリストが、欧米と日本の死刑制度や死刑の現場を取材してまとめた死刑論である。宮下はアメリカやスペインの大学・大学院で国際論やジャーナリズム論を学び、高度生殖医療や安楽死問題などの著書を多数送り出してきた。人間の「誕生」と「死」をめぐる現場を取材してきた。生と死の問題を客観的に論じてきた。なだが「死刑はどこか違う匂いがした。なぜなら、そこには『尊厳』が感じられなかったからである」という。死刑を廃止した欧州で暮らしてきたが、死刑については欧州人と意見が合わないと感じる宮下は、日本が死刑廃止に向かわない理由を探るために、「それぞれの土地に生きる人々の声を聞き、価値観を探り、なぜ死刑を必要とするのか、あるいは、必要としないのかを自らの眼で判断し、考えてみなければならない。そして、この世界に『普遍』と呼べる価値観があるのかも探ってみたい」と言う。

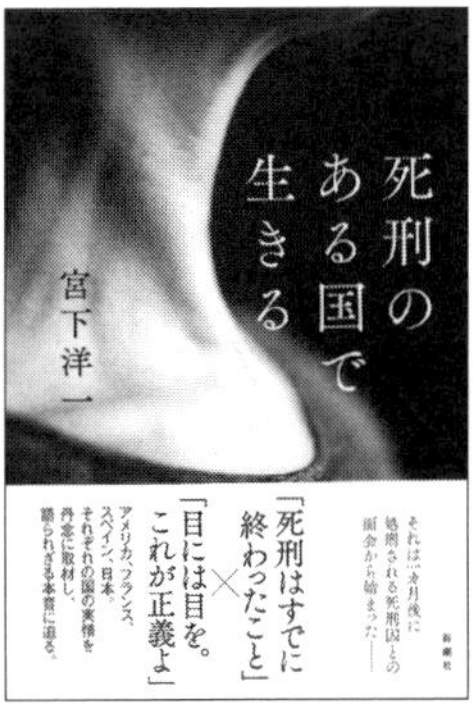

宮下洋一『死刑のある国で生きる』
（新潮社、22年12月）

　死刑問題を国家刑罰権ではなく人々の価値観の問題とし、価値相対主義によって人権論から解放する。結論が死刑存置論に帰結すると決まっている出発点を設定する。

　宮下はまず欧米諸国の現場を訪ねる。アメリカの死刑制度と執行の実態を概説した上で、宮下はテキサス州のポランスキー刑務所で、死刑執行日が一か月後に迫っているジョン・ウィリアム・ハメルに面会する。コンビニの女性店員と親密になり、妻、娘、義父の三人を殺害して死刑を言い渡されたハメルは、事件当時は無神論者だったが、今は毎日、祈りを捧げている。「あの頃に信仰していれば、あのような事件は起こさなかったはずです」。

　宮下は「この死刑囚は、天国の存在を信じている。それだけが、今の彼にとっての最大の救いのようであり、まさにそうであってほしいと思った」。

　次に宮下は欧州における死刑廃止の流れを確認する。フランスは一九八一年に死刑を廃止した。一九三九年から約八〇年間使用されたマルセイユのボメット刑務所が閉鎖となり、その解体作業が始まる予定だった。ナチスドイツの時代にユダヤ人の収容所として設置され、後に刑務所として使用されたという。そして、フランスで最後に死刑が執行された刑務所である。この歴史的施設の見学を許された宮下は、死刑廃止を実現したバダンテールにインタヴューする。「死刑はもう終わったこと」というバダンテールに耳を傾けながら、死刑廃止後の社会における凶悪犯罪にどのように向き合うべきか宮下は問い続ける。

　欧米の状況を前に死刑問題を整理しようとして、整理しきれないことを自覚した宮下は、日本に立ち返る。茨城県日立市での家族六人殺害で死刑を言い渡された小松博文に面会し、司法精神鑑定や裁判員制度を検討する。死刑に賛成する弁護士たちにも出会う。他方、犯人の死刑を望まない遺族はごく限られているが、それはなぜなのかとも考えつつ、福岡県豊前市家族三人殺害で死刑を言い渡された奥本章寛に面会し、「色鉛筆訴訟」を知る。奥本は死刑になりたいのか、それとももっと生きたいのか。「彼は、刑の確定をもって、償い、生き続けることを決めた。彼の変化は、死刑と言う制度の最大の価値を体現しているのではないだろうか。死を覚悟することで、死刑囚は蘇るのだ」と宮下は考える。そして、被害者遺族にも取材を重ねて、「死刑は被害者遺族を救うのか」を問い続ける。

　最後に宮下はフランスにおける現場射殺の実態を紹介する。マルセイユでは職務質問中に警察官が発砲して、青年が射殺された。犯罪者であると決めつけ、その場で発砲し、究明しようともしない。「公共の場においての死刑が復活している」という。アメリカでも銃乱射事件の現場で警察官による射殺は珍しくない。それらが警察官の正当防衛なのかどうかが問題となる。日本では現場射殺は例外的である。宮下は「現場射殺と死刑の問題は、本当に切り離して扱われるべきなのだろうか」と問い、死刑存置論につなげる。

　国連人権理事会は長年にわたって現場処刑の撤廃も死刑の廃止もともに呼びかけてきた。これに対して、宮下は、現場処刑と死刑の問題は「切り離して扱われるべき」かと反転させて、現場射殺よりも死刑が望ましいという「価値観」を提示する。「切り離して扱われるべき」でないことが、なぜ二者択一になるのか不明だが、現場射殺問題を正面から議論すべきとの主張自体は正当である。

死刑をめぐる状況 2022—2023

死刑廃止国一四四ヶ国に

死刑廃止に向けた国際的動向

中川英明（アムネスティ・インターナショナル日本　死刑廃止ネットワーク東京チーム）

はじめに

世界人権宣言に謳われている基本的人権をすべての人が享受でき、人間らしく生きることができる世界の実現を目指して活動するアムネスティ・インターナショナルは、犯罪の種類や状況、犯罪の有無、個人の特質、死刑執行方法などを問わず、例外なく死刑に反対しています。死刑は「生きる」という最も基本的な人権である生存権を根本から否定する刑罰だからです。今や世界最大の人権NGOであると自他ともに認めるアムネスティ・インターナショナルは、「死刑は生きる権利の侵害であり、究極的に残虐で非人道的かつ品位を傷つける刑罰である」と一九七七年の「死刑のためのストックホルム宣言」で述べて以来、死刑の全面的な廃止に向けて活動を続けてきました。

一九八〇年代には、死刑を国際法で違法化する動きが国連でも具体化し、死刑廃止条約を検討・起草するための作業が始まりました。そして、一九八九年の国連総会で自由権規約第二選択議定書（いわゆる死刑廃止国際条約）が採択（総会決議四四／一二八）され、死刑廃止へと向かう世界的な潮流の源泉となりました。こうして死刑を違法化するための国際法が成立した後も、国連は死刑制度を世界からなくすための努力を続けており、一例として二〇〇七年以来九回にわたり、『死刑廃止を視野に入れた死刑の執行停止』を死刑制度存置国に対して求める総会決議」（いわゆるモラトリアム決議）を採択しています。九回目となった二〇二二年の決議に賛成したのは一二五カ国にのぼりましたが、日本、中国、北朝鮮など三七カ国が反対、二二カ国が棄権しました。前回八回目の二〇二〇年決議では、賛成が一二三カ国、反対は日本を含む三八カ国、棄権が二四カ国でしたので、死刑賛成だった国が徐々に反対に転じていることが見てとれます。このように、死刑制度廃止の世界的な潮流は脈々と続いており、積極的に死刑を存置しようとする国は今や世界の圧倒的少数派です。

アムネスティ・インターナショナルが死刑廃止への取り組みを始めた一九七七年に死刑制度を廃止していたのはわずか一六カ国でしたが、それから四五年経った二〇二二年末の時点における死刑廃止国は一一二カ国にのぼります。通常犯罪に対してのみ廃止した国（九カ国）と事実上の廃止国（二三カ国：死刑制度を公式に廃止してはいないが、過去一〇年間に死刑執行がなく、死刑執行をしない政策や確立した慣例を持っていると考えられる国をアムネスティ・インターナショナルはこう呼んでいます）を含めると、世界の三分の二以上にあたる一四四カ国で法律上または事実上、死刑が廃止されているのが今日の世界の現実です。

2 二〇二二年の死刑執行と死刑判決

アムネスティ・インターナショナルでは、世界各国の死刑制度と死刑執行の状況を継続的に調査し、毎年その結果を報告書にまとめて公表しています。二〇二三年五月に発表された最新の報告書「二〇二二年の死刑判決と死刑執行」の概要をご紹介します。

以下にご紹介する内容は、アムネスティ・インターナショナル日本が作成した日本語抄訳に基づいています。

報告書原文（英語）は、アムネスティ・インターナショナルのウェブサイトで公開されています（https://www.amnesty.org/en/documents/act50/6548/2023/en/）。

【アムネスティ・インターナショナルが確認した死刑判決・執行の数について】

以下の文中や図表の中で数字の隣に「＋」がついている場合、例えば、マレーシア「一六＋」は、マレーシアで少なくとも一六件の死刑執行または死刑判決があったことをアムネスティは確認したが、実際の数は一六件より多いと考えていることを意味します。

国名の後に「＋」がついているが数字がない場合、例えば、シリア「＋」は、その国で一件以上の執行または判決があったことをアムネスティは確認しているけれど、信頼に足る数値を出せるほど十分な情報を得ていないことを意味します。

世界的および地域別の総計では、年間数千件の執行があると言われている中国と北朝鮮の場合も含め「＋」は二件としてカウントしています。

今や死刑制度を存置する国は世界の少数派ですが、二〇二二年の死刑執行数と死刑判決数は前年比で五三%増加しました。アムネスティ・インターナショナルの調べでは、二〇二一年の世界の死刑執行数は八八三＋件で、二〇二〇年の四八三＋件、二〇二一年の五七九＋件から増加しています。ただし、この数には中国が行ったとされる数千件の死刑執行は含まれていません。

増加の主な理由は中東と北アフリカ地域での死刑執行数が二〇二一年の五二〇件から八二五件と大幅に増えたためです。中東・北アフリカの国々における死刑執行の激増は、人命軽視の現れであり、国際法違反でもあります。サウジアラビアは一日で八一人もの人を処刑しました。民衆蜂起を抑え込もうと躍起になっているイランでは、抗議する権利を行使しただけの人びとが処刑されています。

中国、北朝鮮、ベトナムなどは死刑について秘密主義を貫いていますが、その他にも情報の開示を制限している国があることが世界の死刑動向を調査する上で今回も障壁となりました。そのため、世界における実際の死刑執行総数は、アムネスティ・インターナショナルが確認した八八三件をはるかに上回ります。確認できた件数に含まれていない中国の死刑判決数と死刑執行数の正確な数は不明ですが、それぞれ数千件とみられ、世界最多の死刑国と言える状況が続いています。

死刑を執行した国の数は前年の一八カ国から二カ国増え、二〇カ国でした。死刑執行数が多い上位五カ国は、中国、イラン、サウジアラビア、エジプト、米国です。中国を除いた世界の死刑執行総数の九割がイラン、サウジアラビア、エジプトの三カ国に集中しています。

・イラン：二〇二一年の三一四＋件から二〇二二年は五七六＋件へと急増。
・サウジアラビア：二〇二一年の六五件から二〇二二年は一九六件とほぼ三倍に増え、この三〇年で最多。
・エジプト：二四件（二〇二一年は八三＋件）。

二〇二二年にはまた、数年間執行を停止していた五カ国（アフガニスタン、ク

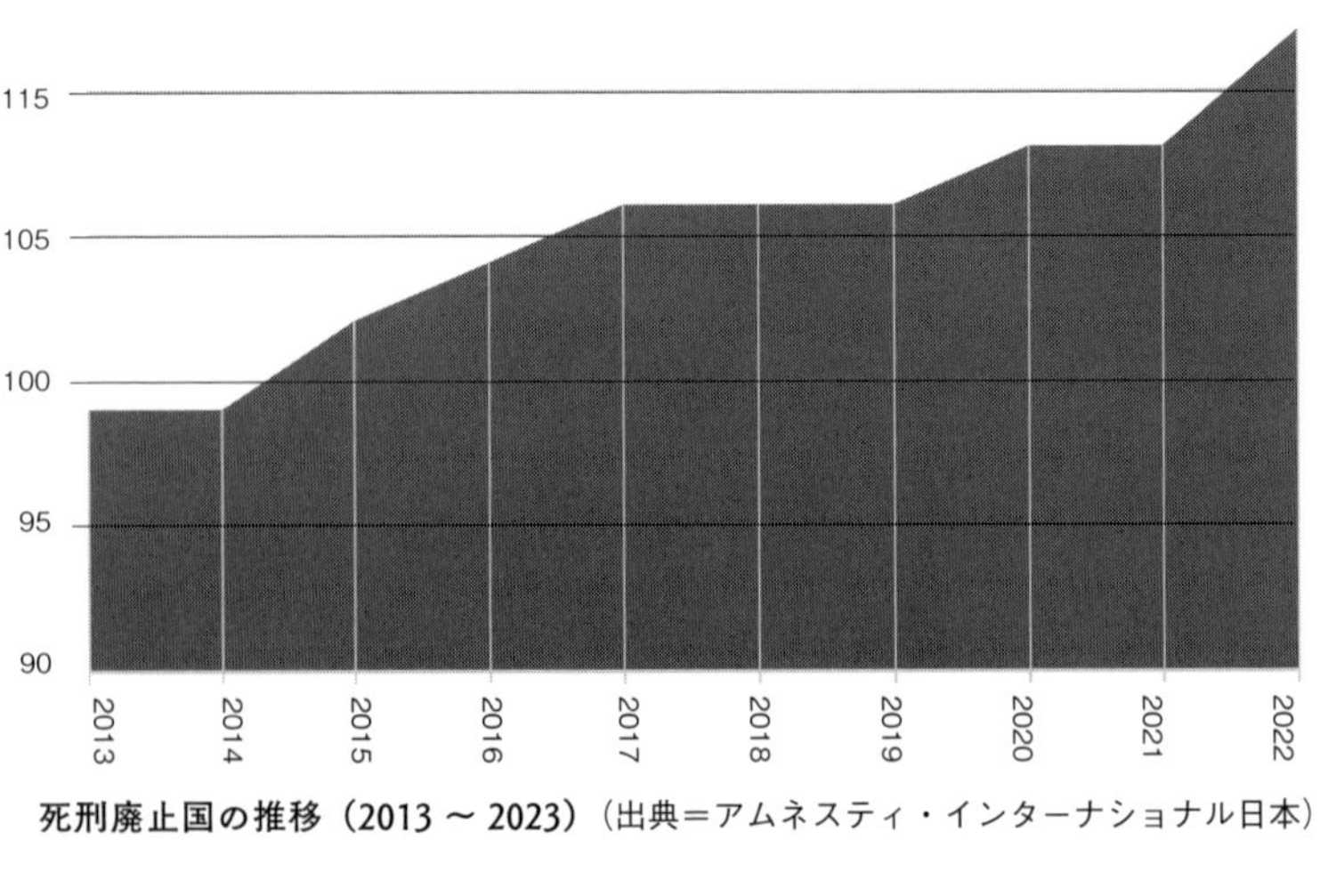

死刑廃止国の推移（2013 ～ 2023）（出典＝アムネスティ・インターナショナル日本）

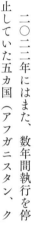

ウェート、ミャンマー、パレスチナ国、シンガポール）が死刑執行を再開しました。

薬物犯罪での処刑が増加したことも

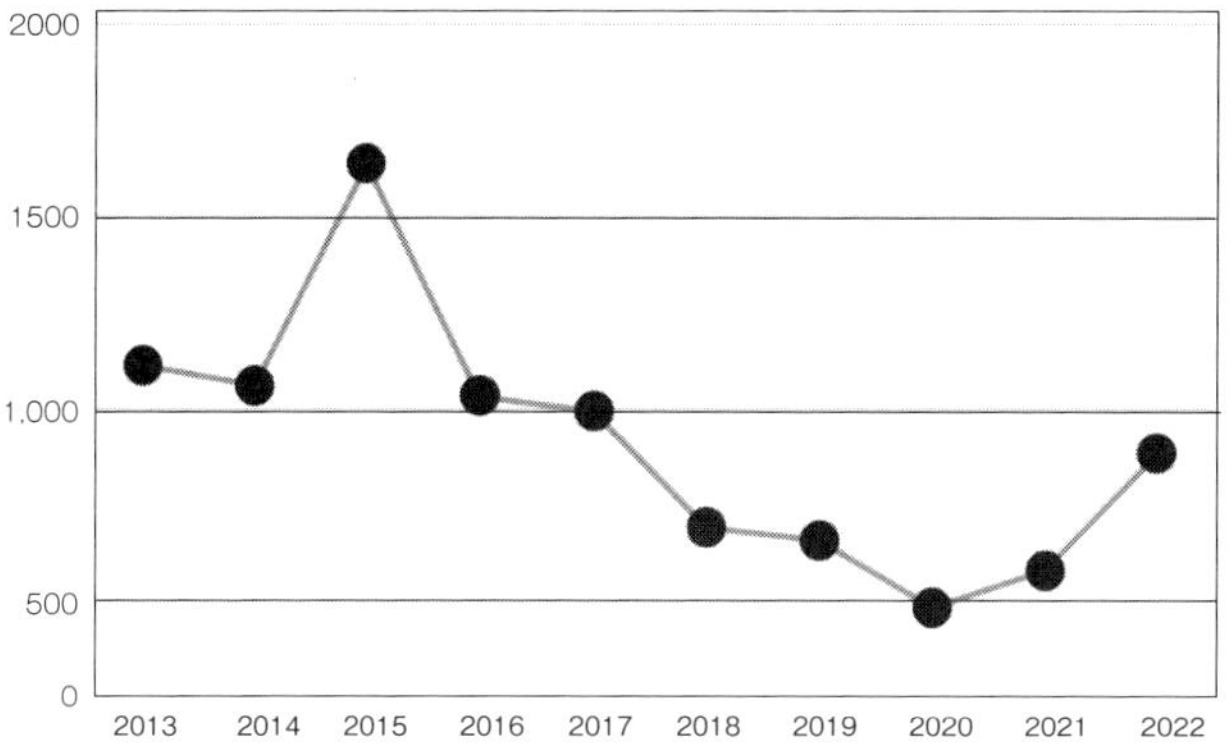

死刑執行数の推移（2013 ～ 2022）
（出典＝アムネスティ・インターナショナル日本）

二〇二二年における特筆事項の一つです。前年比二倍超と大幅に増えた薬物関連の罪での死刑執行は、中国、サウジアラビア（五七件）、イラン（二五五件）、シンガポールの四カ国で行われ、死刑執行総数の三七％を占めています。ベトナムでも薬物関連の罪で死刑が執行された可能性が高いと考えられますが、国家機密とされており実態は不明です。また、国際人権法は、「最も重大な犯罪」（故意の殺人）以外の犯罪への死刑の適用を禁じており、薬物関連犯罪での死刑執行は国際人権法違反にあたります。各国政府と国連はこの露骨な人権侵害を行う国々に対して圧力をかけ、国際的な保護措置を導入すべきです。

死刑執行数は増加したものの、死刑判決数はほとんど変わらず、二〇二一年の二、〇五二件から二〇二二年の二、〇一六件へとわずかに減少しました。

二〇二二年度中には、このような後退の動きだけではなく前向きの動きもありました。まず特筆すべきは六カ国が全面的あるいは部分的に死刑を廃止したことです。カザフスタン、パプアニューギニア、シエラレオネ、中央アフリカ共和国の四カ国が、すべての犯罪で死刑を廃止したほか、赤道ギニアとザンビアの二カ国は、通常犯罪に対する死刑の適用を廃止しました。その結果、二〇二二年一二月末時点では世界の一一二カ国が死刑を全廃し、九カ国が通常犯罪に対して廃止しています。

さらに、リベリア議会上院が死刑を廃止する法案を全会一致で可決し、ガーナで刑事犯罪法と軍隊法から死刑規定を削除する改正案の作成作業がすすむなど、死刑廃止に向けた法的な取り組みが進んだほか、ガンビア、スリランカ、モルディブの当局は死刑の執行停止を継続しています。アジアでは、絶対的法定刑としての死刑を廃止する法案がマレーシア議会で審議中です。

二〇二二年の国連総会では、過去最多

の一二五カ国が死刑執行一時停止決議に賛成票を投じました。二〇二〇年に棄権したパラオとソロモン諸島が今回は賛成票を投じ、ウガンダは反対から賛成、パプアニューギニアは反対から棄権にそれぞれ転じました。このように世界の国々が死刑制度と決別し続けている今こそ、いまだ死刑制度を存置している国々もそれに続くべきです。特に、イラン、サウジアラビア、中国、北朝鮮、ベトナムなど残虐な人権侵害行為を行っている少数派の国々は、早急に時代に追いつき、人権を守り、死刑ではなく正義を執行する道を選ぶべきです。

　このように世界の動向は明らかに死刑廃止に向かっていますが、二〇二二年に確認された数値は、死刑制度を巡る現実が悲惨なものであること、そして、死刑廃止に向けた働きかけが依然として厳しいものであることを物語っています。世界から死刑執行と死刑判決がなくなる日まで、この残虐な刑罰の適用に伴う人権侵害と死刑制度が抱える不公正さを訴え続けていく必要があります。

　アムネスティ・インターナショナルが確認できた二〇二二年の死刑執行数は世界で八八三件であり、二〇二一年の五七九件よりも五三％増加しました。二〇二〇年までの三年間は死刑執行数が減少していましたが、二〇二一年から二年連続で執行数が増加してします。これまでと同様に、この数字には数千件ともいわれる中国の死刑執行数は含まれておらず、二＋件として参入しています。

　アムネスティ・インターナショナルの調べによると、二〇二二年に死刑を執行した国の数は、二〇二一年の一八カ国から二〇カ国になりました。この背景には、数年間執行を停止していた五カ国が死刑を再開したこともあります。その五カ国とは、アフガニスタン（二〇一八年以来の執行）、クウェート（二〇一七年以来）、ミャンマー（四〇年間の停止後）、パレスチナ国（二〇一七年以来）、シンガポール（二〇一九年以来）でした。二〇二一年に死刑執行があったボツワナ、アラブ首長国連邦、オマーンの三カ国では二〇二二年は執行はありませんでした。

　確認できた限りでは、エジプト（二四）、イラン（五七六＋）、サウジアラビア（一九六）の上位三カ国が、世界の死刑執行数の九〇％を占めています。イランでは、二〇二一年の三一四＋件から死刑執行が大幅増えましたが、このうち殺人罪での死刑は、二〇二一年の一五九件から二〇二二年の二七九件へと七五％増で、薬物関連の犯罪では、二〇二一年の一三二件から二〇二二年の二五五件と九三％も増えました。また、テロ関連犯罪での死刑執行増加と薬物関連犯罪での死刑再開により死刑執行数が大幅に増加したサウジアラビアの二〇二二年の死刑執行数（一九六件）は、アムネスティが確認した過去三〇年間の中で最多でした。テロ関連での死刑は二〇二一年の九件から二〇二二年の八五件に、薬物関連では二〇二一年の〇件から二〇二二年の五七件とそれぞれ激増しました。

二〇二二年に確認された世界の死刑執行数八八三人のうち一三人が女性で、その国別内訳は、イラン（一二）、サウジアラビア（一）でした。

二〇二一年と比べ執行数が大幅に減少したのは、エジプト（八三＋→二四）、イラク（一七＋→一一＋）、日本（三→一）、ソマリア（二一＋→六＋）、南スーダン（九＋→五＋）、イエメン（一四＋→四＋）の六カ国でした。反対に大きく増加したのは、イラン（三一四＋→五七六＋）、クウェート（〇→七）、ミャンマー（〇→四）、パレスチナ国（〇→五）、サウジアラビア（六五→一九六）、シンガポール（〇→一一）、米国（一一→一八）でした。

【二〇二二年に死刑を執行した国と件数】

中国［＋］
北朝鮮［＋］
アフガニスタン［＋］
ベトナム［＋］
バングラデシュ［＋］
シリア［＋］
イラン［五七六＋］
サウジアラビア［一九六］
エジプト［二四］
イラク［一一＋］
米国［一八］
シンガポール［一一］
クウェート［七］
ソマリア［六＋］
南スーダン［五＋］
パレスチナ国［五］
イエメン［四＋］
ミャンマー［四］
日本［一］
ベラルーシ［一］

二〇二二年に確認できた死刑判決の総数は二、〇一六件で、前年の二、〇五二件からやや減少しました。ただし、国によって死刑判決に関する情報の性質や情報量が異なるため、国ごとの数字や傾向の比較を行うことには無理があります。

例えば、アムネスティ・インターナショナルは、これまで多数の死刑判決を公表していたナイジェリアとスリランカの当局から二〇二二年の死刑判決についての公的な統計を入手することができませんでした。一方でタイ当局からは、これまでと異なり第一審裁判所で二〇二二年に言い渡された死刑判決の数の提供がありました。

死刑判決の言い渡しを停止していたバーレーン、コモロ、ラオス、ニジェール、韓国の五カ国で死刑判決が再開されましたが。二〇二一年に死刑判決があったベラルーシ、カメルーン、日本、マラウイ、モロッコ／西サハラ、オマーン、シエラレオネ、ウガンダ、ジンバブエでは二〇二二年には死刑判決がありませんでした。

【二〇二二年に死刑判決を下した国と件数】

二〇二二年に死刑判決を言い渡した国

- 本地図の国境は一般的に使用されているもので、アムネスティの考えを示すものではない。
- 説明のある11カ国は、過去 5 年間死刑執行が続いた国。
- 数字右の「+」は「少なくとも」を意味し、「14+」なら「少なくとも14件の執行があった」ことを示す。数字なしの「+」は、1件以上あったことは確かだが、具体的な数字を示すほど信頼できる情報を得られなかったことを意味する。

エジプト
刑執行数は前年比71%減ったが、死刑判決は51%加した。

6.イラク
死刑判決と死刑執行数はそれぞれ前年比55%、35%減少した。

2.イラン
主に殺人と薬物関連の罪での死刑執行の急増で、死刑執行数は前年比83%増加した。

1.中国
この年も数千人が死刑を宣告・執行されたが、それぞれの件数は一切開示されないままだった。

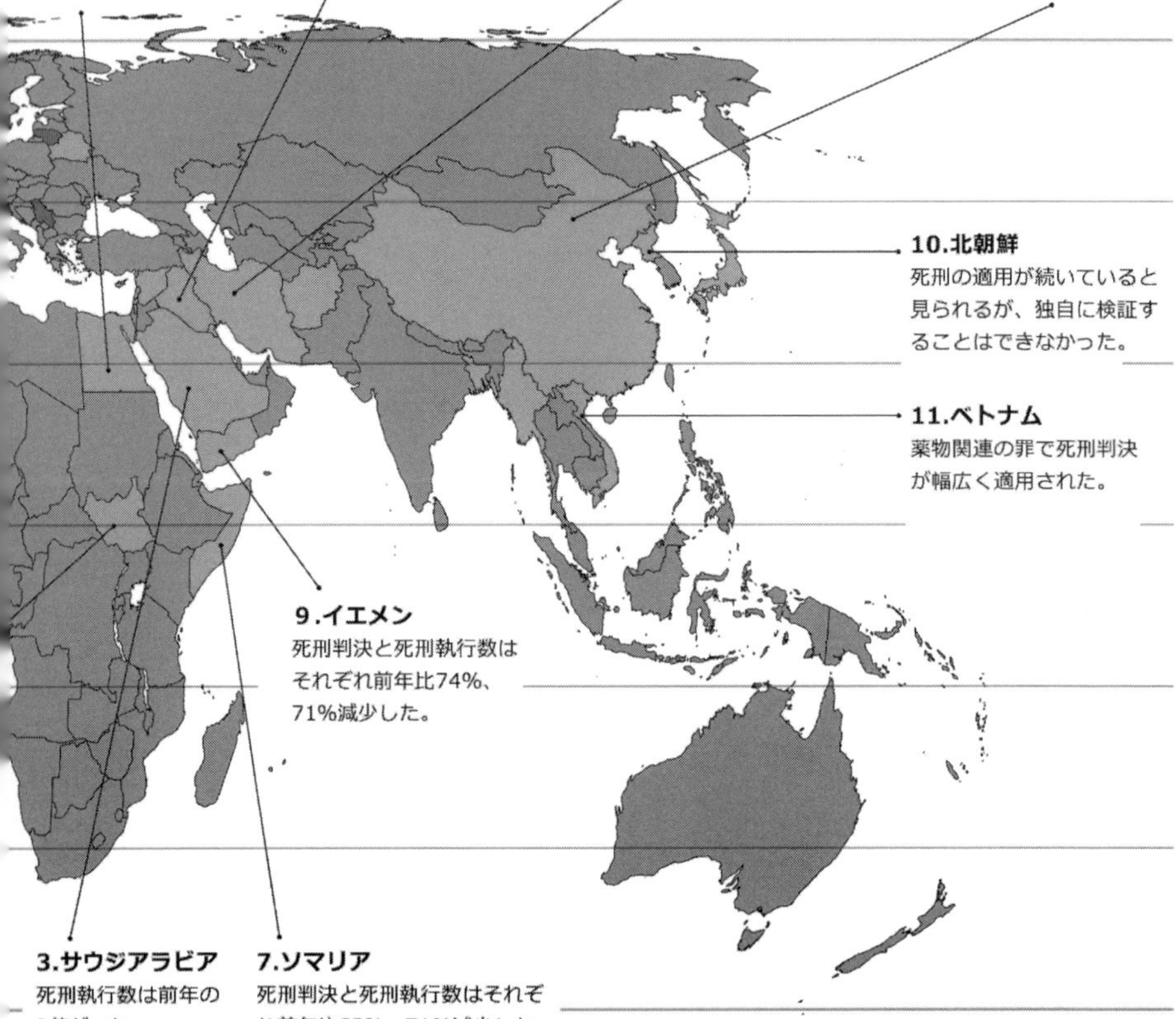

10.北朝鮮
死刑の適用が続いていると見られるが、独自に検証することはできなかった。

11.ベトナム
薬物関連の罪で死刑判決が幅広く適用された。

9.イエメン
死刑判決と死刑執行数はそれぞれ前年比74%、71%減少した。

3.サウジアラビア
死刑執行数は前年の3倍だった。

7.ソマリア
死刑判決と死刑執行数はそれぞれ前年比63%、71%減少した。

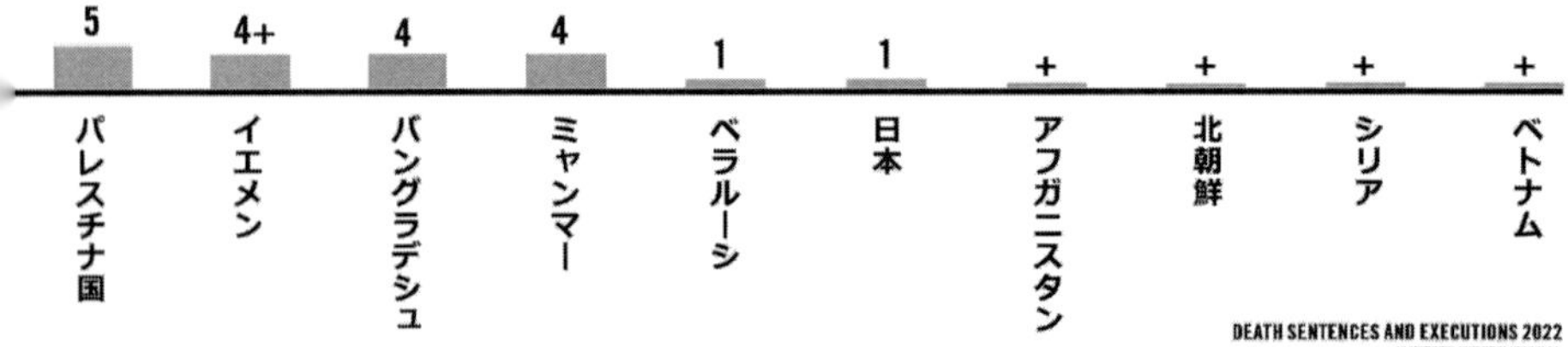

DEATH SENTENCES AND EXECUTIONS 2022
AMNESTY INTERNATIONAL

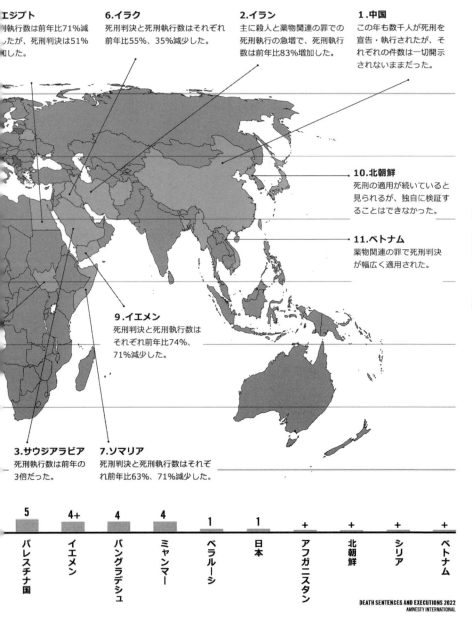

2022年死刑執行国

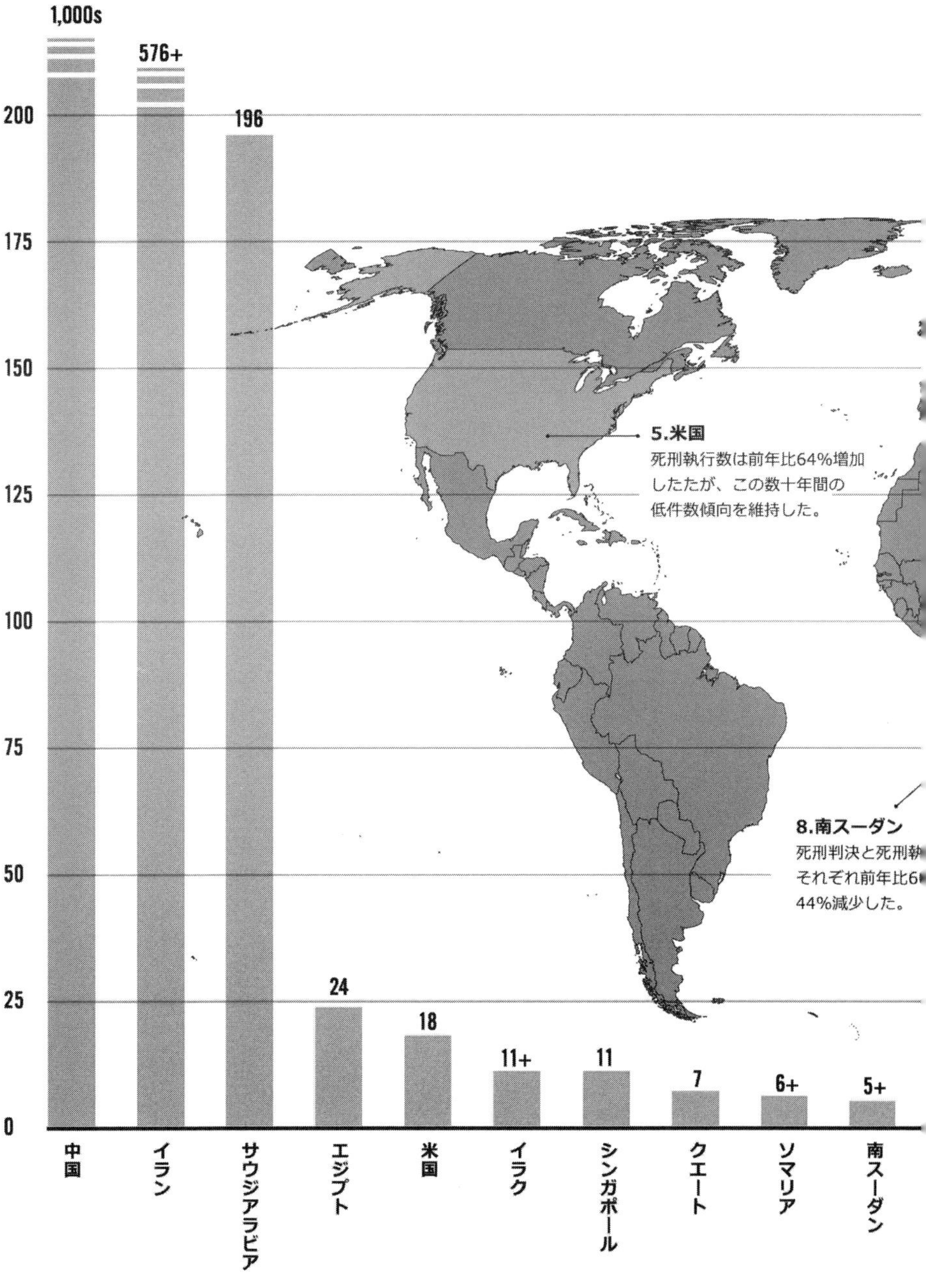

出典＝アムネスティ・インターナショナル日本

は以下の五六カ国で、前年の五二カ国から四カ国減少しました。

アフガニスタン［＋］
アルジェリア［五四］
バーレーン［二＋］
バングラデシュ［一六九＋］
ボツワナ［一］
中国［＋］
コモロ［二］
コンゴ民主共和国［七六＋］
エジプト［五三八］
エチオピア［二＋］
ガンビア［九］
ガーナ［七］
ガイアナ［四］
インド［一六五］
インドネシア［一一二＋］
イラン［＋］
イラク［四一＋］
ヨルダン［四＋］
ケニア［七九］
クウェート［一六＋］
ラオス［五＋］
レバノン［二＋］
リビア［一八＋］
マレーシア［一六＋］
モルディブ［一］
マリ［八＋］
モーリタニア［五＋］
ミャンマー（ビルマ）［三七＋］
ナイジェリア［七七＋］
ニジェール［四＋］
北朝鮮［＋］
パキスタン［一二七＋］
パレスチナ国［二八＋］
カタール［＋］
サウジアラビア［一二＋］
シンガポール［五］
ソマリア［一〇＋］
韓国［一］
南スーダン［四＋］
スリランカ［八＋］
スーダン［一＋］
シリア［＋］
台湾［三］
タンザニア［一一］
タイ［一〇四］
トリニダード・トバゴ［五＋］
チュニジア［二六＋］
アラブ首長国連邦［二＋］
米国［二一］
ベトナム［一〇二＋］
イエメン［七八＋］
ザンビア［二＋］

二〇二二年に前年よりも死刑判決数が増加したのは以下の国々です。

アルジェリア（九→五四）
エジプト（三五六＋→五三八）
インド（一四四→一六五）
ケニア（一四→七九）
クウェート（五＋→一六＋）
ナイジェリア（五六＋→七七＋）
チュニジア（三＋→二六＋）

一方、以下の国では前年から大幅に死刑判決数が減少しました。

バングラデシュ（一八一＋→一六九

＋）
イラク（九一＋↓四一＋）
レバノン（一二＋↓二＋）
マラウイ（一一＋↓〇）
マリ（四八↓八＋）
モーリタニア（六〇↓五＋）
ミャンマー（八六＋↓三七＋）
シエラレオネ（二三↓〇）
ソマリア（二七＋↓一〇＋）
ベトナム（一一九＋↓一〇二＋）
イエメン（二九八＋↓七八＋）

3 国際法違反の死刑

二〇二二年も依然として国際法・国際基準に違反する死刑の適用がありました。以下にいくつかを例示します。

・公開処刑：アフガニスタンで少なくとも一件、イランで二件、合せて少なくとも三件の公開処刑があったことが確認できています。

・一八歳未満の時に犯した罪での死刑執行：イランで少なくとも五件あったほか、モルディブ、イラン、サウジアラビアでも一八歳未満の時の罪で死刑判決を受けた死刑囚がいるとみられます。

・日本、イラン、モルディブ、米国など数カ国に、死刑判決を受けた精神障がい者や知的障がい者がいるとみられます。

・アフガニスタン、バーレーン、バングラデシュ、ベラルーシ、中国、エジプト、イラン、イラク、マレーシア、ミャンマー、北朝鮮、パキスタン、サウジアラビア、シンガポール、ベトナム、イエメンなどでは、国際基準に則った公正な司法手続きを経ることなく死刑判決が下されました。

・エジプト、イラン、サウジアラビア、イエメンでは、拷問や虐待で強要されたとみられる自白に基づく裁判で、死刑判決が下されました。

・バングラデシュとエジプトでは、被告人不在のまま死刑が宣告されました。

・アフガニスタン、ガーナ、イラン、マレーシア、ミャンマー、ナイジェリア、パキスタン、サウジアラビア、シンガポールでは、絶対的法定刑として死刑が言い渡されました。

・エジプト、リビア、ミャンマー、パキスタンでは、民間人が軍事法廷で死刑判決を言い渡されました。

・バングラデシュ、インド、イラン、パキスタン、サウジアラビア、イエメンでは、特別法廷で死刑判決が下されました。

死刑制度を維持する国においても、死刑は「最も重大な犯罪（故殺）」のみに制限するよう国際法は求めています。その定めに反して死刑が故殺以外の犯罪に適用されている例があります。

薬物犯罪：

中国（＋）、イラン（二五五）、サウジアラビア（五七）、シンガポール（一一）の四カ国が死刑を執行しました。その総数三二五件は、全世界の死刑執行数の三七％を占めています。ベトナムでも薬物犯罪に死刑か適用されたとみられますが、数字を示せるほどの情報は得られませんでした。
　以下の九カ国で薬物犯罪により合計二一三件の死刑判決が二〇二二年中に言い渡されました。
　中国（十）
　インドネシア（一〇五）
　ベトナム（八〇）
　マレーシア（八）
　バングラデシュ（六）
　ラオス（五）
　シンガポール（五）
　エジプト（一）
　パキスタン（一）
　タイでは、二〇二二年末の死刑囚一九五人のうち一二一人（うち女性一四人）が麻薬関連犯罪で有罪判決を受けていました。
汚職などの経済犯罪での死刑判決：
　中国、ベトナム
背教の罪：
　リビア
誘拐：
　イラン、サウジアラビア
強かん：
　バングラデシュ、エジプト、インド、イラン、パキスタン、サウジアラビア
反逆罪、国家治安に反する行為、外国機関との共謀、スパイ行為、国の方針への異論表明、反乱やテロへの参加、権力に対する武力蜂起をはじめとする国家に対する犯罪（いずれも犠牲者の有無は問われない）：
　イラン、サウジアラビア

4　地域別の動向

■南北アメリカ

アメリカ合州国

・米国オレゴン州では退任を控えたケイト・ブラウン知事が、同州のすべての死刑囚を対象に減刑措置を取りました。
・米国の死刑判決と死刑執行の件数はこの一年で増加しましたが、長期的な減少傾向は維持されています。
・ガイアナ、トリニダード・トバゴ、米国の三カ国で、六年連続で死刑判決が言い渡されました。しかし、死刑執行があったのは南北アメリカでは唯一米国だけで、一四年連続で執行が行われました。
※米国の司法管轄別内訳
・死刑執行数：六つの州で死刑執行がありました。
　アラバマ（二）、アリゾナ（三）、ミシシッピ（一）、ミズーリ（二）、オクラホマ（五）テキサス（五）
・死刑判決数：一二州で二一人
　アラバマ（三）、アリゾナ（一）、カリフォルニア（二）、フロリダ（五）、ジョージア（一）、ルイジアナ（一）、ミシシッピ（一）、ミズーリ（一）、ノースカロライナ（二）、オクラホマ（一）、ペンシルベニア（一）、テキサス（二）
・死刑囚数：二八州で二、二七六人（うち

女性四八人）

一〇〇人以上の死刑囚がいる州：カリフォルニア（六七〇）、フロリダ（二九九）、テキサス（一八六）、アラバマ（一六五）、ノースカロライナ（一三七）、オハイオ（一二六）、アリゾナ（一一〇）、ペンシルベニア（一〇一）

米国では、新型コロナウイルス感染対策のために取られた各種規制が二〇二二年に入って緩和されたことで、死刑執行数と死刑判決数のいずれもが増加しました。もっともこの数十年でみると、二〇二二年も依然として減少傾向にあったことには変わりはありません。

米国における二〇二二年の死刑執行数は一八件で、前年（一一件）比六四％増でした。大幅増とはいえ、二〇二二年の執行数は、パンデミックの影響を受けた前年と前々年を除けば一九九一年以降で最も少ない数でした。なお、米国では死刑執行はすべて致死注射によるものです。

死刑の執行があったのは六つの州で、二〇一四年を最後に執行がなかったアリゾナ州では、三人（男性）が処刑されました。アラバマ、ミシシッピ、ミズーリ、オクラホマ、テキサスの五州でも前年に続き執行がありました。前年比では、両年とも一件だったミシシッピ以外では執行数が増えており、アラバマが二〇二一年の一件から二〇二二年は二件、ミズーリでは一件から二件、オクラホマでは一件から五件、テキサスでは三件から五件と増加しました。オクラホマ州とテキサス州を合わせた死刑執行数は一〇件で、二〇二二年の米国の全執行数の半数以上がこの二州で行われたことになります。二〇一一年以来毎年執行を行っていたサウスカロライナ州では、予定されていた死刑執行が州最高裁の命令で中止となり、二〇二二年は執行がありませんでした。

ワシントンDCの死刑情報センターのまとめによると、二〇二二年の死刑執行令状の件数は五五件で、前年の四五件に比べ増加しています。

致死注射用薬物の調達や致死注射手順の改定による問題が発生したことで、二〇二二年もいくつかの州で死刑執行が見送られました。アイダホ州では、州当局が死刑執行の再開を試みたものの失敗に終わり、二〇二三年六月時点で執行停止期間が丸一〇年になりました。テネシー州では、デル・リー州知事が薬物注射に使用する薬品に「技術的な見落とし」があったとして、死刑の執行を予定時刻の一時間前に中止させる事態が起き、その一か月後、知事は死刑執行停止と第三者による検証を命じました。

二〇二二年後半、アラバマ州で致死注射による死刑執行が二度にわたり失敗したことを受け、ケイ・アイビー州知事は、死刑執行停止と執行体制全般の見直しを命じました。実態として執行停止が続くオハイオ州でも、致死注射に問題があるとしてマイク・デワイン州知事による執行停止命令が出されました。

米国の二〇二二年の死刑判決数は

二一件となり、前年と前々年のそれぞれ一八件からわずかに増えたとはいえ、一九七七年以降で二番目に低い数字でした。一九七七年というのは、一九七二年の最高裁死刑違憲判決を受けた法改正を経て、死刑執行が復活した年でした。

死刑判決を言い渡した州は、二〇二一年の七州から二〇二二年は一二州へと二倍近く増えました。死刑判決が数年間なかったアリゾナ、ジョージア、ルイジアナ、ミシシッピ、ノースカロライナ、ペンシルベニアの各州で再び死刑判決が言い渡されました。二〇二一年に死刑判決があったネブラスカ州とテネシー州では、二〇二二年の死刑判決はありませんでした。

連邦レベルでは二〇二二年も死刑執行がなかったものの、死刑判決の減刑や死刑廃止に向けた法整備にも進展は見られませんでした。キューバのグアンタナモ湾にある米海軍基地で不公正な軍事委員会により死刑求刑された六人のおかれた状況にも変化はありませんでした。

米国における死刑判決の中には、不公正な裁判、人種差別や偏見、精神障がい者や知的障がい者に対する保護規定への違反など、国際人権法や国際基準で定められた死刑の適用上の制限に違反するものが見受けられました。

イリノイ州とペンシルベニア州では、過去に死刑判決を受けた男性二人に対する不十分な弁護や検察・警察の不正行為を示す証拠を裁判所が検討した結果、両名に再審無罪決定が下されました。一九七三年以降二〇二二年末までに同様の無罪判決を受けた人は一九〇人に上ります。

二〇〇〇年代初頭以降に一一州で死刑が廃止された米国では、二〇二一年にバージニア州で死刑が廃止され、すべての犯罪で死刑を廃止した州は二三州となりました。法的に死刑を維持する残り二七州のうち、カリフォルニア、アイダホ、インディアナ、カンザス、ケンタッキー、ルイジアナ、モンタナ、ネバダ、ノースカロライナ、オレゴン、ペンシルベニア、サウスカロライナ、ユタ、ワイオミングの一四州（法的に死刑を存置する州の五二％）では、少なくとも一〇年間死刑の執行がありません。カリフォルニア、オレゴン、ペンシルベニアでは、死刑執行停止の知事命令が出されています。

米軍当局は一九六一年以来死刑を執行していませんが、連邦レベルでは、トランプ前政権下で一七年ぶりに執行が再開され、二〇二〇年七月から二〇二一年一月にかけて一三件の死刑が執行されました。バイデン現政権は、二〇二一年七月に制定した連邦法のもとで死刑を言い渡された死刑囚に対し、死刑執行の一時停止を継続しています。

南北アメリカ大陸：米国以外の諸国における特筆すべき動き

米国以外の南北アメリカ地域で死刑判決を言い渡したのは、ガイアナとトリニダード・トバゴだけで、総件数はわずか九件でした。米国以外の南北アメリカ地域における死刑囚の数は六七人でしたが、うち半数以上（六四％）がいるのが、同地域で唯一殺人に絶対的法定刑としての死刑を適用するトリニダード・トバゴです。

アンティグア・バーブーダ、バハマ、ベリーズ、キューバ、ドミニカ、グアテマラ、ジャマイカ、セントクリストファー・ネイビス、セントルシアの九カ国には、死刑囚が一人もおらず、新たな死刑判決もありませんでした。グレナダとセントビンセントおよびグレナディーン諸島には、それぞれ一人の死刑囚がいますが、いずれも裁判所の命令により執行停止の状態が続いています。

ガイアナの控訴裁判所は自国の死刑制度の合憲性を正当化し、トリニダード・トバゴの枢密院司法委員会（最高裁）は殺人罪に対する絶対的法定刑としての死刑を二〇二二年も支持しました。

■アジア・太平洋地域

・中国は二〇二二年も引き続き世界一の死刑執行国でした。相変わらず死刑関係の数字を明らかにすることはなかった中国と同様に、北朝鮮とベトナムも死刑をめぐる秘密主義を貫いたため、二〇二二年も世界で最も死刑執行が多いアジア太平洋地域での死刑関係の数字を正確に把握することはできませんでした。

・ミャンマー軍事政権は四〇年ぶりに死刑を執行しました。処刑されたのは著名な野党政治家二人を含む四人で、著しく不公正で秘密裏の審理後、民間人の命が恣意的に奪われました。アフガニスタンとシンガポールも、前年まで停止していた死刑執行を再開しました。

・パプアニューギニアは、すべての犯罪で死刑を廃止したアジア太平洋地域で二一番目の国になりました。そして、モルディブの内務大臣とスリランカの大統領は、死刑を執行しないことを確約しました。

アジア太平洋地域の特筆すべき動き

二〇二二年はアジア太平洋地域のいくつかの国で前進がありました。二〇二二年が明けてすぐに、すべての犯罪に対して死刑を廃止する刑法改正法案の審議がパプアニューギニア国会で始まりました。一月二〇日に採択された同法案は四月一二日に施行されました。また、モルディブのシェーク・イムラーン・アブドッラ内務大臣は、六月の国会で引き続き死刑停止を維持する政府の方針を明言しました。さらに、スリランカのラニル・ウィクラマシンハ大統領は、進行中の訴訟での最高裁判所への誓約を通じて死刑の執行を認めないと明言しました。マレーシア当局も絶対的法定刑としての死刑の見直しに向けた作業に着手したほか、インドネシア国会は刑法改正案を採択し、二〇二六年の改正法施行後、一定の条件を満たせば一〇年後に死刑が減刑されることになった。インドと台湾は、二年連続で死刑執行の停止を維持しました。

他方、二〇二二年に死刑執行があった

国は、二〇二一年の五カ国から二〇二二年は八カ国に増えました。ミャンマーでは軍事政権下で四〇年ぶりの死刑執行がありました。著しく不公正で秘密裏に行われた法的手続きによって、国民民主連盟（ＮＤＬ）の元議員ピョーゼヤートーさんと著名な民主化活動家であるチョーミンユさんなど四人の命が恣意的に奪われました。前年まで三年間にわたり死刑執行がなかったアフガニスタンでは、タリバン当局が公開処刑を含め死刑を復活させました。シンガポール当局は、二〇一九年以来行ってこなかった死刑執行を再開した。

　二〇二二年におけるアジア太平洋地域の死刑判決数は、前年の八一九件から五％増の八六一件となりましたが、この件数は、新型コロナウイルス感染の影響で裁判所の審理が滞る以前にアムネスティが確認していた件数に近いものです。また、件数増加の一因としては、前年まで死刑判決数を開示してこなかったタイ当局が二〇二二年の死刑判決件数をアムネスティに提供したこともあります。

　インドでは死刑判決数が著しく上昇し、二〇〇〇年以降で最多の一六五件でした。パキスタンの死刑判決数は一二七件で、前年の一二九件と同様に高水準を維持しました。死刑判決数は近年増える傾向にあるものの、年間の件数はパンデミック以前と比べると少ない水準に留まりました。インドネシアでも二〇二二年の死刑判決数は前年同様に高止まりで、同国の年間件数は二〇二一年の一一四＋件に対して二〇二二年は一一二件とほとんど変化が見られませんでした。シンガポールの死刑判決数は五件で、前年の一〇件から半減しました。

　アジア太平洋地域で二〇二二年に死刑判決を下した国の数は、二〇二一年と二〇二〇年の一六カ国に比べてわずかに増加し、一七カ国となりました。前年には死刑判決がなかったラオスと韓国の裁判所が二〇二二年には死刑判決を下したことが確認されています。二〇二一年に三人が死刑判決を言い渡された日本では、二〇二二年には新たな死刑判決はありませんでした。

　中国、北朝鮮、ベトナムの秘密主義と情報制限に加え、他のいくつかの国の入手情報も透明性が担保されていないため、この地域の死刑に関する状況を正確に把握することは不可能です。しかしながら調査の結果、中国での二〇二二年の死刑判決と死刑執行の数は、数千件あったとアムネスティ・インターナショナルはみています。情報制限があり、独立系メディアが存在しない北朝鮮に関しては、アムネスティは同国の死刑関連の報告や情報を入手したものの、検証することはできませんでした。しかし、北朝鮮では公開処刑を含む死刑執行があり、即決裁判を含めて死刑判決が継続的に下されている可能性が極めて高いとアムネスティはみています。また、国際法上の「最も重大な犯罪」に当たらない行為や、国際人権法の要件では犯罪とみなされない行為に対しても死刑判決が下された可能性があることを危惧しています。

ラオスとベトナムでは、国が開示した一部の情報から、死刑が幅広く適用されていることがわかっていますが、情報が不十分なため年間の件数を推定することはできませんでした。

多くの場合、アジア太平洋地域での死刑の適用は、二〇二二年も国際法や国際基準に違反していました。ミャンマーでは、相変わらず国軍当局が反対派や政治的対抗勢力を弾圧する手段として死刑を利用しており、男性四人が秘密裏に処刑されました。国軍が管理する裁判所における審理は、非公開で著しく不公正なものです。戒厳令三/二〇二一の発令後、国軍は民間人を裁く権限を一部の郡区で通常の法廷から特別法廷または既存の軍事法廷に移管しています。これらの軍事法廷には、死刑が適用される可能性がある犯罪を含む広範囲の犯罪を裁く権限を与えられていますが、その手続きは簡易裁判であり、被告には控訴する権利もありません。二〇二一年には、市民に対する迫害や脅し、嫌がらせの手法として、デモ参加者やジャーナリストなどに死刑が適用される例が増加しましたが、この事態は二〇二二年も続きました。

二〇二二年の死刑判決数は、二〇二一年の八六件に比べ五七%減ってはいますが、不公正な審理の結果、三七人が死刑判決を受けています。

アジア太平洋地域では、国際法上で死刑の適用が容認される「最も重大な犯罪(故殺)」に当たらない行為にも死刑が幅広く適用されています。中国とシンガポールは、麻薬関連の犯罪に死刑判決を下し、死刑を執行しています。シンガポールで二〇二二年に執行された一一人は、全員が薬物取引で絶対的法定刑としての死刑判決を言い渡されていました。薬物取引での死刑執行はベトナムでもあったとみられています。二〇二二年の薬物関連犯罪による各国の死刑判決数を以下に示します。

□バングラデシュ:死刑判決一六九件中六件
□中国:数値情報を得られず
□インドネシア:一〇五件(うち女性一人)、全死刑判決の九四%
□ラオス:死刑判決のすべて(五件)が薬物関連
□マレーシア:一六件。全死刑判決の半数
□パキスタン:一件
□シンガポール:五件、いずれも麻薬関連犯罪で絶対法定刑としての死刑が適用された
□ベトナム:八〇件、全死刑判決の七八%

タイの政府が提供した公的な数値によると、同国で二〇二二年に死刑判決を受けた一九五人のうち一二一人(うち女性一四人)が麻薬関連の罪でした。スリランカでは一一月、国会で五グラム以上の

メタンフェタミンの所持または売買の罪に死刑を適用する規定を盛り込んだ「毒薬、アヘン、危険薬物（改正）法案」を採択しました。他方、パキスタン国会は一二月、麻薬関連罪への死刑の適用を廃止する法案を採択しました。

中国とベトナムでは、国際法や国際基準で「最も重大な犯罪（故殺）」に当たらない、汚職などの経済犯罪にも死刑が適用されました。アムネスティの調べによると、中国では、汚職で起訴された元公務員が、二年後に減刑される可能性がある「執行猶予付き」死刑判決を受けた例が一〇件ありましたが、例年に比べこの傾向は明らかに増加していました。

「最も重大な犯罪」に当たらない性犯罪（被害者が死に至らない場合）を犯した被告が死刑判決を受けた国は、バングラデシュ（一三件）、インド（五件）、パキスタン（七件）など数カ国でした。

パキスタンでは、国際人権法では犯罪と認められない「冒涜罪」での死刑判決が四件ありました。モルディブでは、一八歳未満で犯した罪により死刑判決を受け、その判決が維持されたままの死刑囚が複数人いました。シンガポールでは、知的障がいを持つ男性が四月に処刑されてしまいました。

アジア太平洋地域の多くの国の司法手続きは、公正な裁判のための国際基準を満たしていません。アフガニスタンの人権状況を担当する国連特別報告者は、事件を裁くためにタリバンが任命した人物の独立性と資格について、また、捜査当局と司法機関の癒着について、さらに、適正手続きの執行について、深刻な懸念を示しています。

バングラデシュ、インド、パキスタンでは、通常の裁判所ではなく、緊急事態法に基づき、あるいは特定の犯罪を裁く目的で設置された法廷で、死刑判決が言い渡されており、この際の審理は時に十分な時間をかけず行われています。バングラデシュでは、独立戦争（一九七一年）中に行われた人権侵害を審理するために設置された国際犯罪法廷で一四人が死刑判決を受けました。

一一月二九日、シンガポール国会は「死刑判決控訴後の申請に関する法案」を採択しました。これにより、通常の控訴手続きが終了した後の再審申請の要件が一層厳しいものとなり、死刑執行の停止を直前に訴える際の根拠や方法が制限されることになりました。

■欧州・中央アジア

□ベラルーシは、二〇二二年も死刑を執行したこの地域で唯一の国でした。
□カザフスタンは、すべての犯罪に対して死刑を廃止し、国連の死刑廃止条約を批准しました。
□ロシア連邦とタジキスタンは、死刑の執行停止措置を維持しました。
□ロシアは、欧州評議会から離脱し、死刑廃止に関する欧州人権条約第六議定書の締約国ではなくなりました。

欧州・中央アジアの特筆すべき動き

ベラルーシでは死刑執行が一件あり、二〇二二年末時点における同国の死刑囚は一人となりました。また、ベラルーシ当局は「テロ準備行為」に死刑を導入する法案を五月に採択しましたが、ベラルーシも加盟する市民的及び政治的権利に関する国際規約（自由権規約）は、第六条で死刑廃止を掲げ死刑の適用を「最も重大な犯罪」に制限するよう求めており、同法の導入は締約国としての義務に違反するものです。

カザフスタンでは、刑法と関連法において犯罪に適用する刑罰の一覧から死刑を削除する法案が前年一二月に成立し、法律として二〇二二年一月に施行されました。同国はまた、三月には市民的および政治的権利に関する国際規約（自由権規約）第二選択議定書（いわゆる死刑廃止条約）の留保なしの締約国になりました。さらに六月には、死刑廃止を明記した憲法改正が行われました。

■中東・北アフリカ

□この地域で確認された死刑執行数は前年比で五九％増加しました。

□この地域における死刑執行数の九四％をイラン（七〇％）とサウジアラビア（二四％）の二カ国が占めています。

□二〇一七年以来死刑執行のなかったクウェートとパレスチナ国が死刑執行を再開しました。

□この地域における死刑判決数はやや減少し、死刑判決を下した国は前年の一七カ国から一六カ国と微減しました。

中東・北アフリカ地域の特筆すべき動き

アムネスティが確認できた中東・北アフリカ地域の死刑執行数は、二〇二一年の五二〇件に対し二〇二二年は五九％増の八二五件と大幅に増えましたが、死刑判決数は二〇二一年の八三四件から八二七件へとわずかに減少しました。

中東・北アフリカ地域で死刑の執行があったのは、エジプト、イラン、イラク、クウェート、パレスチナ国、サウジアラビア、シリア、イエメンの八カ国でした。前年に死刑を執行したオマーンとアラブ首長国連邦では、二〇二二年には執行がありませんでした。

その一方で、クウェートとパレスチナ国では二〇一七年以来初めての死刑執行がありました。パレスチナ自治区ガザ地区を実効支配するハマスが、九月に五人を処刑（うち三人は殺人罪、二人はイスラエルに利するスパイ罪）したほか、クウェートは一一月に七人（エチオピア人女性一人、シリア人男性一人、パキスタン人男性一人、クウェート人男性四人）を処刑しました。

前年に比べ死刑執行数が減ったのは、エジプト（八三→二四）、イラク（一七→一一）、イエメン（一四→四）の四カ国でした。

アムネスティ・インターナショナルの調べでは、中東・北アフリカ地域の死刑執行総数八二五件は、二〇一七年以降で最多でした。二〇二二年に執行数が大幅に増えた背景には、イランとサウジアラビアでの増加があります。同地域での死刑執行数の九四％をイラン（七〇％）とサウジアラビア（二四％）が占めています。アムネスティが確認できたイランの死刑執行数（五七六件）は、前年の三一四件に比べ八三％も増えました。五七六件のうち、二七九件（四八％）が殺人、二五五件（四四％）が薬物関連の犯罪、二一件が強かん、一八件がモハレベ（神への敵意）、三件は罪状不明でした。また、公開処刑が二件、女性の処刑が一二件あったほか、一八歳未満で犯した罪により死刑判決を受けていた五人が処刑されています。イランにおける執行数の大幅な増加は、殺人罪と薬物関連犯罪に対する死刑執行の増加によるものです。殺人罪での死刑執行は、前年の一五九件から二七九件へと七五％もの大幅増になり、薬物関連犯罪では一三二件から二五五件へと九三％も増えています。さらに、イラン政府当局は、政治的弾圧の手段として死刑を利用し続けており、特に長年にわたり差別し抑圧してきた少数民族の人びとを処刑しています。

　サウジアラビアでは、公的報道機関であるサウジ通信社が、内務省発表に基づき二〇二二年の死刑執行数を一四八人（うち女性一人）だったと発表しました。一四八人のうち、八四人がテロ関連、三三人が殺人、二〇人が薬物関連、四人が強かんと誘拐、三人が強かん、強盗、薬物関連、一人が強かん殺人、一人が強かん、一人が強盗、暴行、殺人未遂、一人が強盗、強かん、拷問の罪に問われていました。また一四八人のうち一一二人がサウジアラビア国籍、残りは外国籍ということでした。その内訳は、エジプト（四人）、エチオピア（三人）、インドネシア（二人）、ヨルダン（三人）、ミャンマー（一人）、ネパール（一人）、ナイジェリア（二人）、パキスタン（三人）、パレスチナ国（一人）、シリア（六人）、イエメン（一〇人）です。

　その一方で、サウジアラビアの人権委員会は、死刑の適用に関わる情報の提供をアムネスティ・インターナショナルが求めたことを受け、二〇二二年の死刑執行数は一九六人だったと回答しました。一九六人という数字は前年六五人の三倍であり、過去三〇年間にわたりアムネスティ・インターナショナルの調査してきた中で最多の数字でした。サウジ人権委員会によると、処刑された一九六人のうち八五人がテロ関連、五七人が薬物関連の罪だということでした。薬物関連犯罪で五七人が処刑されたという回答があったことで、一時停止されていた薬物関連の処刑が再開されたことが明らかになったのです。同委員会によると、二〇二〇年以降、薬物犯罪での死刑執行を停止する措置が取られていたとのことです。

　いずれにせよ、サウジアラビアの死刑執行数は、二〇二〇年の二七件から二年連続で激増しており、三月には一日に八一人もが処刑されています。サウジアラビア人権委員会から提供された死刑執行数が、サウジ通信社が公表した数字よりはるかに多かったことから、死刑に関するサウジアラビア当局の扱いについて、アムネスティ・インターナショナルはその透明性に強い懸念を抱いています。

アムネスティ・インターナショナルが確認できた限りでは、中東・北アフリカ地域において二〇二二年に死刑判決を下した国は、イスラエル、モロッコ／西サハラ、オマーンを除いた一六カ国であり、二〇二一年の一七カ国よりわずかながら減少しました。地域の死刑判決総数八二七件のうち六五％にあたる五三八件がエジプト当局によるもので、五三八件のうち七件が薬物関連の犯罪、一三件が強かんなどの性犯罪に対するものであり、五三八件のうち四七件が女性に対する死刑判決でした。

二〇二一年と比較して死刑判決が増加したのは以下の7カ国です。

アルジェリア（九→五四）
バーレーン（〇→二）
エジプト（三五六→五三八）
クウェート（五→一六）
パレスチナ国（二一→二八）
サウジアラビア（八→一二）
チュニジア（三→二六）。

一方、死刑判決が大幅に減少したのは、イラク（九一→四一）、レバノン（一二→二）、ヨルダン（一一→四）、イエメン（二九八→七八）の四カ国でした。イランでも死刑判決が言い渡されたことは確認できましたが、性格な数字を示せるほどの情報は得られませんでした。また、二〇二二年に中東・北アフリカ地域で死刑からの減刑が二〇件、恩赦が七件あったことをアムネスティ・インターナショナルは確認しています。

■サハラ以南のアフリカ

□この地域の死刑執行数は前年より六七％減少し、死刑判決は二〇％減少しました。

□ソマリアと南スーダンの二カ国で死刑執行があったことが確認されましたが、前年より一件少ない数でした。

□この地域の死刑判決は一六カ国（前年比三カ国減）で言い渡されています。

□シエラレオネと中央アフリカ共和国ではすべての犯罪で死刑が廃止され、赤道ギニアとザンビアでは通常犯罪での死刑が廃止されました。

死刑廃止がすすむサハラ以南のアフリカ諸国では、二〇二二年も目覚ましい進展があり、死刑執行数、執行国数、死刑判決数のいずれでも大幅な減少を記録しました。また、シエラレオネと中央アフリカ共和国ですべての犯罪について死刑が廃止され、赤道ギニアとザンビアでも通常犯罪での死刑が廃止されました。

この地域の死刑執行数は、前年の三三件から一一件へと六七％減少しました。ソマリアと南スーダンで死刑執行がありましたが、地域全体での死刑執行数は二〇一七年以降で最も少ない数でした。前年に死刑執行があったボツワナでは二〇二二年には執行があったことは確認されず、ソマリアでは前年の二一件から六件へと大きく減り、南スーダンでも前年の九件から五件へと減少しています。

　地域の死刑判決数は、前年の三七三件から二九八件へと二〇％減少しています。二〇二一年に死刑判決があったカメルーン（四＋→〇）、マラウイ（一一＋→〇）、シエラレオネ（二三→〇）、ウガンダ（二＋→〇）で二〇二二年には死刑判決がなく、前年になかったニジェールで四＋件の死刑判決があったため、二〇二二年の死刑判決は前年から三カ国少ない一六カ国で言い渡されました。ケニアとナイジェリア（五六→七七）で死刑判決数が大きく増加したものの、以下に示す通り、多くの国で死刑判決が大きく減少したことが、判決総数が二〇％も減ったことにつながっています。

　ボツワナ（六→一）
コンゴ民主共和国（八一＋→七六＋）
エチオピア（＋→二＋）
ガンビア（三→九）
ガーナ（七→七）
ケニア（一四→七九）
マリ（四八→八＋）
モーリタニア（六〇→五＋）
ニジェール（〇→四＋）
ナイジェリア（五六＋→七七＋）
ソマリア（二七＋→一〇＋）
南スーダン（一〇＋→四＋）
スーダン（七＋→一＋）
タンザニア（＋→一一）
ザンビア（九＋→二＋）

　また、複数の国で死刑囚に対して減刑、恩赦、再審無罪判決があったことが確認されました。総計で二四〇件の減刑、六七件の恩赦があり、二七人の死刑囚が無罪となっています。減刑数で際立ったのは、ケニア（一二人）、マラウイ（二五人）、ナイジェリア（四八人）、シエラレオネ（一一七人）、ザンビア（三〇人）でした。ナイジェリアでは五六人の死刑囚が当局から恩赦を言い渡され、ケニアで二〇人、ジンバブエで五人の死刑囚が裁判所から無罪を言い渡されました。

　二〇二二年末の時点でのサハラ以南の死刑囚数は、少なくとも六、一六八人で、その五一％（三、一六七人）をナイジェリアが占めています。

　この地域では四カ国が二〇二二年に全面的または部分的に死刑を廃止しました。シエラレオネと中央アフリカ共和国はすべての犯罪で、赤道ギニアとザンビアは通常犯罪で死刑を廃止しました。シエラレオネでは二〇二二年四月二一日に同国の法律から死刑を削除する「死刑廃止法二〇二一」を公布しました。五月二七日には、中央アフリカ共和国の国民議会が死刑廃止法案を賛成多数で可決し、フォースタン・アーシャンジュ・トゥアデラ大統領が六月二七日に法案に署名しました。赤道ギニアでは、テオドロ・オビアン・グエマ・ムバソゴ大統領が八月一七日に刑法改正案に署名し、九月一九日にテオドロ・ンゲマ・オビアン・マンゲ副大統領が死刑を廃止したと発表しました。その結果、同国では刑法からは死刑規定がなくなりましたが、軍法では軍事司法法典に死刑の規定が残っています。ザンビアでは一二月二三日、ハカインデ・ヒチレマ大統領が、死刑の廃止を定めた刑法改正案に同意し、同国の刑法では死刑が廃止され終身刑に置き換えられました。しかし、軍法に背いた行為への対応として国防法の下では死刑制度は維持されています。

5　おわりに

二〇二一年に死刑執行を再開した日本は、二〇二二年には新たな死刑判決を言い渡すことはなかったものの、一人を処刑しました。死刑執行を粛々と毎年度必ず行うことに固執し続ける日本政府は、近年は再審請求中でも死刑を執行してしまうようになり、それが常態化してしまっています。刑事司法手続きのひとつである再審請求の手続きが完了していないのに死刑を執行してしまうことは、行政官である法務大臣が司法に介入し、公正な刑事司法手続きを完了することを妨げ、司法手続きを完了させないままに人を殺してしまうということです。法治国家を標榜するのであれば、決して許されない所業だと言わざるを得ません。

日本は「死刑に直面している者の権利の保護の保障の履行に関する国連決議」（一九八九年第四四回国連総会）の採択の際に賛成票を投じました。しかし、この国連決議が求めている「死刑に直面している者の権利保障」を制度化していない日本政府は、自らが賛成したこの国連決議に違反しています。そればかりか、この決議が遵守しなければならないと定めている多くの権利保障のひとつである「再審理を受ける権利」を、日本政府は恣意的かつ積極的に奪っているのです。

さらに、「市民的及び政治的権利に関する国際規約」（いわゆる「自由権規約」）六条は「六　この条のいかなる規定も、この規約の締約国により死刑の廃止を遅らせ又は妨げるために援用されてはならない。」と定めています。日本政府は「世論の動向に関わらず死刑の廃止に向けた措置を講ずるよう」国連人権機関から再三にわたる勧告を受けています。しかし、日本政府はその勧告をひたすら無視し続けています。

国民の大多数が「死刑もやむを得ない」と世論調査で回答していることを、日本政府は死刑制度を維持し続ける理由として挙げています。しかし、同じように国民の大多数が賛成している選択的夫婦別姓制度の採用を政府は頑なに拒み続けていますし、国民の大多数が反対した消費税導入と複数回にわたる消費税増税や安倍元総理大臣国葬を強行しました。世界の潮流に逆らって死刑制度を維持し、毎年少なくとも数件の死刑執行を行うことに固執し続ける日本政府は、死刑制度という手段を維持することによって何を目指しているのでしょうか。

日本における死刑制度の将来を考えるためには国民的な議論が必要であると法務省も認めていますが、事実に基づいて議論を行うためには正確な情報が必要なのに、死刑制度の運用に関する情報を法務省は明らかにしようとしません。しかし、そもそも国民が議論することによって、死刑制度を堅持しようとする日本政府の意図や目的が明らかになることはないでしょう。

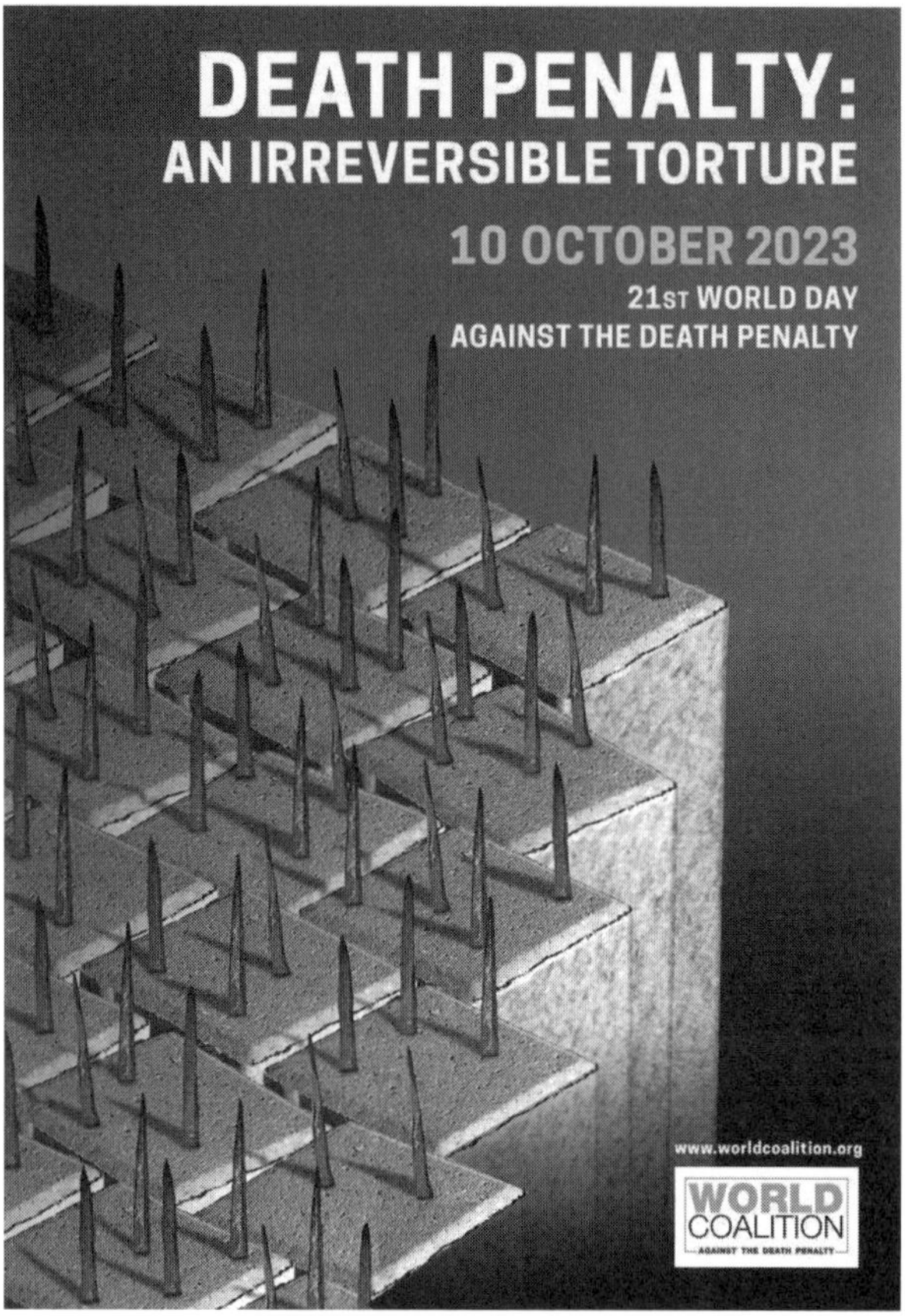

世界死刑廃止連盟（WCADP）の、2023年の世界死刑廃止デーのポスター。「死刑　不可逆的な拷問」

死刑制度だけに限ったことではありませんが、日本政府が人権保障を遵守する政府となるためには、国際法や国際基準に則って国内法や刑事司法手続きの規定を整備し運用していくことが必要です。これからも、このことを多くの人々に知っていただくための努力と、議員や為政者に対する効果的なはたらきかけを、引き続き粘り強く続けていきたいと考えています。

（図表はアムネスティ・インターナショナル日本からの提供によるものです。

この論稿は筆者個人の意見を記したものであり、その所属する組織の方針やポリシーを必ずしも代弁するものではありません。）

死刑をめぐる状況

2022―2023

死刑判決・無期懲役判決（死刑求刑）一覧

□は死刑判決
▽は無期懲役判決（死刑求刑）
△は有期刑判決（死刑求刑）
◇はその他の判決

菊池さよ子
救援連絡センター

□三月九日東京高裁（細田啓介裁判長）

川崎市老人ホーム三人殺人事件で控訴棄却・死刑判決

二〇一四年一一月から一二月にかけて川崎市の老人ホームで入所者三人（八七歳男性、八六歳女性、九六歳女性）が相次いで転落死した事件で、殺人の罪に問われた、元職員・今井隼人さん（二九歳）に対し、死刑を言い渡した一審判決を支持し、被告側の控訴を棄却する判決を言い渡した。

判決によると、今井さんは当時、勤務していた川崎市の老人ホームで、入所者二人を四階のベランダから、一人を六階のベランダから転落させ、いずれも殺害したとされている。防犯カメラなどの直接証拠がない中、神奈川県警は、状況証拠を積み上げ、三人が転落した時間帯に勤務していた被告の犯行と断定。二〇一六年二月、逮捕に踏み切った。

被告は、逮捕直後には関与を認めていたが、裁判が始まると、一転して無罪を主張。

一審の横浜地裁は、一八年三月、捜査段階での自白の信用性を認めた上で、「人間性の欠片も窺えない冷酷な犯行態様」として死刑判決を言い渡し、被告側が控訴していた。

東京高裁は、一審と同様に、自白の信用性を認定。動機についても「日々の業務の鬱憤を、入所者の言動を契機に高じさせた」と指摘。「被害者は三人にものぼり、殺意は強固で、老人ホームの職員である立場を利用した犯行の悪質性は際立っている」「極刑をもっ

2022年死刑判決

判決日	裁判所	裁判長	被告	現在
3月9日	東京高裁	細田啓介	今井隼人	上告審

て臨むことはやむを得ない」として被告側の控訴を退けた。

今井さんは上告したが、その後二三年五月に自ら上告を取り下げ、死刑が確定した。

▽三月一七日東京高裁（大善文男裁判長）

新潟女児殺人事件で控訴棄却・無期懲役判決

新潟市で二〇一八年、下校途中だった小学二年の女児（当時七歳）を殺害したとして、殺人や強制わいせつ致死などの罪に問われた小林遼さん（二七歳）に対し、無期懲役とした一審判決を支持し、検察側、弁護側双方の控訴を棄却した。検察側は死刑を求めていた。

判決は「抵抗できない弱者を狙った無差別的な事件で、残虐だ」とした一方で、犯行はわいせつが目的で、確定的な殺意があったとまでは認められず、計画性もなかったとして「極刑がやむを得ないとは言えない」とした。

判決によると、小林さんは二〇一八年五月七日、新潟市内の路上で女児に背後から車をぶつけて連れ去り、わいせつな行為をした後、首を絞めて殺害。遺体をJR越後線の線路に放置し、列車にひかせて損壊したとされる。

弁護側は、わいせつ行為の一部を否定し「殺意はなく、傷害致死罪にとどまる」として有期刑が相当と主張したが、判決は「女児の生前にわいせつ行為をしたと認めた捜査段階の供述は信用できる」と指摘。車内で女児を気絶させるため、首を絞めた際に「死に至る危険性があると十分認識していた」と殺意を認めた。

裁判員裁判で審理された一九年一二月の一審新潟地裁判決も、殺意やわいせつ行為を認定した一方で、犯行の計画性を否定し、無期懲役としていた。

この判決に対して、被告は上告したが、検察は上告せず、死刑判決はなくなった。

▽一一月一八日新潟地裁（佐藤英彦裁判長）

新潟女性殺人で無期懲役

新潟県新発田市で二〇一四年、女性会社員（当時二〇歳）の車に乗り込み、わいせつ行為をした上で殺害したとして、殺人や強制わいせつ致傷などの罪に問われた喜納尚吾さん（三九歳）に対し、無期懲役（求刑死刑）の判決を言い渡した。

判決は「死刑になった同種事案と比べて悪質性が突出しているとは言えない」とした。

喜納さんは別の女性への強姦致死罪などで無期懲役が確定。服役中の二〇年二月に逮捕された。無期懲役の判決確定後、別の事件で同じ刑を言い渡されるのは異例である。

弁護側は、女性は自殺か事故で死亡した可能性があると主張したが、判決は、被告と面識がない女性の車のハンドルから被告と女性の混合DNA型が検出されたほか、遺体発見現場付近で被告に似た人物を目撃したとする証言も信用性が高いと指摘。「被告が犯人であることは間違いないと認められる」とした。

その上で、判決が確定した強姦致死事件に触れ、女性を襲う性犯罪を繰り返しており「常習性があり反省も見られない。結果は誠に重大だ」とした。

一方で「わいせつ目的の殺人で被害者が一人の場合、多くの判決で無期懲役としている」とし、被害者が一人で死刑判決を言い渡された事件と比較しても悪質性が突出しているとは言えず「同列にできない」として死刑を回避した。

判決によると、被告は一四年一月、新発田市内で女性の車に乗り込み、わいせつな行為をして約一週間のけがを負わせ、何らかの方法で殺害したとされる。

被告は一三年八～一二月に女性四人をわいせつ目的で襲い、そのうち一人を死亡させた他、一四年六月に勾留質問中に新潟地裁から逃走を図ったとして一八年に無期懲役が確定、二〇年二月に新潟県警が逮捕するまで岐阜刑務所で服役していた。

▽一一月二九日大阪地裁（坂口裕俊裁判長）
父と弟殺人事件で無期懲役判決

堺市で二〇一八年、がんや糖尿病を患っていた父親にインスリンを過剰に投与して死亡させ、弟を練炭自殺に見せかけて殺害したとして殺人罪などに問われ、死刑を求刑された無職足立朱美さん（四八歳）に対する裁判員裁判で、無期懲役判決。

判決は「一定の計画に基づく巧妙な犯行で、二人の命を奪った結果は重大」とした。一方で同種事件の死刑判決と比べて悪質性が高いとまでは言えず「生涯をかけて罪と向き合うべき」として死刑を回避した。

判決によると、一八年一月、堺市中区の実家で父（当時六七歳）にインスリンを過剰に投与し、低血糖脳症に陥らせ、同六月に死亡させた。弟（当時四〇歳）が投与したとする遺書を作成し、犯人に仕立て上げて同三月、弟に睡眠薬を飲ませ、練炭を燃やして一酸化炭素中毒死させたとされる。

弁護側は、被告には家族殺害の動機がなく、犯人ではないと無罪を主張。

判決は、スマートフォンの位置情報に加え、スマホやパソコンで「低血糖」「一酸化炭素」「死亡」と何度も検索し、遺書の作成記録や練炭の購入履歴もあったことなどから被告による犯行と認定した。

父親殺害の動機は「不明」としつつ、最初のインスリン投与から父親が意識を取り戻して退院した直後、被告は再び投与し、消防に通報するまで七時間以上、苦しむ父親を放置したとした。弟については自身の関与の発覚を免れるために殺害したとして「生命軽視の程度は大

最近の死刑判決と執行数

年	地裁判決数	高裁判決数	最高裁判決数	新確定数	執行数	病死等	確定者総数
1992	1	4	4	5	0	0	56
1993	4	1	5	7	7	0	56
1994	8	4	2	3	2	0	57
1995	11	4	3	3	6	0	54
1996	1	3	4	3	6	0	51
1997	3	2	4	4	4	0	51
1998	7	7	5	7	6	0	52
1999	8	4	4	4	5	1	50
2000	14	6	3	6	3	0	53
2001	10	16	4	5	2	0	56
2002	18	4	2	3	2	0	57
2003	13	17	0	2	1	2	56
2004	14	15	13	15	2	1	68
2005	13	15	10	11	1	0	78
2006	13	15	16	20	4	0	94
2007	14	14	18	23	9	1	107
2008	5	14	8	10	15	2	100
2009	9	9	16	18	7	4	107
2010	4	3	7	8	2	2	111
2011	9	2	22	24	0	3	132
2012	3	4	9	10	7	0	135
2013	4	3	6	7	8	3	131
2014	2	8	6	6	3	5	129
2015	4	1	3	3	3	1	128
2016	3	4	6	6	3	2	129
2017	3	0	3	3	4	4	124
2018	4	2	2	2	15	0	111
2019	2	3	3	3	3	0	111
2020	3	0	1	3	0	4	110
2021	3	2	2	4	3	3	108
2022	0	1	0	0	1	0	107

12 月末現在。確定者数は確定判決時。上訴取下げの場合は取下げ時。執行停止中を含む。

きい」、殺害後も弟の妻を中傷する文書をばらまいて「遺族に追い打ちをかけた」とした。

◉二〇二二年の判決をふりかえって

二二年の死刑判決は地裁でゼロ、高裁で一人に対してあったが、最高裁ではゼロ。新たな死刑確定者はゼロだった。

高裁で死刑判決を受けた今井隼人さんは今年五月に上告を取り下げたために死刑が確定した。

地裁と最高裁で死刑判決がなかったことは画期的なことである。ここ数年死刑判決は減少傾向が続いているが、二二年は極端に減少した。

実はこの原稿を書くにあたって、死刑判決と死刑求刑事件の見落としがあるのではないかと思って、何度も調べてみたが、死刑判決は高裁で一人に対してあっただけである。

さらに死刑求刑が地裁で二人に対してあった（いずれも判決は無期懲役）だけで、死刑求刑事件が急激に減ったことに驚いている。このことをどう考えたら良いのだろうか。

検察が死刑を求刑しなくなったのか、死刑を求刑するような事件が減ったのか。現時点で結論を出すことはできないが、どう見てもいわゆる凶悪事件が減っていることは確実だ。

死刑廃止の世論は死刑求刑されるような事件がなくなることで加速されると思う。

法務省や検察庁が死刑求刑基準を変えたとは思えないので、今の状況は死刑廃止への軟着陸が可能な状況に近づいているとも思える。

しかし一方では、戦争のきな臭さが強まり、岸田政権は対中国・朝鮮への非難を強め、敵基地攻撃能力だの軍事費の増大だのと戦争準備を着々と進めている。

戦争と死刑は両輪の関係にあると思う。過去の歴史を見れば、戦争に突き進む時代は、戦争に反対する人々に対しての死刑攻撃も強まる。

今の時代こそ、戦争反対・死刑廃止を声を大にして訴えていく時だと思う。

死刑執行を阻止しよう

二二年七月二六日、古川禎久法相（当時）の命令で、東京・秋葉原で〇八年に起きた無差別殺傷事件で死刑が確定した元派遣社員加藤智大さん（三九歳）の死刑が執行された。

加藤さんは〇八年六月八日、歩行者天国にトラックで突っ込んだ後、通行人らをダガーナイフで次々に刺し、七人が死亡、一〇人が負傷したとされる事件で死刑が確定していた。

岸田政権では二一年一二月以来で、二回目である。

静岡地裁で再審が開始されようとしている袴田巖さん（八六歳）を除く収容中の死刑確定者は二二年末時点で一〇六人である。

二二年一一月九日、当時の葉梨康弘法相が、岸田派議員の会合で「法相は死刑（執行）のはんこを押す。ニュースのトップになるのはそういうときだけという地味な役職だ」などと発言して、更迭されたこともあり、年末の死刑執行はなかった。

二三年は今のところ死刑執行はない。死刑判決の減少と死刑執行なしの状態が続くことを願う。

今、死刑をめぐる裁判が広がっている。再審請求中の死刑執行は違憲である。現行の死刑執行方法が残虐であり、死刑の事前告知がなされないことも違憲であるとする裁判である。国連の人権規約委員会からも日本の死刑制度に対して厳しい勧告が出されている。

世界の死刑廃止の流れの中で、日本が死刑執行をくりかえすことは政治的にも経済的にも大きな壁となっている。国際世界で孤立するのは当然だ。

日本政府と法務省に対し、これ以上の死刑を執行するな、ただちに死刑廃止にむけて動きだすよう、働きかけていきたい。

死刑のない社会、戦争のない社会をめざしていきたい。

死刑をめぐる状況　2022―2023

死刑廃止運動にアクセスする

廃止運動団体・フォーラム・ネットワークなど

新たに寄せられた自己紹介文を掲載しています。団体の自己紹介のないものに関しては前号あるいは前々号を参照して下さい。今後も全国各地の情報をお寄せ下さいますようにお願いします。

救援連絡センター

機関紙➡『救援』月刊。年間購読料＝開封四五〇〇円、密封五〇〇〇円。協力会費＝月一口一〇〇〇円（一口以上）

住所➡〒105-0004　東京都港区新橋二―八―一六　石田ビル五階（ＪＲ新橋駅日比谷口ＳＬ広場から徒歩三分）

TEL➡03-3591-1301　FAX➡03-3591-3583

E-mail ➡kyuen2013@gmail.com

HP➡http://kyuen.jp/

郵便振替➡00100-3-105440

アムネスティ・インターナショナル日本 死刑廃止ネットワーク東京

アムネスティ・インターナショナル（ＡＩ）は、一九六一年に発足した国際人権ＮＧＯで、世界のすべての人が世界人権宣言や国際人権規約が規定された人権を享受できるよう啓発活動をしています。現在、世界二〇〇カ国で一〇〇〇万人以上がアムネスティの運動（人権問題の調査と発表、人権侵害の糾弾、人権教育、キャンペーン、政策提言等）に取り組んでいます。

アムネスティ日本は、一九七〇年に設立され、世界中の様々な人権侵害事案の日本国内での啓発と署名活動、日本の人権問題の糾弾と世界への発信などに携わっています。具体的には、政治的意見や信念、人種、宗教などを理由に逮捕・拘禁されている人々の釈放、あらゆる差別の廃止、死刑廃止、難民・移民の保護、表現・結社・平和的集会の自由、紛争下の人権侵害、拷問撲滅など多岐に渡ります。

ＡＩは一九七七年に、死刑に対して全面的かつ無条件に反対することを宣言し、毎年死刑に関する世界統計を発表しています。日本の死刑制度の廃止は、アムネスティ日本にとっても最も重要なテーマです。ボランティアが中心となり、「死刑廃止を考える」入門セミナー、死刑執行時の抗議活動、死刑廃止啓発イベントを実施しています。

二〇二二年
入門セミナー　六回（三、五、七、八、九、一二月）
七月一六日「死刑廃止を考える」オンライン講演　佐藤大介（共同通信社編集委員兼論説委員）

連絡先➡公益社団法人アムネスティ・インターナショナル日本　東京事務所
住所➡〒101-0052　東京都千代田区神田小川町二―一二―一四　晴花ビル七階
TEL➡03-3518-6777　FAX➡03-3518-6778
死刑廃止ネットワーク東京チーム　email: adp-team@amnesty.or.jp

死刑廃止国際条約の批准を求めるフォーラム90（フォーラム90）

一九九〇年春、前年国連で「死刑廃止国際条約」が採択されたのを機に、アムネスティ・インターナショナル、死刑執行停止連絡会議、ＪＣＣＤの三団体が、条約批准を求める運動を通して全国の廃止論者を顕在化させるフォーラム運動を呼びかけた。賛同人は全国で約五〇〇〇人。

◎二〇二二年は以下の行動を行った。
一月二六日　死刑執行抗議集会　岩井信、村木一郎、片岡健、安田好弘（衆議院第2議員会館）
二月一二～一八日、第11回死刑映画週間（ユーロスペース）。
五月一九日　死刑制度を考える議員と市民の対話集会　衆議院議員会館
七月二六日　死刑執行抗議の記者会見
七月下旬～一一月二五日　死刑廃止国際条約の批准を求める請願署名運動
八月一八日　古川禎久法相の死刑執行に抗議する緊急集会　雨宮処凛、香山リカ、太田昌国、安田好弘
一〇月九日　響かせあおう死刑廃止の声２０２２「死刑囚最後の声を聞く」朗読＝確定死刑囚アンケートから　星陵会館
一〇月一四日～一六日　死刑囚表現展２０２２　松本治一郎記念会館
一二月四日　齋藤健新法相の地元で死刑制度を考える集会　セレーナおおたかの森
一二月初旬「死刑廃止国際条約の批准を求める請願」を衆参両議院議長へ提出

◎協力したものとして
一月二二日～一二月三一日　死刑囚絵画展、アル・サン・ピエール美術館
五月七日～一五日　死刑囚の絵展　広島カフェテアトロアビエルト

◎フォーラム90のニュースレターは隔月で毎号四〇〇〇部発行、二〇二三年九月末で一八七号。年間五、六号刊行している。なおＰＤＦ版配信もあります。
ホームページ内にある死刑廃止チャンネルには集会、映画週間のトークショーなどの動画を掲載している。また二〇二〇年七月以降の集会はネットで同時配信をしている。

住所➡〒107-0052 東京都港区赤坂二―一四―一三 港合同法律事務所気付
TEL➡03-3585-2331 FAX➡03-3585-2330
HP➡http://www.jca.apc.org/stop-shikei/index.html
死刑廃止チャンネル➡http://forum90.net/

◎ユニテ

一、今後の方針

死刑確定者の生命を救えないようでは、「ユニテ」の存在価値はなく、そこで「ユニテ」では、せめて執行まで「死刑囚の自由拡大を!」を基本理念とし、今後の活動に邁進していく所存である。

郵便振替➡00190-0-77306「ユニテ」

◎被拘禁者更生支援ネットワーク 麦の会

住所➡〒359-0023 埼玉県所沢市東所沢和田一―二六―三一 聖ペトロ・パウロ労働宣教会内 麦の会事務局
TEL・FAX➡04-2945-0510
E-mail➡wakainet@gmail.com

◎監獄人権センター(CPR)

刑事施設などの人権状況を国際水準に合致するよう改善していくこと、死刑制度の廃止などを目的に一九九五年に設立。

中心的事業である被収容者からの手紙相談は、二〇二二年中、約一二〇〇件が寄せられ、ボランティアが随時対応しています。

三月三日に「刑事施設等における新型コロナウイルス感染症(COVID-19)のさらなる感染拡大防止を求める声明」を

発表しました。

四月より、元受刑者や受刑者家族、支援者らがパーソナリティを務めるラジオ番組「刑務所ラジオ」の放送を、府中市のラジオフチューズで開始しました(毎月第二月曜日夜十時から放送、無料アプリで全国から聴取可能)。

七月二十六日の古川禎久法務大臣による死刑執行に対しては抗議声明を発表し、七団体共同で抗議記者会見を行いました。死刑確定者がカメラ室に収容され二四時間監視されている人権侵害について大野鉄平事務局長が調査し、八月二十三日に国際人権連盟(FIDH)と共同声明を発表。日本政府に対して死刑確定者の独居監禁とビデオ監視を廃止するよう要請しました。

十一月九日に国際人権連盟(FIDH)との共同声明「国連機関は死刑確定者の置かれる状況を非難し、死刑廃止に向けて前進することを要求」を発表しました。年四回発行の機関誌『CPRニュースレター』は、死刑確定者から要望があれば、親族、代理人等を通じて毎号送付しています。

郵便送付先：〒160-0022　東京都新宿区新宿二－三－十六　ライオンズマンション御苑前七〇三

TEL・FAX：03-5379-5055

HP：prisonersrights.org

HP➡prisonersrights.org

◯東京拘置所のそばで死刑について考える会（そばの会）

そばの会は今年も毎月一回、綾瀬駅前で黙々と「死刑について考えてみませんか」のビラを配り続けています（大体第三土曜日の午後四時からですが、日程が変更になる月もあるので、「行ってみようかな」と思われる方はHPでご確認ください）。

今回特筆すべきは、昨年（二〇二二年）一〇月二四日の東京新聞「こちら特報部」で「そばの会」の活動が報道され、それを読まれた方が「死刑問題には関心があるが、なかなか話し合える人がいなくて」と、直接ビラまき現場を訪ねて、そのまま参加してくださったり（それも一人ではなく何人も）、ずっと以前に参加していたけれど、しばらくご無沙汰だった仲間が復帰してくれたりと、顔ぶれが多彩になったことです。新聞報道の力ってすご

拘置所のそばで死刑考える

「わたしたちの身近に「死刑」があります。立ち止まって、いっしょに考えてみませんか」―。死刑を執行する刑場のある東京拘置所近くのJR綾瀬駅周辺で毎月一回、死刑制度について書いたビラを配っている人たちがいる。「東京拘置所のそばで死刑について考える会」（そばの会）。今年五月に活動開始から二十五年を迎えた。「死刑制度について考えることは、人権を考えること」とメンバーは話す。（大杉はるか）

今月十五日夕。そばの会の七人は、道行く人にビラを差し出していた。この日のビラの内容は、二〇〇八年十月に無実を訴えながら死刑を執行された「飯塚事件」の久間三千年さんについて。死刑確定からわずか二年で執行されたことや、状況証拠のDNA鑑定に誤りが判明していたことなどを伝え、「誤判による死刑執行という取り返しのつかないリスクがある」と死刑制度を紹介した。

書いたのは、七年ほど前から参加している介護職小川真理子さん。「飯塚事件一つで、死刑は廃止になるべきだったと思う。死刑について知ってもらわないと変わらない」と話す。

会が発足したのは一九九七年五月。受刑者組織の獄中者組合に関わっていた平野良子さんらが始めた。受刑者と知り合い、死刑制度をなくすべきだと考えるようになったことがきっかけという。メンバーは入れ替わりはあるが、現在十人ほど。七年ほど前から活動する軽部哲雄さんは「死刑廃止を実現させたいという思いで集まった」と話す。

制度廃止を願って　ビラ配り25年

街頭では死刑反対と叫ぶことはせず、ビラは黙って配る。のぼり旗一本を立てるだけだ。「死刑反対の願いはしていないが、ビラを読めば反対と分かる。最初のころは、捨てられたビラを拾い集めなければならなかった。だんだん認知されるようになり、励ましてくれる人も出てきた」と平野さんは振り返る。

地味な活動スタイルもあってか、ビラに手を伸ばす人は少ない。「一切関わりたくないと、閉じてしまっている感じがする」とメンバーの女性。それでもときには、ビラを受け取りすぐに読み出す若い母親、声をかけてくる中学生もいる。

ＪＲ綾瀬駅前でビラを配る「そばの会」メンバー＝東京都足立区で

二十年以上前から参加している介護職の吉川壮一さんは、故・松下竜一氏のノンフィクション「汝を子に迎えん」（河出書房新社）を読み、死刑制度に疑問を持つようになった。「生きて償いたいという人もいるはず。死刑はなくすべきだ」と考える。周囲には「自分の子どもが被害者になることを考えると、死刑反対とは言えない」という人もいて、日常生活で深く議論することの難しさを感じる。「自己責任という考えが広がり、社会の寛容性がなくなっているのでは」と吉川さんは指摘する。

「犯罪に追い込むものは…」社会に問いかけ

会では夏と冬に東京拘置所を訪れ、被告人と面会もしている。平野さんは「死刑になりたかったという理由で罪を犯す人もいる。そうだとすれば、そこまで追い込んだものは何か。犯罪を選ばせる社会はおかしくないのか」と問いかける。

死刑廃止を見ないまま他界したメンバーもいるという。「九一年に（国連の）死刑廃止条約が発効し、日本の批准も早いだろうと思っていた。まさか二十五年も活動することになるとは」と平野さん。七十代後半になり、こんな思いが去来する。「私が生きているうちに、死刑は廃止されるのでしょうか」

毎月配ってきたビラは、今年十二月に三百号に達する。死刑制度の問題について詳しく解説されており、「そばの会」のウェブサイトで読むことができる。

い！　と今更ながら驚きました。

道行く人たちのビラに対する反応は依然として芳しくありませんが、時折り出会う励ましの声こそが、私たちの元気の源です。

八月中旬現在、昨年七月から一年間死刑執行がありません。この状態が長く続くことを願って、今月も私たちは綾瀬駅前に立ちます。

【二一年一〇月～二三年八月のビラのタイトル】10月「冤罪が疑われながら死刑執行『飯塚事件』」、11月「国連『死刑廃止条約』の実現を今こそ！」、12月「加藤智大さんと死刑囚表現展」、23年1月「映画『楢山節考』から死刑を考える」、2月「生命の重さ」、3月「目には目を、歯には歯を？」、4月「和歌山カレー事件の林眞須美さんは本当に犯人？」、5月「19歳からの償いの道　永山則夫さんとH・Mさんのこと」、6月「私たちすべての人は、生きるよう守られています」、7月「TBS報道特集『死刑と無期懲役のはざまで』を見て、死刑について考えました」、8月『死刑でいいです』と言った少年」

住所➡〒116-0003　東京都荒川区南千住一―五九―六―三〇二

HP➡http://sobanokai.my.coocan.jp/

死刑をなくそう市民会議

「死刑をなくそう市民会議」は、「国の内外を問わずあらゆる分野の市民が死刑廃止の意味と目的についての理解を深め、すべての人間の生命権を重視する死刑のない民主主義社会の即時実現に向けて」（設立趣意書）、二〇一九年六月一日に設立されました。

現在の活動としましては、月に一回運営委員会を開催（オンラインとの併用）。その運営委員会の下に各種の小委員会を設置し、二〇二二年八月からの活動としては、「市民会議ニュースの発行」、「市民会議セミナー」を実施してきました。

その他、市民会議のX（旧Twitter）を活用し、死刑に関する状況など死刑問題に関する各種の情報も発信しています。

このようなセミナーなどの活動を通じさらにみなさまと一緒に活動を広げていきたいと思っております。

★二〇二二年八月からの主な活動
・毎月一回運営会議
・二〇二二年八月一七日　オンラインセミナー「私たちが望むのは死刑のない社会」
・九月市民会議ニュース8号発行
・一一月オンラインセミナー「死刑報道とメディア」
・二〇二三年四月市民会議ニュース9号

発行
住所：〒101-0052 東京都千代田区神田小川町三―二八―一三―八〇七
Email：siminkaigi@ccacp.jp
ホームページ：http://ccacp.jp/
twitter：https://twitter.com/ccacp_japan
口座記号番号：00250-0-89868

日本カトリック正義と平和協議会「死刑廃止を求める部会」

日本カトリック正義と平和協議会（正平協）は、キリストの教えにもとづいて社会問題に取り組むカトリック教会の組織です。その一部会として「死刑廃止を求める部会」は、死刑廃止運動にかかわる方々をつなぐネットワークをめざし、死刑廃止運動を促進する活動（祈りの集い・講演会・小冊子の作成・ニュースレターの発行）をしています。

現代のカトリック教会は福音の光のもとに、死刑は許容できない刑罰であるということをはっきりと教えています。教皇フランシスコは全世界の人々に対し、二〇二二年九月の一か月間を、「人間の尊厳を侵害している死刑制度がすべての国で法的に廃止される」ために祈るよう呼びかけました。

二〇二二年も引き続きコロナの影響が大きく、イベント類は主にオンラインでの実施となりました。三月二一日には映画『教誨師』の佐向大監督と教誨師のハビエル・ガラルダ神父の対談を、一〇月一一日には韓国で死刑違憲訴訟を闘うキム・ヒョンテ弁護士の講演会を開催しました。いずれも動画をYouTubeで公開しています。

ニュースレターは、四月一七日に第18号を、一〇月四日に第19号を発行しました。また、八月には『「わたしはだれの死をも喜ばない。お前たちは立ち帰って、生きよ」（エゼキエル18・32）―カトリック教会と死刑廃止―』と題した小冊子を発行しました。

日本政府に対しては、七月二六日の執行抗議声明のほか、一〇月一〇日の世界死刑廃止デーおよび一二月一〇日の世界人権デーに際し、死刑執行停止を求める要請文を発出しました。

当部会への参加を希望される方は、正義と平和協議会までご連絡ください。会費等は不要、カトリック信者でない方の参加も歓迎です。

住所➡135-8585 東京都江東区潮見2-10-10
Tel➡03-5632-4444 Fax➡03-5632-7920
HP➡https://www.jccjp.org/
E-mail➡jccjp@cbcj.catholic.jp
郵便振替➡00190-8-100347「カトリック正義と平和協議会」

死刑廃止フォーラム.inなごや

死刑廃止フォーラムinなごやは、COVID-19禍のため約三年間活動を休止していました。

二〇二三年になって、COVID-19もやや下火になり、活動を再開しました。

二〇二三年度の活動は以下の通りです。

1、例会開催

二〇二三年四月一七日（月）、五月一二日（金）、六月九日（金）、七月七日（金）、八月四日（金）

　毎月一回開催、今後の活動計画などを話し合っている。

2、サマーセミナーに講師として参加

　全国的にも珍しい、多くの有名な講師の方以外に市民や高校生自身も講師として参加するセミナー。毎年夏休みの最初の頃に開催。今年は三日間にわたって開催しました。主に私学高校の先生方が実行委員として主催する、私たちは講師として参加しました。

二〇二三年七月一五日（土）

・テーマ「死刑廃止を考える」
・参加者約三〇名
・講師四名で参加（参加は六名）
・死刑廃止を巡っての問題点を四名交代で講演した。

その結果

【講演会当初のアンケート】

死刑に賛成　七名
死刑に反対　六名
どちらとも言えない　多数

【講演後のアンケート】

死刑に賛成　〇名
死刑に反対　一九名
どちらとも言えない　一〇名

　ここから、死刑制度の問題点を知ることにより、死刑廃止の意見が増えることがわかった。

3、今後の企画・講演会

　今後、死刑廃止デー講演会、来年には朗読劇を主催する予定。

住所➡〒461-0023　名古屋市東区徳川町一三一〇　稲垣法律事務所

「死刑を止めよう」宗教者ネットワーク

発足の経緯

　イタリアの聖エジディオ共同体が主催した死刑廃止セミナー『生命のために連帯を』（二〇〇三年五月、東京・四谷）に参加した宗教者が、「死刑の執行を停止させ、死刑についての議論を広く行い、命について考える機会をできるだけ多く設けよう」という目的のもと、①情報交換や共同行動を行う、②一年に数回集会を行うことを目指して、二〇〇三年六月、超教派のネットワークを発足しました。

私たちの考え

　私たちは各宗教に共通する「命を大切にする価値観」に基づき、死刑に関わるさまざまな方々（死刑囚、被害者遺族、刑務官、教誨師など）のお話から学んで、死刑について次のように考えています。

◇

・どんな人の命も人の手で奪うことは許されないと考えます。
・どんな罪を犯した人であっても、悔い改める可能性があり、その機会を奪うことはできないと考えます。
・被害者の癒しは応報的な刑罰によってではなく、被害者への心理的・社会的支援に向けた努力によってなされるべきだと考えます。

・犯罪は、力によって押さえ込むのではなく、罪を犯した背景を考え、更生を社会全体で支えていくことによってこそ、抑止できると考えます。

◇

【私たちの主な活動】

1　月に一度の定例会。定例会は、この会の執行機関として、役員、会員が参加する。

2　死刑制度について考える「死刑廃止セミナー」を開催する。

3　死刑を執行された人とその家族、被害者とその遺族、執行を待つ死刑囚、えん罪と闘う死刑囚、死刑執行にあたる刑務官など、死刑に関わるすべての人に想いをはせて祈りをささげる「死刑執行停止を求める諸宗教による祈りの集い」を開催する。

【二〇二二年の活動】

毎月の定例会議は、主にZoomを使用して行いました。

七月一二日　第32回死刑廃止セミナー「是処青山―在日韓国人政治犯が行き着いた所は」

会場：カトリック大阪大司教区本部事務局（オンライン配信併用）

講師：李哲（イ・チョル）さん（在日韓国人2世、元冤罪死刑囚）

一二月六日　死刑執行停止を求める諸宗教による祈りの集い２０２２

会場：日本聖公会大阪聖愛教会（オンライン配信併用）

内容：各宗派・団体からの祈りとメッセージ、オルガンコンサート、献灯

住所➡〒102-0083 東京都千代田区麹町6-5-1-4F　イエズス会社会司牧センター気付

Facebook➡h ttps://www.facebook.com/shikei.tomeyou

E-mail➡shikei.tomeyou@gmail.com

死刑廃止を求める京都にんじんの会

京都での三回目の死刑映画週間の上映会を延期したまま、活動を再開できないでいます。京都では外国からの観光客も増えており、映画館にも人が集まりやすくなるかと期待しましたが、なんと、上映会を行う予定だったミニシアターが九月末で閉館します。人出が戻っていない、ということでしょう。

当会も、どのように活動を続けていけるかわかりません。

（京都にんじんの会　大道寺ちはる）

キリスト者死刑廃止ネットワーク

二〇二〇年一〇月に、キリスト教界内へ向けて死刑制度の情報を共有し、話し合い、考えるためのネットワークを開設し、歩みを進めています。

十字架という処刑具を救いのしるしと掲げているキリスト者として、「死刑執行」されたイエスを救い主と言い表す信仰者として、誠実に歩むことを目指し、活動しています。

活動は、メーリングリストを基本とし

た死刑制度関連の情報共有（ウェブ参加講演会、各国のニュース等）。二〇二一年四月からZoomミーティングを用いた地域を越えた月一回の話し合い・「交流会」を持っています。そこでは、毎回さまざまなテーマで、深く、熱を帯びた話し合い、情報交換とつながりを強くしています。

それぞれの場で活動されている方々（支援活動の方々や関係諸団体の皆さま）の想いを受け、刺激されながら、なおキリスト教界内にも〝いのちと回復のムーヴメント〟の掘り起こしを変わらず目指しています。

参加登録は、ウェブサイトのフォームから。またはメールに、「氏名」、「所属」、「お名前公表の可否」を記していただいてお申込みを。

住所➡〒602-8024 京都市上京区大門町270
（浅野献一）
HP➡https://tinyurl.com/awtk2ujc
E-mail➡coro01mie@gmail.com

◐日本キリスト教団 京都教区「教会と社会」特設委員会「死刑廃止を求める小委員会」

二〇一六年に組織され、年一回の京都教区社会セミナーとして死刑廃止関連のセミナーを実施しています。一九八二年、日本基督教団総会の決議「日本基督教団は、日本国家による死刑執行の中止を求め、死刑制度の廃止を訴え、裁判所は死刑判決を下すことのないよう求める」の再びの実質化のために活動しています。

昨年度は、二〇二三年三月二六日（日）、リアル会場を日本キリスト教団室町教会とし、Zoomミーティングにて全国をつないで、シンポジウムを開催することが出来ました（「死刑囚の痛みとキリスト者の祈り―キリスト者として死刑制度を考える」）。「キリスト者死刑廃止ネットワーク」と共催により、パネリストを四名（浅野眞知子さん・日本長老教会、佐々木國夫さん・日本聖公会、澤田愛子さん・カトリック、平良愛香さん・日本キリスト教団）、コーディネーターに柳川朋毅さん（カトリック）を迎えて、深い話し合いとつながりを持つ場が出来ました。

カトリック教会はもちろん、「死刑を止めよう」宗教者ネットワーク、キリスト者死刑廃止ネットワーク、アムネスティ、京都弁護士会、京都にんじんの会など様々なつながりを得て、地の底からの盛り上がりの一助となりたいと望んでいます。

住所➡〒602-0917 京都市上京区東日野殿町394-2 日本基督教団京都教区事務所
Tel➡075-451-3556
E-mail➡info@uccj-kyoto.com

◐かたつむりの会

かたつむりの会は一九七九年、「死刑廃止関西連絡センター」を前身として発足。一九八九年芝居仕立ての集会「絞められて殺されて」、一九九一年「寒中死刑大会」、一九九二年からの連続講座が『殺すこと殺されること』『死刑の文化を問いなおす』インパクト出版会から書籍化。二〇〇八年「死刑廃止！殺すな！一〇五人デモ」等、その他学習会への参加など。大阪拘置所で死刑執行された日の夜には門前に集まって、形に囚われない各自思い思いの抗議、死刑囚への激励を行なっています。

毎年四月には大阪拘置所前、大川沿いの桜のある公園で死刑廃止の横断幕を広げ皆で恒例のお花見&夜回り。十月の世界死刑廃止デーの頃にも梅田にて死刑廃止を訴えてビラ配り、拘置所前夜回りを行っています。兵庫県宝塚市の清荒神にある死刑囚の墓参りも。向井孝さん、水田ふうさんも墓友となりました。会誌としては年四回『死刑と人権』という冊子を編集・発行しており、全国の刑事収容施設に収監されている死刑囚や不当な処遇を受けている当事者からの訴え、その他の方々の寄稿から広く人権問題や学習会などの活動記録も掲載しています。

会も高齢化の波にさらされており、このままだといつか僕一人だけになっちゃうのではないかという一抹の不安にかられたりもするのですが、ぼやいていても仕方ないので今後は一人でも…できる行動を模索していかなければならないというような気持ちが少しだけ芽生えてきたところです。現状、編集のことで手いっぱいなので、印刷や発送の手配までは出来ません。どうしたもんか？ 死刑廃止や言うて大手を振って街を歩ける若人は皆無に等しい。ならばイケてる高齢者でアソシエーション型の徒党を組むしかない。暇を持て余しており死刑の根絶を願う方はどうぞお気楽にご参加ください。下肢筋力の低下防げます★

「死刑と人権」購読料➡年間三千円（年五回発行）
郵便振替➡00900-3-315753
連絡先➡日本郵便（株）大阪北郵便局 私書箱室一九三号
E-mail➡saitoon@sea.plala.or.jp（齋藤）

死刑廃止フォーラムinおおさか

二〇二二年の活動は、その前年からのコロナ感染による行動制限で、今までに無い自粛の自粛。延期に中止と、おおさかのフォーラムはオンラインとか、ズームではいろいろな意味で無理があり、それぞれが、そんな中でも最低限の事は継続しようと活動しました。

春には大阪拘置所前の花見をし、夕方のラジオの放送が止まる時間に正門前で、激励アピール。

個人カンパで、夏の御中元のように、大阪拘置所の死刑確定囚の方々にタオルやハガキの送付。

そして、一〇月一〇日の世界死刑廃止デーに合わせて、あおぞらの会、アムネスティ大阪の死刑廃止グループ、と共に梅田の陸橋でビラまきをしました。この年は花見の日も雨でしたが、この日は警報級の雨だったのですが、ビルの警備員に見守られながらみんなで、アピールしました。そこから大阪拘置所へ移動して正門前で獄中の方々が楽しみにしてくれてると思いつつ、ドラムやサックスも入って細々ながら元気に活動しています。月に一回の会議も、三回しか出来ませんでした。

一一月の末に越年カンパ発送をしました。

コロナ禍も落ち着いてきているので、ぼちぼちですが、集会や拘置所長との接見もやっていきたいです。

◐公益社団法人アムネスティ・インターナショナル日本・死刑廃止ネットワークセンター大阪

アムネスティ大阪事務所を拠点にして、日本と世界の死刑廃止を目指して活動しているチームです。月に一回定例会を持

ち、チーム内で死刑に関することを中心に情報を交換し、勉強会も行っています。

日本では死刑制度が存在しているにも関わらず、その議論が活発化していないのが現状です。私たちは、まず死刑制度に関心をもっていただき、その問題点を一緒に考え、死刑廃止につながっていくように活動しています。その目標に向かっての主な活動は3つです。一つ目は、「死刑廃止を考える入門セミナー」の実施です。毎月二回(第3木曜日と土曜日)大阪の事務所で開催しています。最近は高校生や大学生の参加者も増えてきました。二つ目は『死刑廃止NEWSスペシャル』の発行です。年に二回(五月と一一月)発行しています。日本や世界の最新の死刑状況や関連ニュース、死刑廃止活動の報告や、死刑に関する映画や本の紹介を行っています。東京チームのメンバーや死刑問題に関心のある方々からの寄稿文も掲載しています。三つ目は、死刑問題を考え、死刑廃止を啓発する講演会の実施です。昨年一一月には「死刑廃止を考えるトーク・イベント2」で、作家の石井光太さんによる「親族殺人はなぜ起こるのか~日本の殺人事件の過半数が親族間~」と題された講演会をオンラインで実施しました。日本での殺人件数は年々減少傾向にあり、しかもその半数近くが実は親族間での殺人事件であるということが主なテーマでした。なぜ家族の間でかくも多くの殺人事件が起こるのか。今まで知らなかった日本社会の問題点が次々と提起され、大変有意義な講演会でした。その他、死刑問題に関する他団体の講演会等にも積極的に参加しています。日本は世界の死刑廃止への大きな潮流からは全く逆行している、と言っても過言ではありません。日本および世界の存置国の死刑執行停止のため、そして死刑廃止のために一体私たちになにができるのかと常に模索しています。死刑問題に関心のある方、ぜひ一度ご連絡ください。

連絡先➡公益社団法人　アムネスティ・インターナショナル日本　大阪事務所・死刑廃止ネットワークセンター大阪

〒541-0045　大阪市中央区道修町三—三—一〇　日宝道修町ビル三〇二

TEL➡06-6227-8991　FAX➡06-6227-8992

E-mail➡shihaiamnesty@yahoo.co.jp

死刑廃止国際条約の批准を求める四国フォーラム

住所➡〒791-0129　愛媛県松山市川の郷町今治谷

TEL・FAX➡089-977-5340

E-mail➡imabaridani@river.ocn.ne.jp

死刑廃止・タンポポの会

こんにちは、死刑廃止・タンポポの会です。毎月集まっての会議と、世界死刑廃止デーの取り組みがメインです。会報「わたげ通信」を今年はなんとか2回発行しました。

二〇二二年一〇月八日、ふくふくプラザ(福岡)で「事件から30年…『飯塚事

件』を問う」と題した集会を行いました。一九九二年に起こった飯塚事件、無罪を主張するも死刑判決を受け、判決からわずか二年で死刑執行された久間三千年さんの再審請求について、再審弁護人の岩田務弁護士からお話を伺いました。参加者三五人の会場から、無期懲役刑に服しながらも再審請求を闘う狭山事件の支援者から「無実を勝ち取るために何ができるだろう」という質問や、宮崎三人殺害事件の支援者から「有実でも無実でも死刑はだめなんだ」という意見が出され、とても有意義な集まりとなりました。

　これも毎年恒例ですが、一二月七日には福岡拘置所死刑確定者一八人に一人二千円づつの差し入れをしました。ささやかなカンパですが、年末年始に何か特別なお菓子でも買えたらなぁとの思いです。

　福岡拘置所の倉吉政隆さんの再審請求支援をしていますが、第四次再審請求がわずか一年で棄却されて現在第五次の闘いです。事件は一九九五年なので、新しく証人や証拠を見つけることが非常に困難になっています。再審請求弁護人の山崎吉男弁護士も大変な苦労をしながら請求書面作成を頑張ってくれています。

　二〇二三年世界死刑廃止デーの取り組みとして、「非行少年の『被害』から死刑制度を考える」というテーマで、熊本大学の岡田行雄教授に講演して頂く予定です。改悪続きの少年法ですが、非行少年に関わる大人たちはしっかりと少年たちに向き合っています。少年事件から「加害と被害」について考えたいと思います。

住所➡〒812-0024　福岡市博多区綱場町九―二八―七〇三　山崎方
TEL➡070-5488-1765

●個人救援会は除いています。今後も各地の情報をお寄せください。

●いわゆる市民運動団体ではないが、日本弁護士連合会は死刑廃止へ向けての積極的な活動を続けている。

　また特定非営利活動法人CrimeInfoの運営するホームページCrimeInfoは、日本の死刑に関する統計資料、刑事司法の諸問題に取り組んだ論文・エッセイ集、死刑をめぐる映像ドキュメンタリーなどの情報提供を行っている。

死刑廃止国際条約の批准を求める
FORUM90
地球が決めた死刑廃止

〒107-0052 東京都港区赤坂 2-14-13 港合同法律事務所気付
TEL：03-3585-2331　FAX：03-3585-2330
振替口座：郵便振替 00180-1-80456
加入者名：フォーラム 90

死刑廃止国際条約の批准を求める
VOL.187
FORUM90
地球が決めた死刑廃止
2023 年 9 月 10 日発行
フォーラム 90 実行委員会
107-0052 東京都港区赤坂 2-14-13
シャトレ赤坂 5 階
港合同法律事務所気付
TEL03-3585-2331 FAX03-3585-2330

袴田再審から死刑廃止へ
10 月 9 日（月・休日）12 時 30 分開演　星陵会館へ

響かせあおう死刑廃止の声 2023
袴田再審から死刑廃止へ

響かせあおう死刑廃止の声 2023

2023 年死刑廃止国際条約の批准を求める
請願署名実施のお知らせ
昨年実施しました「死刑廃止国際条約の批准を求める請願署名」は全国より 2526 筆の署名を集めることができました。ご協力誠にありがとうございました。
今年も昨年に続き、署名活動を行います。
詳細に関してはホームページや本紙、SNS、集会などで改めてご連絡させて頂きます。
ご協力の程よろしくお願い致します。
フォーラム 90 ホームページ：https://forum90.net/

1

187 号（2023.9.10）
響かせあおう死刑廃止の声 2023
法務省交渉報告
死執行の無法を問う 3 つの死刑関連訴訟傍聴記　関西救援連絡センター・永井美由紀
死刑廃止全国合宿案内
追悼・永井清（迅）さん
ブックレビュー / 死刑日録 / インフォメーション

186 号（2023.6.25）
死刑囚のリアル　大野鉄平
死刑執行の無法を問う 3 つの死刑関連訴訟傍聴記　関西救援連絡センター・永井美由紀
ブックレビュー／死刑日録
慣例化する初夏と年末の執行を止めよう
インフォメーション

185 号（2023.4.10）
袴田再審から死刑廃止へ！
執行の無法を問う 3 つの死刑関連訴訟傍聴記
死刑日録
追悼 加賀さんのように〝生きる〟こと　川村湊
死刑囚表現展アンケート
第 12 回死刑映画週間、成功裏に終了
死刑囚の絵展報告　アビエルト
インフォメーション

184 号（2022.12.15）
モンマルトルの死刑囚絵画展　都築響一
死刑廃止国際条約の批准を求める請願を提出　石川顕
齋藤健新法相に執行せぬよう申し入れ
響かせあおう死刑廃止の声 2022 報告
第 8 回世界死刑廃止会議に参加して　平岡秀夫
第 18 回死刑囚表現展　新選考委員を迎えて　小田原のどか、川村湊、栗原康、太田昌国
死刑日録 / ブックレビュー / インフォメーション

183 号（2022.9.15）
加藤さんを執行してもなに一つ変わらない　安田好弘
ロスジェネ世代の死刑執行　雨宮処凛
あまりにも無意味な死刑執行　香山リカ
死刑確定者の独居拘禁と監視カメラによる撮影を廃止せよ　NPO 法人監獄人権センター (CPR) ／国際人権連盟（FIDH
10 月集会・死刑囚表現展予告
告知当日の死刑執行違憲国賠　第 3 回口頭弁論報告
死刑日録 / インフォメーション

182 号（2022.7.30）
死刑廃止国際条約の批准を求める請願署名運動を始めます
議員とともに、死刑廃止へ！「死刑制度を考える議員と市民の対話集会」報告
stop! 再審請求中の死刑執行 / 即日告知・即日執行
死刑囚の絵展　カフェ・テアトロ・アビエルト報告
ブックレビュー／死刑日録／インフォメーション

＊＊＊＊＊＊＊＊＊＊＊＊＊

本誌のお申し込みはホームページからどうぞ。ご希望の方にはメール配信も行なっております。QR コードもご利用ください。

追悼・加賀乙彦さん

フォーラム90の呼びかけ人で、長く死刑囚表現展の選考委員を務めていただいた加賀乙彦さんが今年二〇二三年一月一二日に亡くなった。氏と親しかった川村湊死刑囚・表現展選考委員の追悼文を掲載する。（初出「Forum90」１８５号）

加賀さんのように〝生きる〟こと

新聞や雑誌に書かれた、加賀乙彦さんの追悼文を読んでいるうち、ちょっと引っかかった文章があった。ある高齢の文芸評論家のもので、加賀さんが死刑廃止や反原発の運動に左袒していたことに触れ、〈「死刑廃止」や「原発反対」は誰にでもできるが、加賀さんのような小説を書くことは誰にでもできない〉という趣旨のものだった。

作家・加賀乙彦を賞賛しようとするあまりの勇み足のような文飾に目くじらを立てるのもナンだが、「死刑廃止」や「原発反対」は誰にでもできる、たやすいことなのか、と鼻白む思いをしたことは否定できない。

口先だけで〝人を殺すな〟とか〝戦争反対〟と唱えることは誰にでもできるし、安易すぎて何かを言ったことにもならない。しかし、誰かが〝死刑を廃止しよう〟とか〝戦争を止めよう〟と言い出さなければ、死刑も戦争も、そして原子力の災害（核災）も、無為自然のままで無くなることは、少なくともこの日本では当分期待できないのである。

加賀さんが、「死刑廃止」「原発反対」だけでなく、『ハンセン病文学全集』の編集委員という厄介な仕事を引き受けたり、阪神・淡路大震災の時に精神科医として神戸に入り、ボランティア活動に携わったりしたことを知る人は多くないかもしれないが、それらの活動が〝誰にでもできる〟〝たやすい〟ことだとは思われない。執筆中で、未完結の大長編小説を傍らに置きながら（精神科医として定期的に診察しなければならない患者もいた）、そうしたボランティア活動に体力（精神力）と時間を割くことは、加賀乙彦の本来の〝職務〟や〝仕事〟に差し障りがあったのではないかと考えることはたやすいことである。

加賀乙彦は、実は「文学」や「小説」というものに、それほどの大きな価値を感じてはいなかったのではないだろうか。少なくとも、〝生きる〟ことと〝書く〟ことを天秤にかければ、〝生きて、社会的に活動（奉仕）する〟ことの方が、彼にはより重かったのではないだろうか。その意味で、〝生活よりも文学が大事〟だとか、〝芸術至上主義〟といった、「私小説」の絶対主義や、芸術主義の極北的な立場に加賀さんが立ったことはなく、現実の個々人の生活にきちんと根を下ろした〃生〃を加賀さんは選んだはずなのだ。ドストエフスキーやトルストイにとって、十九世紀のロシアで〃生きる〃ことが重要で大事だったからこそ、その〃生〃のために文学が大切であり、重大だったように、その文学（小説）はあくまでも〃よりよく生きる〃ための手段であり、そして目的だったのである。

『フランドルの冬』や「くさびら譚」（私は加賀さんの少ない短編小説として、「くさびら譚」を偏愛している）、『宣告』や『湿原』、『永遠の都』や『雲の都』などの加賀乙彦作品は重要で、日本の近現代の文学史上でも逸することのできないものとして登録されるのに間違いはない。だが、それらの作品が、加賀さんの「死刑廃止」や「原発反対」と無関係なものとすることはできない。

加賀さんにとって、精神病患者の診察を生涯続けることも、死刑囚との対話を続けることも、原爆・原発の危険性を言挙げすることも、戦争に反対を叫び続けることも、すべて〃生きる〃ことの重要な部分であって、決して〃書くこと〃と無縁なことではなかったのだ。

小説を書いて人々に感動を与え、金を稼ぎ、文学者としての栄誉を受けることは、少なからぬ作家にもできることだろう。しかし、加賀乙彦のように〃生きる〃ことは誰にでもできることではないのだ。

（川村湊）

加賀乙彦

（1929年～2023年、享年93歳）

1990年フォーラム90創設時の5人の呼びかけ人の一人。93年バダンテール来日集会など要所要所で共に活動していただいた。とりわけ2006年以降、「死刑廃止のための大道寺幸子・赤堀政夫基金」死刑囚の表現展の選考委員として9月の選考会、10月の集会に毎年参加していただく。

「フォーラム・ニュース」では2017年の155号に「講演『死刑囚と無期囚の心理』をめぐって」が、そして毎年10月集会での選考委員シンポジウムを掲載、『年報・死刑廃止2013』には「〈悪人〉を愛する　死刑囚と交流して60年」を掲載している。

主な作品に『フランドルの冬』（芸術選奨文部大臣新人賞）、『帰らざる夏』（谷崎潤一郎賞）、『宣告』（日本文学大賞）、『湿原』（大佛次郎賞）、『永遠の都』（芸術選奨文部大臣賞）、『雲の都』（毎日新聞出版文化賞特別賞）ほか。

（写真は2009年9月15日の選考会で）

追悼・永井清（迅）さん

本書の編集委員であり、フォーラム90や監獄人権センター、そばの会などで獄中者や死刑囚の人権のために活動していた永井清さんが五年に及ぶ闘病生活の末、八月二二日に亡くなった。享年六八歳の早すぎる死だった。葬儀での挨拶を掲載する。（初出「Forum90」187号）

インパクト出版会の深田と申します。なぜか最後の挨拶をさせていただくことになりました。

「永井さん」というのもあれなので私は「じんじん」と呼びたいと思いますけれども、私が最初にじんじんと出会ったのは、彼が模索舎のスタッフだった頃のことです。彼が模索舎で働いていたのは一九七八年〜八三年と八六年〜八八年らしいんですけれども、その時期にうちから本を納品に行ったときに、なんか可愛い若い子がいるなぁという印象だったんですけれども、そのあと彼が写植屋さんに就職して、そのタイミングでうちの雑誌の表紙や目次の写植を彼に依頼する、という関係から始まりました。だから三五年ぐらいの付き合いになります。

高橋和利さんという無実の死刑囚がいましたが、彼の支援集会の帰りに小田原紀雄さんや伊藤けい子さんたちと飲みに行った席で、じんじんがうちの会社に週二回、火曜と水曜に働きにくるということを決めました。こちらとしては人が欲しかったのと、彼としては自宅で写植屋さんを立ち上げているんだけども、コンスタントに仕事が来るわけではないので、週に二日外で働いて一定の収入が得られればいいということ。それから働く際には、彼はインパクト出版会の社員になるわけではなくて、自分がやっている制作室マノから働きに来ているというかたちをとって、インパクトの出版物の編集については一切タッチしません、写植屋さんとして働きますという、そういう約束で来てくれました。

それから二〇何年、ずっと彼はうちで働いてくれて、それだけじゃなくてテープ起こしや入力も、家に持ち帰って、ずっとやってくれていました。彼は運動業界のことを熟知しているからテープ起こしもすごく正確で速くて入力なんかもきっちりできるし、うちにとってはとてもありがたい存在だったわけです。うちの会社が成り立ってきたのも、じんじんの力がたぶんにあったと思っています。

彼は山谷で逮捕されたことがあって、おそらくそれから獄中の問題に目を向けはじめたのだと思います。統一獄中者組合、反日の支援連の運動、支援連だけじゃなくて再審研もそうですよね。それから

監獄人権センター、安田さんを支援する会、そばの会の活動に結実していくようになります。

　そばの会でも、彼は一枚のビラを一ヶ月かけて作っていました。綾瀬の駅で撒いて受け取ってくれた人が読んで分かるようなビラ、ということを心掛けているから、今もホームページに過去のビラが掲載されていると思うんですけれども、普通の人が読める、いいチラシなんですよね。そういうことをひと月がかりで、ものすごくていねいに作っている。それは本当にすごいなとぼくはずっと思っていました。そばの会のビラは、まとめて本にしたほうがいいぐらいで、私はしませんけれども、絶対残しておくべきだと思っています。

　それから私が思い出すこととしては、じんじんがいつもそばにいたということです。フォーラム90、大道寺幸子・赤堀政夫基金、それから『年報・死刑廃止』の編集委員として、私が関わっている運動のそばには常に彼がいて支えてくれたというか、一緒にやってきたという思いがあります。フォーラム90の一〇月の集会のパンフレットとか死刑映画週間のパンフレットは、ずっと彼が作ってくれていたんです。

　さっき伊藤さんから電話がかかってきたんですが、ちょうど五年前の八月一九日にじんじんから伊藤さんに連絡があって、「苦しくてたまらない」、助けてくれというので九月五日に中野総合病院に連れて行き、それで今回の病気が発覚したのです。絶対に泣き言を言わないじんじんが、その時初めて痛さに耐えかねて連絡してきたということがありました。

　それでもそのあと何年間かは、彼はやるべき自分の任務をこなしていたんですけれども、二年前ぐらいからさすがにもう身体が動かないとなったみたいで、それから今まで自分が組んだ組版を順番に私にデータで送ってき始めました。自分がどうなっても、あとを引き継いでできるような体制を彼はちゃんととってくれたわけです。そういう感じで、だいたい三〇年、彼とともに仕事や活動をしてきたという思いがあるんですけれども、みんなが言うように、肩肘張った活動をするのではなくて、本当につまらない冗談なんかを言いあいながら、明るく楽しく運動をやっていくということを彼は続けてきた。そういう気持ちを僕らも忘れないようにして、引き継いでいきたいと思っています。彼が求めていたのは獄中者や死刑囚の人権です。せっかくみんな今日ここに集まっているのですから、彼がやろうとした獄中者や死刑囚の人権に思いを寄せ、一緒に運動をしていけたらと思います。今日はどうもありがとうございました。

（深田卓）

93年3月26日以降の死刑確定囚（アミは被執行者及び獄死者）（作成・フォーラム90）

氏名　拘置先 判決日	事件名（事件発生日） 生年月日	備　考
尾田　信夫　福岡 70.11.12 最高裁 70. 3.20 福岡高裁 68.12.24 福岡地裁	川端町事件 （66.12.5） 1946年9月19日生まれ	死因の一つとされる放火を否認して再審請求中。98年10月29日最高裁は再審請求棄却に対する特別抗告を棄却、その中で「一部無罪」も再審請求は可能と判断。
奥西　勝（享年89歳） 15.10. 4 八王子医療刑務所で病死 72. 6.15 最高裁 69. 9.10 名古屋高裁　死刑 64.12.23 津地裁　無罪	名張毒ぶどう酒事件 （61.3.28） 1926年1月1日生まれ	一審無罪、高裁で逆転死刑に。05年4月、7次再審が認められたが、検察の異議申立で06年12月再審開始取消決定。10年4月最高裁、名古屋高裁へ差戻決定。12年5月名古屋高裁、再審開始取消決定。13年10月最高裁特別抗告棄却。15年第9次再審請求中に病死。同年11月6日、妹が第10次再審請求。
冨山　常喜（享年86歳） 03. 9. 3 東京拘置所で病死 76. 4. 1 最高裁（藤林益三） 73. 7. 6 東京高裁（堀義次） 71.12.24 水戸地裁土浦支部 （田上輝彦）	波崎事件 （63.8.26） 1917年4月26日生まれ	物証も自白も一切なし。 再審請求中に病死。
大濱　松三　東京 77. 4.16 控訴取下げ 75.10.20 横浜地裁小田原支部	ピアノ殺人事件 （74.8.28） 1928年6月4日生まれ	精神鑑定次第で減刑もありえた。本人控訴取下げで死刑確定。
近藤　清吉（享年55歳） 93. 3.26 仙台拘置支所にて執行 80. 4.25 最高裁（栗木一夫） 77. 6.28 仙台高裁 74. 3.29 福島地裁白河支部	山林売買強殺事件等 （70.7/71.5）	1件を否認、4回にわたって自力で再審請求。
袴田　巖　釈放 80.11.19 最高裁（宮崎梧一） 76. 5.18 東京高裁（横川敏雄） 68. 9.11 静岡地裁（石見勝四）	袴田事件 （66.6.30） 1936年3月10日生まれ	一審以来無実を主張。14年3月27日静岡地裁（村山浩昭）再審開始決定。同日釈放。18年6月11日、東京高裁、再審開始決定取り消し。20年12月22日、最高裁、高裁へ差し戻す決定。23年3月13日東京高裁（大善文男）検察の即時抗告棄却・再審開始決定。ニュースとして「さいしん」「無罪」「袴田ネット通信」など。
小島　忠夫（享年61歳） 93.11.26 札幌拘置支所にて執行 81. 3.19 最高裁（藤崎万里） 77. 8.23 札幌高裁 75. 9.　釧路地裁	釧路一家殺人事件 （74.8.7）	責任能力の認定等で再審請求、棄却。
小野　照男（享年62歳） 99.12.17 福岡拘置所にて執行 81. 6.16 最高裁（環昌一） 79. 9.　福岡高裁 78. 9.　長崎地裁	長崎雨宿り殺人事件 （77.9.24）	最高裁から無実を主張、自力で18年にわたり再審請求。初めて弁護人がつき、再審請求を申し立てた4日後に執行。

立川修二郎（享年62歳） 93. 3.26 大阪拘置所にて執行 81. 6.26 最高裁（木下忠良） 79.12.18 高松高裁 76. 2.18 松山地裁	保険金目当実母殺人事件等 （71.1/72.7）	一部無実を主張。
関　幸生（享年47歳） 93.11.26 東京拘置所にて執行 82. 9.　東京高裁（内藤丈夫） 79. 5.17 東京地裁（金隆史）	世田谷老女強殺事件 （77.12.3）	上告せず確定。
藤岡　英次（享年40歳） 95. 5.26 大阪拘置所にて執行 83. 4.14 徳島地裁（山田真也）	徳島老人殺人事件等 （78.11/12.16）	控訴せず確定。
出口　秀夫（享年70歳） 93.11.26 大阪拘置所にて執行 84. 4.27 最高裁（牧圭次） 80.11.28 大阪高裁 78. 2.23 大阪地裁（浅野芳朗）	大阪電解事件 （74.7.10/10.3）	
坂口　徹（享年56歳） 93.11.26 大阪拘置所にて執行 84. 4.27 最高裁（牧圭次） 80.11.18 大阪高裁 78. 2.23 大阪地裁（浅野芳朗）	大阪電解事件 （74.7.10/10.3）	
川中　鉄夫（享年48歳） 93. 3.26 大阪拘置所にて執行 84. 9.13 最高裁（矢口洪一） 82. 5.26 大阪高裁（八木直道） 80. 9.13 神戸地裁（高橋通延）	広域連続殺人事件 （75.4.3 ～）	精神病の疑いがあるにもかかわらず執行。
安島　幸雄（享年44歳） 94.12. 1 東京拘置所にて執行 85. 4.26 最高裁（牧圭次） 80. 2.20 東京高裁（岡村治信） 78. 3. 8 前橋地裁（浅野達男）	群馬3女性殺人事件 （77.4.16）	養父母との接見交通禁止に対しての国賠訴訟中の処刑。
佐々木和三（享年65歳） 94.12. 1 仙台拘置支所にて執行 85. 6.17 青森地裁	青森旅館主人他殺人事件 （84.9.9）	弁護人控訴の翌日、本人取下げで確定。
須田　房雄（享年64歳） 95. 5.26 東京拘置所にて執行 87. 1　控訴取下げ確定 86.12.22 東京地裁（高島英世）	裕士ちゃん誘拐殺人事件 （86.5.9）	本人の控訴取下げで確定。
大道寺将司（享年68歳） 17. 5.24 東京拘置所にて病死 87. 3.24 最高裁（伊藤正己） 82.10.29 東京高裁（内藤丈夫） 79.11.12 東京地裁（簑原茂広）	連続企業爆破事件 （71.12 ～ 75.5） 1948年6月5日生まれ	「共犯」は「超法規的措置」により国外へ。交流誌「キタコブシ」が出ていた。著書『死刑確定中』、句集『鴉の目』『棺一基』『残の月』などがある。
益永　利明　東京 87. 3.24 最高裁（伊藤正己） 82.10.29 東京高裁（内藤丈夫） 79.11.12 東京地裁（簑原茂広）	連続企業爆破事件 （71.12 ～ 75.5） 1948年6月1日生まれ	旧姓片岡。「共犯」は「超法規的措置」により国外へ。国賠多数提訴。交流誌「ごましお通信」が出ていた。著書『爆弾世代の証言』がある。
井田　正道（享年56歳） 98.11.19 名古屋拘置所にて執行 87. 4.15 上告せず確定 87. 3.31 名古屋高裁（山本卓） 85.12. 5 名古屋地裁 （鈴木雄八郎）	名古屋保険金殺人事件 （79.11 ～ 83.12） 1942年6月27日生まれ	上告せず確定。「共犯」の長谷川は93年に確定。

木村　修治（享年45歳） 95.12.21 名古屋拘置所にて執行 87. 7. 9 最高裁（大内恒夫） 83. 1.26 名古屋高裁（村上悦夫） 82. 3.23 名古屋地裁（塩見秀則）	女子大生誘拐殺人事件 （80.12.2） 1950年2月5日生まれ	恩赦出願したが、その決定が代理人に通知されないままの処刑。著書に『本当の自分を生きたい』がある。
秋山　芳光（享年77歳） 06.12.25 東京拘置所にて執行 87. 7.17 最高裁（香川保一） 80. 3.27 東京高裁（千葉和郎） 76.12.16 東京地裁	秋山兄弟事件 （75.8.25）	殺人未遂等を否認して再審請求。棄却。
田中　重穂（享年69歳） 95. 5.26 東京拘置所にて執行 87.10.23 最高裁（香川保一） 81. 7. 7 東京高裁（市川郁雄） 77.11.18 東京地裁八王子支部	東村山署警察官殺人事件 （76.10.18） 1929年7月13日生まれ	旧姓・小宅。
平田　直人（享年63歳） 95.12.21 福岡拘置所にて執行 87.12.18 最高裁（牧圭次） 82. 4.27 福岡高裁（平田勝雅） 80.10. 2 熊本地裁（辻原吉勝）	女子中学生誘拐殺人事件 （79.3.28） 1932年1月1日生まれ	事実誤認があるとして再審請求、棄却。
浜田　武重（享年90歳） 17. 6.26 福岡拘置所にて病死 88. 3. 8 最高裁（伊藤正己） 84. 6.19 福岡高裁（山本茂） 82. 3.29 福岡地裁（秋吉重臣）	3連続保険金殺人事件 （78.3 ～ 79.5） 1927年3月10日生まれ	3件中2件については無実を主張。
杉本　嘉昭（享年45歳） 96. 7.11 福岡拘置所にて執行 88. 4.15 最高裁（香川保一） 84. 3.14 福岡高裁（緒方誠哉） 82. 3.16 福岡地裁小倉支部 （佐野精孝）	福岡病院長殺人事件 （79.11.4）	被害者1人で2名に死刑判決。自力で再審請求をしていたらしいが、詳細は不明。
横山　一美（享年59歳） 96. 7.11 福岡拘置所にて執行 88. 4.15 最高裁（香川保一） 84. 3.14 福岡高裁（緒方誠哉） 82. 3.16 福岡地裁小倉支部 （佐野精孝）	福岡病院長殺人事件 （79.11.4）	被害者1人で2名に死刑判決。再審請求を準備していた。
綿引　　誠（享年74歳） 13. 6.23 東京拘置所にて病死 88. 4.28 最高裁（角田礼次郎） 83. 3.15 東京高裁（菅野英男） 80. 2. 8 水戸地裁（大関隆夫）	日立女子中学生誘拐殺人事件 （78.10.16） 1939年3月25日生まれ	再審請求中に病死。
篠原徳次郎（享年68歳） 95.12.21 東京拘置所にて執行 88. 6.20 最高裁（奥野久之） 85. 1.17 東京高裁（小野慶二） 83.12.26 前橋地裁（小林宣雄）	群馬2女性殺人事件 （81.10、82.7）	無期刑の仮釈放中の事件。
渡辺　　清　　　大阪 88. 6. 2 最高裁（高島益郎） 78. 5.30 大阪高裁　死刑 （西村哲夫） 75. 8.29 大阪地裁　無期 （大政正一）	4件殺人事件 （67.4.24 ～ 73.3） 1948年3月17日生まれ	一審は無期懲役判決。4件中2件は無実と主張。

石田三樹男（享年 48 歳） 96. 7.11 東京拘置所にて執行 88. 7. 1 最高裁（奥野久之） 84. 3.15 東京高裁（寺沢栄） 82.12. 7 東京地裁（大関規雄）	神田ビル放火殺人事件 （81.7.6）	起訴から高裁判決まで 1 年半というスピード裁判。
日高　安政（享年 54 歳） 97. 8. 1 札幌拘置支所にて執行 88.10.11 控訴取下げ 87. 3. 9 札幌地裁（鈴木勝利）	保険金目当て放火殺人事件 （84.5.5） 1944 年生まれ	恩赦を期待して控訴を取り下げた。放火は認めているが、殺意は否認。
日高　信子（享年 51 歳） 97. 8. 1 札幌拘置支所にて執行 88.10.11 控訴取下げ 87. 3. 9 札幌地裁（鈴木勝利）	保険金目当て放火殺人事件 （84.5.5） 1947 年生まれ	恩赦を期待して控訴を取り下げた。放火は認めているが、殺意は否認。
平田　光成（享年 60 歳） 96.12.20 東京拘置所にて執行 88.10.22 上告取下げ 82. 1.21 東京高裁（市川郁雄） 80. 1.18 東京地裁（小野幹雄）	銀座ママ殺人事件他 （78.5.21/6.10）	恩赦を期待して上告を取下げ、死刑確定。「共犯」の野口は 90 年 2 月死刑確定。
今井　義人（享年 55 歳） 96.12.20 東京拘置所にて執行 88.10.22 上告取下げ 85.11.29 東京高裁（内藤丈夫） 84. 6. 5 東京地裁（佐藤文哉）	元昭石重役一家殺人事件 （83.1.29）	事件から二審判決まで 2 年。恩赦を期待してか上告取下げ、死刑確定。
西尾　立昭（享年 61 歳） 98.11.19 名古屋拘置所にて執行 89. 3.28 最高裁（安岡満彦） 81. 9.10 名古屋高裁 80. 7. 8 名古屋地裁	日建土木事件 （77.1.7） 1936 年 12 月 18 日生まれ	「共犯」とされる山根は無実を主張したが、最高裁で異例の無期懲役に減刑判決。
石田　富蔵（享年 92 歳） 14. 4.19 東京拘置所にて病死 89. 6.13 最高裁（坂上寿夫） 82.12.23 東京高裁（菅間英男） 80. 1.30 浦和地裁（杉山英巳）	2 女性殺人事件 （73.8.4/74.9.13） 1921 年 11 月 13 日生まれ	1 件の強盗殺人事件の取り調べ中に他の傷害致死事件を自ら告白、これが殺人とされた。前者の強殺事件は冤罪を主張。再審請求中に病死。
藤井　政安　　　　東京 89.10.13 最高裁（貞家克己） 82. 7. 1 東京高裁（船田三雄） 77. 3.31 東京地裁（林修）	関口事件 （70.10 ～ 73.4） 1942 年 2 月 23 日生まれ	旧姓関口。
神田　英樹（享年 43 歳） 97. 8. 1 東京拘置所にて執行 89.11.20 最高裁（香川保一） 86.12.22 東京高裁（萩原太郎） 86. 5.20 浦和地裁（杉山忠雄）	父親等 3 人殺人事件 （85.3.8）	控訴から二審判決まで半年、上告後 3 年で死刑確定。
宇治川　正（享年 62 歳） 13.11.15 東京拘置所にて病死 89.12. 8 最高裁（島谷六郎） 83.11.17 東京高裁（山本茂） 79. 3.15 前橋地裁（浅野達男）	2 女子中学生殺人事件等 （76.4.1） 1951 年 6 月 29 日生まれ	旧姓田村。覚醒剤の影響下での事件。再審請求中に病死。交流誌「ひよどり通信」が出ていた。
野口　　悟（享年 50 歳） 96.12.20 東京拘置所にて執行 90. 2. 1 最高裁（四ツ谷巌） 82. 1.21 東京高裁（市川郁雄） 80. 1.18 東京地裁（小野幹雄）	銀座ママ殺人事件他 （78.5.21/6.10）	「共犯」の平田光成は上告取下げで 88 年に確定。

金川　一　福岡 90. 4. 3 最高裁（安岡満彦） 83. 3.17 福岡高裁 死刑（緒方誠哉） 82. 6.14 熊本地裁八代支部 無期（河上元康）	主婦殺人事件 （79.9.11） 1950 年 7 月 7 日生まれ	一審途中から無実を主張、一審は無期懲役判決。客観的証拠なし。
永山　則夫（享年 48 歳） 97. 8. 1 東京拘置所にて執行 90. 4.17 最高裁（安岡満彦） 87. 3.18 東京高裁　死刑 （石田穣一） 83. 7. 8 最高裁　無期破棄差戻 （大橋進） 81. 8.21 東京高裁　無期 （船田三雄） 79. 7.10 東京地裁　死刑	連続射殺事件 （68.10.11 ～ 11.5） 1949 年 6 月 27 日生まれ	犯行時 19 歳。『無知の涙』『人民をわすれたカナリアたち』『愛か無か』『動揺記』『反—寺山修司論』『木橋』『ソオ連の旅芸人』『捨て子ごっこ』『死刑の涙』『なぜか、海』『異水』『日本』『華』など多数の著作がある。没後永山子ども基金設立。ペルーの貧しい子どもたちに支援をつづける。
村竹　正博（享年 54 歳） 98. 6.25 福岡拘置所にて執行 90. 4.27 最高裁（藤島昭） 85.10.18 福岡高裁　死刑 （桑原宗朝） 83. 3.30 長崎地裁佐世保支部 無期（亀井義朗）	長崎 3 人殺人事件等 （78.3.21） 1944 年 3 月 30 日生まれ	一審の情状をくんだ無期判決が高裁で逆転、死刑判決に。
晴山　広元（享年 70 歳） 04. 6. 4 札幌刑務所で病死 90. 9.13 最高裁（角田礼次郎） 79. 4.12 札幌高裁　死刑 76. 6.24 札幌地裁岩見沢支部 無期	空知 2 女性殺人事件等 （72.5 ～ 74.5） 1934 年 5 月 8 日生まれ	自白のみで物証もなく、違法捜査による自白として無実を主張。一審は無期懲役判決。再審請求中に病死。
荒井　政男（享年 82 歳） 09. 9. 3 東京拘置所にて病死 90.10.16 最高裁（坂上寿夫） 84.12.18 東京高裁（小野慶二） 76. 9.25 横浜地裁横須賀支部 （秦不二雄）	三崎事件 （71.12.21） 1927 年 2 月 4 日生まれ	一審以来無実を主張。再審請求中に病死。家族が再審を引きつぐ。救援会の機関誌「潮風」。
武安　幸久（享年 66 歳） 98. 6.25 福岡拘置所にて執行 90.12.14 最高裁（中島敏次郎） 86.12. 2 福岡高裁 （永井登志彦）	直方強盗女性殺人事件 （80.4.23） 1932 年 6 月 20 日生まれ	無期刑の仮釈放中の事件。
諸橋　昭江（享年 75 歳） 07. 7.17 東京拘置所にて病死 91. 1.31 最高裁（四ツ谷巖） 86. 6. 5 東京高裁（寺沢栄） 80. 5. 6 東京地裁（小林充）	夫殺人事件他 （74.8.8/78.4.24） 1932 年 3 月 10 日生まれ	夫殺しは無実を主張。再審請求中に病死。
島津　新治（享年 66 歳） 98. 6.25 東京拘置所にて執行 91. 2. 5 最高裁（可部恒雄） 85. 7. 8 東京高裁（柳瀬隆治） 84. 1.23 東京地裁（田尾勇）	パチンコ景品商殺人事件 （83.1.16） 1931 年 12 月 28 日生まれ	無期刑の仮釈放中の事件。

津田　暎（享年 59 歳） 98.11.19 広島拘置所にて執行 91. 6.11 最高裁（園部逸夫） 86.10.21 広島高裁（久安弘一） 85. 7.17 広島地裁福山支部（雑賀飛龍）	学童誘拐殺人事件 （84.2.13） 1939 年 8 月 15 日生まれ	刑確定後、俳句の投稿を禁止された。
佐川　和男（享年 48 歳） 99.12.17 東京拘置所にて執行 91.11.29 最高裁（藤島昭） 87. 6.23 東京高裁（小野慶二） 82. 3.30 浦和地裁（米沢敏雄）	大宮母子殺人事件 （81.4.4） 1951 年 3 月 21 日生まれ	「共犯」者は逃亡中に病死。
佐々木哲也　東京 92. 1.31 最高裁（大堀誠一） 86. 8.29 東京高裁（石丸俊彦） 84. 3.15 千葉地裁（太田浩）	両親殺人事件 （74.10.30） 1952 年 9 月 14 日生まれ	無実を主張。
佐藤　真志（享年 62 歳） 99. 9.10 東京拘置所にて執行 92. 2.18 最高裁（可部恒雄） 85. 9.17 東京高裁（寺沢栄） 81. 3.16 東京地裁（松本時夫）	幼女殺人事件 （79.7.28） 1937 年 3 月 12 日生まれ	無期刑の仮釈放中の事件。
高田　勝利（享年 61 歳） 99. 9.10 仙台拘置支所にて執行 92. 7　控訴せず確定 92. 6.18 福島地裁郡山支部（慶田康男）	飲食店女性経営者殺人事件 （90.5.2） 1938 年 4 月 27 日生まれ	無期刑の仮釈放中の事件。控訴せず確定。
森川　哲行（享年 69 歳） 99. 9.10 福岡拘置所にて執行 92. 9.24 最高裁（大堀誠一） 87. 6.22 福岡高裁（浅野芳朗） 86. 8. 5 熊本地裁（荒木勝己）	熊本母娘殺人事件 （85.7.24） 1930 年 4 月 10 日生まれ	無期刑の仮釈放中の事件。
名田　幸作（享年 56 歳） 07. 4.27 大阪拘置所にて執行 92. 9.29 最高裁（貞家克己） 87. 1.23 大阪高裁（家村繁治） 84. 7.10 神戸地裁姫路支部（藤原寛）	赤穂同僚妻子殺人事件 （83.1.19） 1950 年 6 月 17 日生まれ	
坂口　弘　東京 93. 2.19 最高裁（坂上寿夫） 86. 9.26 東京高裁（山本茂） 82. 6.18 東京地裁（中野武男）	連合赤軍事件 （71 ～ 72.2） 1946 年 11 月 12 日生まれ	「共犯」は「超法規的措置」により国外へ。著書『坂口弘歌稿』『あさま山荘 1972』、歌集『常しへの道』『暗黒世紀』など。
永田　洋子（享年 65 歳） 11. 2. 6 東京拘置所にて病死 93. 2.19 最高裁（坂上寿夫） 86. 9.26 東京高裁（山本茂） 82. 6.18 東京地裁（中野武男）	連合赤軍事件 （71 ～ 72.2） 1945 年 2 月 8 日生まれ	「共犯」は「超法規的措置」により国外へ。著書『十六の墓標』『私生きてます』など多数。再審請求中に病死。
澤地　和夫（享年 69 歳） 08.12.16 東京拘置所にて病死 93. 7　上告取下げ 89. 3.31 東京高裁（内藤丈夫） 87.10.30 東京地裁（中山善房）	山中湖連続殺人事件 （84.10） 1939 年 4 月 15 日生まれ	上告を取下げて、確定。再審請求中に病死。『殺意の時』『東京拘置所　死刑囚物語』『なぜ死刑なのですか』など著書多数。「共犯」の猪熊は 95 年 7 月確定。
藤波　芳夫（享年 75 歳） 06.12.25 東京拘置所にて執行 93. 9. 9 最高裁（味村治） 87.11.11 東京高裁（岡田満了） 82. 2.19 宇都宮地裁（竹田央）	覚醒剤殺人事件 （81.3.29） 1931 年 5 月 15 日生まれ	覚醒剤と飲酒の影響下で、元妻の家族を殺害。

長谷川敏彦（享年 51 歳） 01.12.27 名古屋拘置所にて執行 93. 9.21 最高裁（園部逸夫） 87. 3.31 名古屋高裁（山本卓） 85.12. 5 名古屋地裁 （鈴木雄八郎）	名古屋保険金殺人事件 （79.11 ～ 83.12）	旧姓竹内。「共犯」の井田は上告せず 87 年確定。最高裁判決で大野正男裁判官の補足意見が出る。事件の被害者遺族が死刑執行をしないでと上申書を提出して恩赦出願したが、98 年に不相当。
牧野　正（享年 58 歳） 09. 1.29 福岡拘置所にて執行 93.11.16 控訴取下げ 93.10.27 福岡地裁小倉支部 （森田富人）	北九州母娘殺人事件 （90.3） 1950 年 3 月 18 日生まれ	無期刑の仮釈放中の事件。一審弁護人控訴を本人が取下げ、確定。二審弁護人不在のまま本人が取り下げたことが問題。公判再開請求が最高裁で棄却。
太田　勝憲（享年 55 歳） 99.11. 8 札幌拘置支所で自殺 93.12.10 最高裁（大野正男） 87. 5.19 札幌高裁（水谷富茂人） 84. 3.23 札幌地裁（安藤正博）	平取猟銃一家殺人事件 （79.7.18）	自殺。
藤原　清孝（享年 52 歳） 00.11.30 名古屋拘置所にて執行 94. 1.17 最高裁（小野幹雄） 88. 5.19 名古屋高裁 （吉田誠吾） 86. 3.24 名古屋地裁（橋本享典）	連続殺人 113 号事件 （72.9 ～ 82.10） 1948 年 8 月 29 日生まれ	旧姓勝田。著書に『冥晦に潜みし日々』がある。
宮脇　喬（享年 57 歳） 00.11.30 名古屋拘置所にて執行 94. 3.18 上告取下げ 90. 7.16 名古屋高裁 （吉田誠吾） 89.12.14 岐阜地裁（橋本達彦）	先妻家族 3 人殺人事件 （89.2.14） 1943 年 7 月 26 日生まれ	事件から二審判決まで 1 年 4 か月というスピード判決。3 人のうち 2 人は傷害致死を主張。上告を取下げ確定。
大森　勝久　札幌 94. 7.15 最高裁（大西勝也） 88. 1.21 札幌高裁 （水谷富茂人） 83. 3.29 札幌地裁（生島三則）	北海道庁爆破事件 （76.3.2） 1949 年 9 月 7 日生まれ	一貫して無実を主張。
大石　国勝（享年 55 歳） 00.11.30 福岡拘置所にて執行 95. 4.21 最高裁（中島敏次郎） 89.10.24 福岡高裁（丸山明） 87. 3.12 佐賀地裁（早船嘉一）	隣家親子 3 人殺人事件 （82.5.16） 1945 年 1 月 10 日生まれ	事件当時「精神障害」だったとして責任能力について争ったが認められず。
藤島　光雄（享年 55 歳） 13.12.12 東京拘置所にて執行 95. 6. 8 最高裁（高橋久子） 88.12.15 東京高裁（石丸俊彦） 87. 7. 6 甲府地裁（古口満）	2 連続殺人事件 （86.3.6/3.11） 1958 年 4 月 22 日生まれ	事件から 1 年数か月で一審判決という拙速裁判。
猪熊　武夫　東京 95. 7. 3 最高裁（大西勝也） 89. 3.31 東京高裁（内藤丈夫） 87.10.30 東京地裁（中山善房）	山中湖連続殺人事件 （84.10） 1949 年 7 月 2 日生まれ	「共犯」澤地は上告取下げで、93年7月に死刑確定、08年病死。
池本　登（享年 75 歳） 07.12.07 大阪拘置所にて執行 96. 3. 4 最高裁（河合伸一） 89.11.28 高松高裁　死刑 （村田晃） 88.3.22 徳島地裁　無期 （山田真也）	猟銃近隣 3 人殺人事件 （86.6.3） 1932 年 12 月 22 日生まれ	一審は無期懲役判決、高裁で死刑判決。

山野静二郎　　　　大阪 96.10.25 最高裁（福田博） 89.10.11 大阪高裁（西村清治） 85. 7.22 大阪地裁（池田良兼）	不動産会社連続殺人事件 （82.3） 1938 年 7 月 31 日生まれ	重大な事実誤認を主張。著書『死刑囚の祈り』『死刑囚の叫び』。支援会誌「オリーブ通信」。
朝倉幸治郎（享年 66 歳） 01.12.27 東京拘置所にて執行 96.11.14 最高裁（高橋久子） 90. 1.23 東京高裁（高木典雄） 85.12.20 東京地裁（柴田孝夫）	練馬一家 5 人殺人事件 （83.6.28）	
向井　伸二（享年 42 歳） 03. 9.12 大阪拘置所にて執行 96.12.17 最高裁（尾崎行信） 90.10. 3 大阪高裁（池田良兼） 88. 2.26 神戸地裁（加藤光康）	母子等 3 人殺人事件 （85.11.29/12.3） 1961 年 8 月 17 日生まれ	
中元　勝義（享年 64 歳） 08. 4.10 大阪拘置所にて執行 97. 1.28 最高裁（可部恒雄） 91.10.27 大阪高裁（池田良兼） 85. 5.16 大阪地裁堺支部 （重富純和）	宝石商殺人事件 （82.5.20） 1943 年 12 月 24 日生まれ	殺人については無実を主張。再審請求、棄却。
松原　正彦（享年 63 歳） 08. 2. 1 大阪拘置所にて執行 97. 3. 7 最高裁（根岸重治） 92. 1.23 高松高裁（村田晃） 90. 5.22 徳島地裁（虎井寧夫）	2 主婦連続強盗殺人事件 （88.4.18/88.6.1） 1944 年 3 月 19 日生まれ	
大城　英明　　　　福岡 97. 9.11 最高裁（藤井正雄） 91.12. 9 福岡高裁（雑賀飛龍） 85. 5.31 福岡地裁飯塚支部 （松信尚章）	内妻一家 4 人殺人事件 （76.6.13） 1942 年 3 月 10 日生まれ	旧姓秋好。4 人のうち 3 人殺害は内妻の犯行と主張。島田荘司著『秋好事件』『秋好英明事件』。HP は「WS 刊島田荘司」上にある。
神宮　雅晴　　　　大阪 97.12.19 最高裁（園部逸夫） 93. 4.30 大阪高裁 （村上保之助） 88.10.25 大阪地裁（青木暢茂）	警察庁指定 115 号事件 （84.9.4 他） 1943 年 1 月 5 日生まれ	旧姓廣田。無実を主張。
春田　竜也（享年 36 歳） 02. 9.18 福岡拘置所にて執行 98. 4.23 最高裁（遠藤光男） 91. 3.26 福岡高裁（前田一昭） 88. 3.30 熊本地裁（荒木勝己）	大学生誘拐殺人事件 （87.9.14 ～ 9.25） 1966 年 4 月 18 日生まれ	旧姓田本。一審は異例のスピード審理。
浜田　美輝（享年 43 歳） 02. 9.18 名古屋拘置所にて執行 98. 6. 3 控訴取下げ 98. 5.15 岐阜地裁（沢田経夫）	一家 3 人殺人事件 （94.6.3）	本人控訴取下げで、死刑確定。
宮崎　知子　　　　名古屋 98. 9. 4 最高裁（河合伸一） 92. 3.31 名古屋高裁金沢支部 （浜田武律） 88. 2. 9 富山地裁（大山貞雄）	富山・長野 2 女性殺人事件 （80.2.23 ～ 3.6）	真犯人は別人と主張。
柴嵜　正一　　　　東京 98. 9.17 最高裁（井嶋一友） 94. 2.24 東京高裁（小林充） 91. 5.27 東京地裁（中山善房）	中村橋派出所 2 警官殺人事件 （89.5.16） 1969 年 1 月 1 日生まれ	

村松誠一郎　　　　東京 98.10. 8 最高裁（小野幹雄） 92. 6.29 東京高裁（新谷一信） 85. 9.26 浦和地裁（林修）	宮代事件等 (80.3.21) 1956 年 5 月 17 日生まれ	宮代事件は無実を主張。
松本美佐雄　　　　東京 98.12. 1 最高裁（元原利文） 94. 9.29 東京高裁（小林充） 93. 8.24 前橋地裁高崎支部 （佐野精孝）	2 人殺人 1 人傷害致死、死体遺棄事件 (90.12/91.7) 1965 年 2 月 20 日生まれ	1 件の殺人について否認。他の 1 件については共犯者の存在を主張。
高田和三郎（享年 88 歳） 20.10.17 東京拘置所にて病死 99. 2.25 最高裁（小野幹雄） 94. 9.14 東京高裁（小泉祐康） 86. 3.28 浦和地裁（杉山忠雄）	友人 3 人殺人事件 (72.2 ～ 74.2) 1932 年 8 月 17 日生まれ	真犯人は別人と主張。
嶋﨑　末男（享年 59 歳） 04. 9.14 福岡拘置所にて執行 99. 3. 9 最高裁（千種秀夫） 95. 3.16 福岡高裁　死刑 （池田憲義） 92. 11.30 熊本地裁　無期	熊本保険金殺人事件	一審は無期懲役判決。高裁で死刑判決。
福岡　道雄（享年 64 歳） 06.12.25 大阪拘置所にて執行 99. 6.25 最高裁（福田博） 94. 3. 8 高松高裁（米田俊昭） 88. 3. 9 高知地裁（田村秀作）	3 件殺人事件 (78.12/80.4/81.1) 1942 年 7 月 13 日生まれ	無実を主張。
松井喜代司（享年 69 歳） 17.12.19 東京拘置所にて執行 99. 9.13 最高裁（大出峻郎） 95.10. 6 東京高裁（小泉祐康） 94.11. 9 前橋地裁高崎支部 （佐野精孝）	安中親子 3 人殺人事件 (94.2.13) 1948 年 1 月 23 日生まれ	再審請求中に執行。
北川　　晋（享年 58 歳） 05. 9.16 大阪拘置所にて執行 00. 2. 4 最高裁（北川弘治） 95. 3.30 高松高裁（米田俊昭） 94. 2.23 高知地裁（隅田景一）	高知・千葉殺人事件 (83.8.16/86.2.6) 1947 年 5 月 21 日生まれ	
日高　広明（享年 44 歳） 06.12.25 広島拘置所にて執行 00. 2. 9 広島地裁（戸倉三郎）	4 女性強盗殺人事件 (96)	控訴せず確定。
小田　義勝（享年 59 歳） 07. 4.27 福岡拘置所にて執行 00. 3.15 福岡地裁（陶山博生）	2 件保険金殺人事件	弁護人の控訴を 00 年 3 月 30 日に本人が取下げ確定。
松本　健次　　　　大阪 00. 4. 4 最高裁（奥田昌道） 96. 2.21 大阪高裁（朝岡智幸） 93. 9.17 大津地裁（土井仁臣）	2 件強盗殺人事件 (90.9/91.9) 1951 年 2 月 3 日生まれ	「主犯」の兄は事件後自殺。
田中　政弘（享年 42 歳） 07. 4.27 東京拘置所にて執行 00. 9. 8 最高裁（河合伸一） 95.12.20 東京高裁（佐藤文哉） 94. 1.27 横浜地裁（上田誠治）	4 人殺人事件 (84.11/88.3/89.6/91.3) 1964 年 9 月 12 日生まれ	旧姓宮下。4 人のうち 2 人の殺人を否認。再審請求が棄却され恩赦出願を準備中に執行。

竹澤一二三（享年 69 歳） 07. 8.23 東京拘置所にて執行 00.12. 11 東京高裁（高橋省吾） 98. 3.24 宇都宮地裁 （山田公一）	栃木県 3 人殺人事件 （90.9.13/93.7.28）	嫉妬妄想による犯行と弁護側主張。上告せず死刑が確定。
瀬川　光三（享年 60 歳） 07. 8.23 名古屋拘置所にて執行 01. 1.30 最高裁（元原利文） 97. 3.11 名古屋高裁金沢支部 （高木實） 93. 7.15 富山地裁（下山保男）	富山夫婦射殺事件 （91.5.7）	
岩本　義雄（享年 63 歳） 07. 8.23 東京拘置所にて執行 01. 2. 1 東京地裁（木村烈）	2 件強盗殺人事件 （96.6/97.7）	弁護人が控訴したが、本人が控訴を取下げ、死刑確定。
上田　　大（享年 33 歳） 03. 2.28 名古屋拘置所で病死 01. 9.20 最高裁（藤井正雄） 96. 7. 2 名古屋高裁 （松本光雄） 94. 5.25 名古屋地裁一宮支部 （伊藤邦晴）	愛知 2 件殺人事件 （93.2.16/3.3）	
S・T（享年 44 歳） 17.12.19 東京拘置所にて執行 01.12. 3 最高裁（亀山継夫） 96. 7. 2 東京高裁（神田忠治） 94. 8. 8 千葉地裁（神作良二）	市川一家 4 人殺人事件 （92.3.5） 1973 年 1 月 30 日生まれ	犯行時 19 歳の少年。再審請求中に執行。
萬谷　義幸（享年 68 歳） 08. 9.11 大阪拘置所にて執行 01.12. 6 最高裁（深沢武久） 97. 4.10 大阪高裁（内匠和彦） 91. 2. 7 大阪地裁（米田俊昭）	地下鉄駅短大生殺人事件 （88.1.15） 1940 年 1 月 24 日生まれ	無期刑の仮釈放中の事件。
陳　代　偉　　　　東京 02. 6.11 最高裁（金谷利広） 98. 1.29 東京高裁（米沢敏雄） 95.12.15 東京地裁八王子支部 （豊田建）	パチンコ店強盗殺人事件 （92.5.30） 1961 年 2 月 13 日生まれ	中国国籍。定住以外の外国人の死刑確定は戦後初めて。主犯格国外逃亡中。取調べ時拷問を受け、自白を強要された。強盗殺人の共謀と殺意の不在を主張。通訳の不備が問題となる。
何　　　力　　　　東京 02. 6.11 最高裁（金谷利広） 98. 1.29 東京高裁（米沢敏雄） 95.12.15 東京地裁八王子支部 （豊田建）	パチンコ店強盗殺人事件 （92.5.30） 1964 年 10 月 3 日生まれ	同上。
横田　謙二　　　　東京 02.10. 5 上告取下げ 02. 9.30 東京高裁　死刑 （高橋省吾） 01. 6.28 さいたま地裁　無期	知人女性殺人事件 （99.1） 1949 年 5 月 23 日生まれ	無期刑の仮釈放中の事件。一審は無期懲役判決。弁護人の上告を本人が取下げ。
府川　博樹（享年 42 歳） 07.12. 7 東京拘置所にて執行 03. 1. 5 上告取下げ 01.12.19 東京高裁（高橋省吾） 01. 3.21 東京地裁（木村烈）	江戸川老母子強盗殺人事件 （99.4） 1965 年 6 月 6 日生まれ	異例のスピード裁判。上告を取下げ死刑確定。

宅間　守（享年40歳） 04. 9.14 大阪拘置所にて執行 03. 9.26 控訴取下げ 03. 8.28 大阪地裁（川合昌幸）	池田小児童殺傷事件 (01.6.8)	一審弁護人の控訴を本人が取下げて、死刑確定。確定から執行までわずか1年。
黄　奕　善　　東京 04. 4.19 最高裁（島田仁郎） 98. 3.26 東京高裁（松本時夫） 96. 7.19 東京地裁（阿部文洋）	警視庁指定121号事件 (93.10.27 ～ 12.20) 1968年12月14日生まれ	中国系のマレーシア国籍。「共犯」の松沢は05年9月確定。強盗殺人の共謀と殺意の不存在を主張。
石橋　栄治（享年72歳） 09.10.27 東京拘置所にて病死 04. 4.27 最高裁（藤田宙靖） 99. 4.28 東京高裁　死刑 （佐藤文哉） 96. 3. 8 横浜地裁小田原支部 無期　（萩原孟）	神奈川2件強盗殺人事件 (88.12.28/89.1.1) 1937年10月25日生まれ	一審では、2件のうち1件を無罪として無期懲役判決。再審請求中に病死。
藤間　静波（享年47歳） 07.12. 7 東京拘置所にて執行 04. 6.15 最高裁（浜田邦夫） 00. 1.24 東京高裁（荒木友雄） 88. 3.10 横浜地裁（和田保）	母娘他5人殺人事件 (81.5/82.5/82.6) 1960年8月21日生まれ	本人が控訴を取下げたが弁護人が異議申立。特別抗告が認められ「控訴取下は無効」とされ、控訴審が再開された。
岡﨑　茂男（享年60歳） 14. 6.24 東京拘置所にて病死 04. 6.25 最高裁（北川弘治） 98. 3.17 仙台高裁（泉山禎治） 95. 1.27 福島地裁 （井野場明子）	警察庁指定118号事件 (86.7/89.7/91.5) 1953年6月30日生まれ	殺人の被害者2人で3人に死刑判決。再審請求中に病死。
迫　康裕（享年73歳） 13. 8.15 仙台拘置支所にて病死 04. 6.25 最高裁（北川弘治） 98. 3.17 仙台高裁（泉山禎治） 95. 1.27 福島地裁 （井野場明子）	警察庁指定118号事件 (86.7/89.7/91.5) 1940年7月25日生まれ	殺人の被害者2人で3人に死刑判決。殺人に関しては無罪主張。再審請求中に病死。
熊谷　昭孝（享年67歳） 11. 1.29 入院先の病院で病死 04. 6.25 最高裁（北川弘治） 98. 3.17 仙台高裁（泉山禎治） 95. 1.27 福島地裁 （井野場明子）	警察庁指定118号事件 (86.7/89.7/91.5) 1943年2月10日生まれ	殺人の被害者2人で3人に死刑判決。再審請求中に病死。
名古　圭志（享年37歳） 08. 2. 1 福岡拘置所にて執行 04. 8.26 控訴取下げ 04. 6.18 鹿児島地裁(大原英雄)	伊仙母子殺傷事件 (02.8.16) 1970年5月7日生まれ	本人控訴取下げで死刑確定。
中村　正春（享年61歳） 08. 4.10 大阪拘置所にて執行 04. 9. 9 最高裁（島田仁郎） 99.12.22 大阪高裁（河上元康） 95. 5.19 大津地裁（中川隆司）	元同僚ら2人殺人事件 (89.10.10/12.26) 1947年3月11日生まれ	
岡本　啓三　（享年60歳） 18. 12.27 大阪拘置所にて執行 04. 9.13 最高裁（福田博） 99. 3. 5 大阪高裁（西田元彦） 95. 3.23 大阪地裁（谷村充祐）	コスモ・リサーチ殺人事件 (88.1.29) 1958年9月3日生まれ	旧姓河村。著書に『こんな僕でも生きてていいの』『生きる』『落伍者』がある。再審請求中の執行。

末森　博也　(享年 67 歳) 18. 12.27 大阪拘置所にて執行 04. 9.13 最高裁（福田博） 99. 3. 5 大阪高裁（西田元彦） 95. 3.23 大阪地裁（谷村充祐）	コスモ・リサーチ殺人事件 (88.1.29) 1951 年 9 月 16 日生まれ	
持田　孝（享年 65 歳） 08. 2. 1 東京拘置所にて執行 04.10.13 最高裁（滝井繁男） 00. 2.28 東京高裁　死刑 （仁田陸郎） 99. 5.27 東京地裁　無期 （山室恵）	前刑出所後、被害届を出した女性への逆恨み殺人事件 (97.4) 1942 年 5 月 15 日生まれ	一審は無期懲役判決。
坂本　正人（享年 41 歳） 08. 4.10 東京拘置所にて執行 04.11.13 上告せず確定 04.10.29 東京高裁 死刑（白木勇） 03.10.09 前橋地裁　無期 （久我泰博）	群馬女子高生誘拐殺人事件 (02.7.19) 1966 年 5 月 19 日生まれ	一審は無期懲役判決。上告せず、死刑確定。被害者は 1 名。
坂本　春野（享年 83 歳） 11. 1.27 大阪医療刑務所にて病死 04.11.19 最高裁（津野修） 00. 9.28 高松高裁（島敏男） 98. 7.29 高知地裁（竹田隆）	2 件保険金殺人事件 (87.1.17/92.8.19) 1927 年 6 月 21 日生まれ	確定判決時 77 歳。無実を主張。病死。
倉吉　政隆　　　　福岡 04.12. 2 最高裁（泉徳治） 00. 6.29 福岡高裁（小出錞一） 99. 3.25 福岡地裁（仲家暢彦）	福岡・大牟田男女 2 人殺人事件他 (95.4) 1951 年 7 月 2 日生まれ	
森本　信之　　　　名古屋 04.12.14 最高裁（金谷利広） 01. 5.14 名古屋高裁 （堀内信明） 00. 3. 1 津地裁（柴田秀樹）	フィリピン人 2 女性殺人事件 (98.12)	2 人の共犯のうち、1 人は公判途中で死亡。もう 1 人は二審で無期懲役に減刑。
山崎　義雄（享年 73 歳） 08. 6.17 大阪拘置所にて執行 05. 1.25 最高裁（上田豊三） 00.10.26 高松高裁死刑（島敏男） 97. 2.18 高松地裁　無期 （重古孝郎）	保険金殺人事件（仙台・高松） (85.11/90.3) 1935 年 6 月 10 日生まれ	一審は無期懲役判決。
間中　博巳　　　　東京 05. 1.27 最高裁（才口千晴） 01. 5. 1 東京高裁（河辺義正） 94. 7. 6 水戸地裁下妻支部 （小田部米彦）	同級生 2 人殺人事件 (89.8/9.13) 1967 年 12 月 6 日生まれ	
秋永　　香（享年 61 歳） 08. 4.10 東京拘置所にて執行 05. 3. 3 最高裁（泉徳治） 01. 5.17 東京高裁　死刑 （吉本徹也） 99. 3.11 東京地裁　無期 （山崎学）	資産家老女ら 2 人殺人事件 (89.10) 1946 年 12 月 14 日生まれ	旧姓岡下。一審は無期懲役判決。1 件については否認。歌集に『終わりの始まり』がある。
宮前　一明（享年 57 歳） 18. 7.26 名古屋拘置所にて執行 05. 4. 7 最高裁（島田仁郎） 01.12.13 東京高裁（河辺義正） 98.10.23 東京地裁（山室恵）	坂本弁護士一家殺人事件等 (89.11.4 他) 1960 年 10 月 8 日生まれ	旧姓佐伯→岡﨑。自首は認めたが減刑せず。2018 年 3 月、名古屋へ移送。

西川　正勝（享年61歳） 17. 7.13 大阪拘置所にて執行 05. 6. 7 最高裁（浜田邦夫） 01. 6.20 大阪高裁（河上元康） 95. 9.12 大阪地裁（松本芳希）	警察庁指定119号事件 (91.11.13～92.1.5) 1956年1月14日生まれ	強盗殺人は否認、強盗殺人未遂は殺意を否認。再審請求中の執行。
鎌田　安利（享年75歳） 16. 3.25 大阪拘置所にて執行 05. 7. 8 最高裁（福田博） 01. 3.27 大阪高裁（福島裕） 99. 3.24 大阪地裁（横田伸之）	警察庁指定122号事件 5人女性殺人 (85～94) 1940年7月10日生まれ	2件に分けてそれぞれに死刑判決。一部無実を主張。
高根沢智明（享年44歳） 21. 12.21 東京拘置所にて執行 05. 7.13 控訴取下げ 04. 3.26 さいたま地裁 （川上拓一）	パチンコ店員連続殺人事件 (03.2.23/4.1)	「共犯」の小野川は09年6月確定。本人の控訴取下げに弁護人が異議申立。05年11月30日に確定。
松沢　信一　　　　東京 05. 9.16 最高裁（中川了滋） 01. 5.30 東京高裁（龍岡資晃） 98. 5.26 東京地裁（阿部文洋）	警視庁指定121号事件 (93.10.27～12.20)	旧姓下山。判決では主導的役割を認定された。「共犯」の黄は04年4月確定。
堀江　守男　　　　仙台 05. 9.26 最高裁（今井功） 91. 3.29 仙台高裁（小島達彦） 88. 9.12 仙台地裁（渡辺建夫）	老夫婦殺人事件 (86.2.20) 1950年12月29日生まれ	被告が心神喪失状態にあるか否かが争点となり、5年の公判停止後、訴訟能力ありとして公判が再開された。
陸田　真志（享年37歳） 08. 6.17 東京拘置所にて執行 05.10.17 最高裁（泉徳治） 01. 9.11 東京高裁（高木俊夫） 98. 6. 5 東京地裁（岩瀬徹）	ＳＭクラブ連続殺人事件 (95.12.21) 1970年9月24日生まれ	著書に『死と生きる—獄中哲学対話』（池田晶子と共著）がある。
上田　宜範　　　　大阪 05.12.15 最高裁（横尾和子） 01. 3.15 大阪高裁（栗原宏武） 98. 3.20 大阪地裁（湯川哲嗣）	愛犬家ら5人連続殺人事件 (92～93) 1954年8月14日生まれ	無実を主張。
宮崎　　勤（享年45歳） 08. 6.17 東京拘置所にて執行 06. 1.17 最高裁（藤田宙靖） 01. 6.28 東京高裁（河辺義正） 97. 4.14 東京地裁（田尾健二郎）	埼玉東京連続幼女殺人事件 (88.8～89.6) 1962年8月21日生まれ	著書に『夢のなか』『夢のなか、いまも』がある。
田中　毅彦　　　　大阪 06. 2.14 最高裁（上田豊三） 01.12.25 大阪高裁　死刑 （池田真一） 00. 3.16 大阪地裁　無期 （古川博）	右翼幹部らと2人殺人事件 (92.2/94.4) 1963年7月13日生まれ	一審は無期懲役判決。旧姓久堀。
山口　益生　　　　名古屋 06. 2.24 最高裁（今井功） 01. 6.14 名古屋高裁　死刑 （小島裕史） 99. 6.23 津地裁差戻審　無期 （柴田秀樹） 97. 9.25 名古屋高裁（土川孝二） 死刑判決破棄差戻し 97. 3.28 津地裁四日市支部 死刑（柄多貞介）	古美術商ら2人殺人事件 (94.3～95.3) 1949年11月16日生まれ	「共犯」は、02年、上告中に病死。第1次名古屋高裁判決は、利害の反する2人の被告に1人の弁護人では訴訟手続上不備として、支部判決を破棄、差戻審は無期懲役判決。その後第2次名古屋高裁判決で2人に死刑判決。

豊田　義己　　　　　名古屋 06. 3. 2 最高裁（横尾和子） 02. 2.28 名古屋高裁（堀内信明） 00. 7.19 名古屋地裁（山本哲一）	静岡、愛知2女性殺害事件 (96.8/97.9) 1944年1月31日生まれ	静岡の事件は否認。
山本　峰照（享年68歳） 08. 9.11 大阪拘置所にて執行 06. 3.21 控訴取下げ 06. 3.20 神戸地裁（笹野明義）	老夫婦強盗殺人事件 (04.7.22) 1940年4月2日生まれ	期日間整理手続きが適用され4回の公判で死刑判決。弁護人が控訴したが、翌日本人が取下げ。06年4月4日に確定。
高橋　和利（享年87歳） 21. 10. 8 東京拘置所にて病死 06. 3.28 最高裁（堀籠幸男） 02.10.30 東京高裁（中西武夫） 95. 9. 7 横浜地裁（上田誠治）	横浜金融業夫婦殺人事件 (88.6.20) 1934年4月28日生まれ	無罪を主張。「死刑から高橋和利さんを取り戻す会」の会報がある。著書に『「鶴見事件」抹殺された真実』がある。
川村　幸也（享年44歳） 09. 1.29 名古屋拘置所にて執行 06. 6. 9 最高裁（今井功） 03. 3.12 名古屋高裁（川原誠） 02. 2.21 名古屋地裁（片山俊雄）	2女性ドラム缶焼殺事件 (00.4.4) 1964年3月23日生まれ	4人に死刑求刑、2名は無期懲役。再審請求、棄却。
佐藤　哲也（享年39歳） 09. 1.29 名古屋拘置所にて執行 06. 6. 9 最高裁（今井功） 03. 3.12 名古屋高裁（川原誠） 02. 2.21 名古屋地裁（片山俊雄）	2女性ドラム缶焼殺事件 (00.4.4) 1969年10月17日生まれ	旧姓野村。4人に死刑求刑、2名は無期懲役。08年7月、再審請求取下げ。
中山　　進（享年66歳） 14. 5.15 大阪拘置所にて病死 06. 6.13 最高裁（堀籠幸男） 03.10.27 大阪高裁（浜井一夫） 01.11.20 大阪地裁（氷室真）	豊中2人殺人事件 (98.2.19) 1948年1月13日生まれ	無期刑の仮釈放中の事件。再審請求中に病死。
陳　　徳通（享年40歳） 09. 7.28 東京拘置所にて執行 06. 6.27 最高裁（藤田宙靖） 03. 2.20 東京高裁（須田贒） 01. 9.17 横浜地裁川崎支部 （羽渕清司）	川崎中国人3人殺人事件 (99.5.25) 1968年4月20日生まれ	中国国籍。重大な事実誤認があり、強盗殺人の殺意の不在を主張。
平野　　勇（享年61歳） 08. 9.11 東京拘置所にて執行 06. 9. 1 最高裁（中川了滋） 02. 7. 4 東京高裁（安弘文夫） 00. 2.17 宇都宮地裁 （肥留間健一）	夫婦殺人放火事件 (94.12) 1948年2月10日生まれ	放火と殺意について否認。
江東　　恒　　　　　大阪 06. 9. 7 最高裁（甲斐中辰夫） 03. 1.20 大阪高裁（那須彰） 01. 3.22 大阪地裁堺支部 （湯川哲嗣）	堺夫婦殺人事件 (97.10.30) 1942年7月21日生まれ	
久間三千年（享年70歳） 08. 10.28 福岡拘置所にて執行 06. 9. 8 最高裁（滝井繁男） 01.10.10 福岡高裁（小出錞一） 99. 9.29 福岡地裁（陶山博生）	飯塚2女児殺人事件 (92.2) 1938年1月9日生まれ	一貫して無実を主張。09年10月、21年7月、家族が再審請求。

松本智津夫（享年63歳） 18. 7. 6 東京拘置所にて執行 06. 9.15 最高裁特別抗告棄却 06. 5.29 東京高裁異議申立棄却 06. 3.27 東京高裁控訴棄却決定（須田賢） 04. 2.27 東京地裁（小川正持）	坂本事件、松本・地下鉄サリン事件等 (89.2 ～ 95.3) 1955年3月2日生まれ。	オウム真理教「教祖」麻原彰晃。弁護団の控訴趣意書の提出遅延を理由に、抜き打ちで控訴棄却決定。一審の審理のみで死刑が確定。第四次再審請求中の執行。
石川　恵子　　　福岡 06. 9.21 最高裁（甲斐中辰夫） 03. 3.27 福岡高裁宮崎支部（岩垂正起） 01. 6.20 宮崎地裁（小松平内）	宮崎2女性殺人事件 (96.8/97.6) 1958年5月23日生まれ	一部無罪を主張。
小林　薫（享年44歳） 13. 2. 21 大阪拘置所にて執行 06.10.10 控訴取下げ 06. 9.26 奈良地裁（奥田哲也）	奈良市女児誘拐殺人事件 (04.11.17) 1968年11月30日生まれ	本人控訴取下げ。弁護人が07年6月16日控訴取下げ無効の申立。08年4月棄却。恩赦不相当の2週間後の執行。
長　勝久　　　東京 06.10.12 最高裁（才口千晴） 03. 9.10 東京高裁（白木勇） 01.12.18 宇都宮地裁（比留間健一）	栃木・妻と知人殺人事件 (88.10 ～ 89.11) 1966年9月11日生まれ	無実を主張。
高橋　義博（享年71歳） 21. 2. 3 東京拘置所で病死 06.10.26 最高裁（島田仁郎） 03. 4.15 東京高裁（須田賢） 00. 8.29 横浜地裁（矢村宏）	医師ら2人強盗殺人事件 (92.7) 1949年9月16日生まれ	殺人に関しては無罪を主張。実行犯3人は無期懲役。
朴　日光（享年61歳） 09. 1. 4 福岡拘置所にて病死 06.11.24 最高裁（中川了滋） 03. 3.28 福岡高裁（虎井寧夫） 99. 6.14 福岡地裁（仲家暢彦）	タクシー運転手殺人事件他 (95.1.12/1.28) 1946年12月7日生まれ	名古屋の事件は知人の犯行、福岡の事件は薬物の影響による心神喪失等を主張。再審請求中に病死。
高塩　正裕（享年55歳） 08. 10.28 仙台拘置支所にて執行 06.12.20 上告取下げ 06.12. 5 仙台高裁（田中亮一）死刑 06. 3.22 福島地裁いわき支部（村山浩昭）無期	いわき市母娘強盗殺人事件 (04.3.18) 1953年6月21日生まれ	一審は無期懲役判決。上告を取下げて確定。
西本正二郎（享年32歳） 09. 1.29 東京拘置所にて執行 07. 1.11 控訴取下げ 06. 5.17 長野地裁（土屋靖之）	愛知・長野連続殺人事件 (04.1.13 ～ 9.7) 1976年10月22日生まれ	本人控訴取下げ。
松本　和弘　　　名古屋 07. 1.30 最高裁（上田豊三） 03. 7. 8 名古屋高裁（小出錞一） 02. 1.30 名古屋地裁一宮支部（丹羽日出夫）	マニラ連続保険金殺人事件 (94.12 ～ 95.6) 1954年6月25日生まれ	双子の兄弟と友人の3人が共謀したとされるが、3人とも「病死」を主張してマニラの事件を否認。
松本　昭弘（享年61歳） 16. 1.22 名古屋拘置所にて病死 07. 1.30 最高裁（上田豊三） 03. 7. 8 名古屋高裁（小出錞一） 02. 1.30 名古屋地裁一宮支部（丹羽日出夫）	マニラ連続保険金殺人・長野殺人事件 (94.12 ～ 96.5) 1954年6月25日生まれ	同上。病死。

下浦　栄一　　　　大阪 07. 1.30 最高裁（上田豊三） 03. 7. 8 名古屋高裁（小出錞一） 02. 1.30 名古屋地裁一宮支部 （丹羽日出夫）	マニラ連続保険金殺人・長野殺人事件 （94.12 ～ 96.5） 1971 年 3 月 9 日生まれ	同上。
松田　康敏（享年 44 歳） 12. 3.29 福岡拘置所にて執行 07. 2. 6 最高裁（那須弘平） 04. 5.21 福岡高裁宮崎支部 （岡村稔） 03. 1.24 宮崎地裁（小松平内）	宮崎 2 女性強盗殺人事件 （01.11.25/12.7） 1968 年 2 月 23 日生まれ	
篠澤　一男（享年 59 歳） 10. 7.28 東京拘置所にて執行 07. 2.20 最高裁（那須弘平） 03. 4.23 東京高裁（高橋省吾） 02. 3.19 宇都宮地裁 （肥留間健一）	宇都宮宝石店 6 人放火殺人事件 （00.6.11） 1951 年 3 月 13 日生まれ	
加納　恵喜（享年 62 歳） 13. 2.21 名古屋拘置所にて執行 07. 3.22 最高裁（才口千晴） 04. 2. 6 名古屋高裁　死刑 （小出錞一） 03. 5.15 名古屋地裁　無期 （伊藤新一）	名古屋スナック経営者殺人事件 （02.3.14） 1950 年 3 月 12 日生まれ	旧姓武藤。一審は無期懲役判決。
小林　光弘（享年 56 歳） 14. 8.29 仙台拘置支所にて執行 07. 3.27 最高裁（上田豊三） 04. 2.19 仙台高裁（松浦繁） 03. 2.12 青森地裁（山内昭善）	弘前武富士放火殺人事件 （01.5.8） 1958 年 5 月 19 日生まれ	第三次再審特別抗告棄却の 3 週間後の執行。
西山　省三　　　　広島 07. 4.10 最高裁（堀籠幸男） 04. 4.23 広島高裁　死刑 （久保真人） 99.12.10 最高裁、検事上告を受けて高裁に差し戻し 97. 2. 4 広島高裁　無期 94. 9.30 広島地裁　無期	老女殺人事件 （92.3.29） 1953 年 1 月 13 日生まれ	無期刑の仮釈放中の事件。一・二審は無期懲役判決。97 ～ 98 年の 5 件の検察上告中、唯一高裁差し戻しとなったケース。
造田　　博　　　　東京 07. 4.19 最高裁（横尾和子） 03. 9.29 東京高裁（原田国男） 02. 1.18 東京地裁 （大野市太郎）	東京・池袋「通り魔」殺傷事件 （99.9.8）	
山地悠紀夫（享年 25 歳） 09. 7.28 大阪拘置所にて執行 07. 5.31 控訴取下げ 06.12.13 大阪地裁（並木正男）	大阪市姉妹強盗殺人事件 （05.11.17） 1983 年 8 月 21 日生まれ	本人控訴取下げ。
中原　澄男　　　　福岡 07. 6.12 最高裁（上田豊三） 05. 4.12 福岡高裁（虎井寧夫） 03. 5. 1 福岡地裁（林秀文）	暴力団抗争連続殺人事件 （97.10.6/10.13） 1947 年 6 月 3 日生まれ	無罪を主張。
薛　　　松　　　　東京 07. 6.19 最高裁（藤田宙靖） 04. 1.23 東京高裁（白木勇） 02. 2.22 さいたま地裁 （川上拓一）	春日部中国人夫婦殺人事件 （00.9）	中国国籍。事実誤認あり、量刑不当を主張。

浜川　邦彦　　　　　名古屋 07. 7. 5 最高裁（甲斐中辰夫） 04. 3.22 名古屋高裁（小出一） 02.12.18 津地裁（天野登喜治）	三重男性２人射殺事件 （94.7.19/11.20） 1960 年 4 月 10 日生まれ	無実を主張。
前上　　博（享年 40 歳） 09. 7.28 大阪拘置所にて執行 07. 7. 5 控訴取下げ 07. 3.28 大阪地裁（水島和男）	自殺サイト利用３人連続殺人事件（05.2.19 ～ 6 月） 1968 年 8 月 20 日生まれ	本人控訴取下げ。
尾形　英紀（享年 33 歳） 10. 7.28 東京拘置所にて執行 07. 7.18 控訴取下げ 07. 4.26 さいたま地裁 （飯田喜信）	熊谷男女４人拉致殺傷事件 （03.8.18） 1977 年 7 月 20 日生まれ	本人控訴取下げ。
横山　真人（享年 54 歳） 18. 7.26 名古屋拘置所にて執行 07. 7.20 最高裁（中川了滋） 03. 5.19 東京高裁（原田国男） 99. 9.30 東京地裁（山崎学）	地下鉄サリン事件等 （95.3.20 他） 1963 年 10 月 19 日生まれ	18 年 3 月、東京から名古屋に移送。第一次再審請求即時抗告中の執行。
後藤　良次　　　　　東京 07. 9.28 最高裁（津野修） 04. 7. 6 東京高裁（山田利夫） 03. 2.24 宇都宮地裁（飯渕進）	宇都宮・水戸殺人事件 （00.7.30/8.20） 1958 年 7 月 24 日生まれ	05 年 10 月に、99 ～ 00 年に他の 3 件の殺人事件に関わったと上申書で告白。その事件では 09 年 6 月 30 日水戸地裁で懲役 20 年の判決、12 年最高裁で確定。
端本　　悟（享年 51 歳） 18. 7.26 東京拘置所にて執行 07.10.26 最高裁（津野修） 03. 9.18 東京高裁（仙波厚） 00. 7.25 東京地裁（永井敏雄）	坂本弁護士一家殺人事件 松本サリン事件等 （89.11/95.3.20 他） 1967 年 3 月 23 日生まれ	
畠山　鐵男（享年 74 歳） 17. 9.16 東京拘置所にて病死 07.11. 1 控訴取下げ 07. 3.22 千葉地裁（根本渉）	警視庁指定 124 号事件 （04.8.5 ～ 11.22） 1943 年 4 月 17 日生まれ	旧姓小田島。控訴を取下げ確定。「共犯」の守田は 11 年 11 月に死刑確定。
庄子　幸一（享年 64 歳） 19. 8. 2 東京拘置所にて執行 07.11. 6 最高裁（藤田宙靖） 04. 9. 7 東京高裁（安広文夫） 03. 4.30 横浜地裁（田中亮一）	大和連続主婦殺人事件 （01.8.29/9.19） 1954 年 10 月 28 日生まれ	共犯者は無期判決（死刑求刑）。再審請求中の執行。死後『深海魚　響野湾子短歌集』『響野湾子俳句集　千年の鯨の泪櫻貝』刊行。
古澤　友幸（享年 46 歳） 12. 3.29 東京拘置所にて執行 07.11.15 最高裁（甲斐中辰夫） 05. 5.24 東京高裁（安広文夫） 04. 3.30 横浜地裁（小倉正三）	横浜一家３人刺殺事件 （02.7.31） 1965 年 4 月 7 日生まれ	
宇井鋑次（享年 68 歳） 08. 2. 7 大阪医療刑務所で病死 07.11.15 最高裁（甲斐中辰夫） 04. 2.25 広島高裁岡山支部 （安原浩） 03. 5.21 岡山地裁（榎本巧）	女性殺人事件 （01.8.9）	無期刑の仮釈放中の事件。病死。
外尾　計夫　　　　　福岡 08. 1.31 最高裁（涌井紀夫） 04. 5.21 福岡高裁（虎井寧夫） 03. 1.31 長崎地裁（山本恵三）	父子保険金殺人事件 （92.9.11/98.10.27） 1947 年 7 月 11 日生まれ	「共犯」は一審死刑判決だったが、高裁で無期に。

小池　泰男（享年 60 歳） 18. 7.26 仙台拘置支所にて執行 08. 2.15 最高裁（古田佑紀） 03.12. 5 東京高裁（村上光鵄） 00. 6.29 東京地裁（木村烈）	松本・地下鉄サリン事件等 (94.6.27/95.3.20 他) 1957 年 12 月 15 日生まれ	旧姓林。18 年 3 月、東京から仙台へ移送。第一次再審請求の特別抗告中に執行。
服部　純也（享年 40 歳） 12. 8. 3 東京拘置所にて執行 08. 2.29 最高裁（古田佑紀） 05. 3.29 東京高裁　死刑 （田尾健二郎） 04. 1.15 静岡地裁沼津支部 無期（高橋祥子）	三島短大生焼殺事件 (02.1.23) 1972 年 2 月 21 日生まれ	一審は無期懲役判決。
長谷川静央　　　　東京 08. 3.17 上告取下げ 07. 8.16 東京高裁（阿部文洋） 07. 1.23 宇都宮地裁 （池本寿美子）	宇都宮実弟殺人事件 (05.5.8) 1942 年 8 月 6 日生まれ	無期刑の仮釈放中の事件。上告を取下げ確定。
松村恭造（享年 31 歳） 12. 8. 3 大阪拘置所にて執行 08. 4. 8 控訴取下げ 08. 3.17 京都地裁（増田耕兒）	京都・神奈川親族殺人事件 (07.1.16/1.23) 1981 年 8 月 3 日生まれ	控訴を取下げ確定。
山本　開一（享年 62 歳） 10. 1. 2 東京拘置所にて病死 08. 4.24 最高裁（才口千晴） 06. 9.28 東京高裁（阿部文洋） 05. 9. 8 さいたま地裁 （福崎伸一郎）	組員 5 人射殺事件 (03.12.14) 1947 年 4 月 2 日生まれ	病死。
加賀　聖商　　　　東京 08. 6. 5 最高裁（才口千晴） 05. 7.19 東京高裁（須田賢） 04. 2. 4 横浜地裁（小倉正三）	伊勢原母子殺人事件 (01.8.4) 1961 年 4 月 30 日生まれ	
上部　康明（享年 48 歳） 12. 3.29 広島拘置所にて執行 08. 7.11 最高裁（今井功） 05. 6.28 広島高裁（大渕敏和） 02. 9.20 山口地裁下関支部 （並木正男）	下関駅 5 人殺害 10 人傷害事件 (99.9.29) 1964 年 3 月 6 日生まれ	一審の精神鑑定では、心神耗弱とするものと責任能力があるとするものに結果が分かれたが、判決は責任能力を認めた。
八木　　茂　　　　東京 08. 7.17 最高裁（泉徳治） 05. 1.13 東京高裁（須田賢） 02.10. 1 さいたま地裁 （若原正樹）	埼玉保険金殺人（2 件） 同未遂事件（1 件） (95.6.3 ～ 99.5.29) 1950 年 1 月 10 日生まれ	無実を主張。共犯者の調書が有罪の証拠とされた。
江藤　幸子（享年 65 歳） 12. 9. 27 仙台拘置支所にて執行 08. 9.16 最高裁（藤田宙靖） 05.11.22 仙台高裁（田中亮一） 02. 5.10 福島地裁（原啓）	福島県祈祷による信者 6 人殺人事件（94.12 ～ 95.6） 1947 年 8 月 21 日生まれ	
藁科　　稔（享年 56 歳） 09. 5. 2 入院先の病院で死亡 09. 1.22 最高裁（涌井紀夫） 06. 2.16 名古屋高裁金沢支部 （安江勤） 04. 3.26 富山地裁（手崎政人）	高岡組長夫婦射殺事件 (00.7.13)	旧姓伊藤。病死。「首謀者」として死刑求刑された副組長は、06 年 11 月一審で無罪判決。

幾島　賢治（享年 67 歳） 14. 7.16 名古屋拘置所にて病死 09. 3.23 最高裁（今井功） 06.10.12 名古屋高裁金沢支部（安江勤） 05. 1.27 富山地裁（手崎政人）	高岡組長夫婦射殺事件 (00.7.13) 1947 年 3 月 15 日生まれ	旧姓大田。再審請求中に病死。「共犯」の藁科は病死。「首謀者」として死刑求刑された副組長は、06 年 11 月一審で無罪判決。
松田　幸則（享年 39 歳） 12. 9.27 福岡拘置所にて執行 09. 4. 3 上告取下げ 07.10. 3 福岡高裁（仲家暢彦） 06. 9.21 熊本地裁（松下潔）	熊本県松橋町男女強盗殺人事件（03.10.16) 1973 年 5 月 26 日生まれ	上告を取下げ確定。
神田　司（享年 44 歳） 15. 6.25 名古屋拘置所にて執行 09. 4.13 控訴取下げ 09. 3.18 名古屋地裁（近藤宏子）	名古屋闇サイト殺人事件 (07.8.24 ～ 25) 1971 年 3 月 9 日生まれ	一審では被害者 1 人で 2 人に死刑判決。控訴を取下げ確定。共犯者は 11 年 4 月無期に減刑。
林　眞須美　大阪 09. 4.21 最高裁（那須弘平） 05. 6.28 大阪高裁（白井万久） 02.12.11 和歌山地裁（小川育央）	和歌山毒カレー事件等 (98.7.25 他) 1961 年 7 月 22 日生まれ	一審は黙秘。二審ではカレー事件について無実を主張。21 年 5 月新弁護人が再審請求、6 月再審請求特別抗告を本人が取下げる。著書に『死刑判決は「シルエット・ロマンス」を聴きながら』『和歌山カレー事件――獄中からの手紙』（共著）。
関根　元（享年 75 歳） 17. 3.27 東京拘置所にて病死 09. 6. 5 最高裁（古田佑紀） 05. 7.11 東京高裁（白木勇） 01. 3.21 浦和地裁（須田賢）	埼玉連続 4 人殺人事件 (93) 1942 年 1 月 2 日生まれ	病死。
風間　博子　東京 09. 6. 5 最高裁（古田佑紀） 05. 7.11 東京高裁（白木勇） 01. 3.21 浦和地裁（須田賢）	埼玉連続 4 人殺人事件 (93) 1957 年 2 月 19 日生まれ	殺人には関与していないと主張。交流誌「ふうりん通信」。
小野川光紀（享年 44 歳） 21.12.21 東京拘置所にて執行 09. 6. 9 最高裁（堀籠幸男） 06. 9.29 東京高裁（白木勇） 04. 3.26 さいたま地裁（川上拓一）	パチンコ店員連続殺人事件 (03.2.23/4.1) 1977 年 4 月 20 日生まれ	「共犯」の高根沢は控訴を取下げ 05 年に確定。
宮城　吉英（享年 56 歳） 13. 4.26 東京拘置所にて執行 09. 6.15 最高裁（今井功） 06.10. 5 東京高裁（池田修） 05.12.12 千葉地裁（金谷暁）	市原ファミレス 2 人射殺事件 (05.4.25) 1956 年 8 月 15 日生まれ	「共犯」の濱崎は 11 年 12 月に死刑確定。
高橋　秀　仙台 09. 6.23 最高裁（堀籠幸男） 05. 7.26 仙台高裁（田中亮一） 04. 3.25 仙台地裁（本間栄一）	貸金業者ら 2 人殺人事件 (01.1.8/2.3) 1963 年 6 月 10 日生まれ	旧姓石川。
小日向将人　東京 09. 7.10 最高裁（竹内行夫） 06. 3.16 東京高裁（仙波厚） 05. 3.28 前橋地裁（久我泰博）	前橋スナック乱射事件 (03.1.25) 1969 年 8 月 18 日生まれ	「共犯」の山田は 13 年 6 月、矢野は 14 年 3 月に確定。

早川紀代秀（享年 68 歳） 18. 7.26 福岡拘置所にて執行 09. 7.17 最高裁（中川了滋） 04. 5.14 東京高裁（中川武隆） 00. 7.28 東京地裁（金山薫）	坂本弁護士一家殺人事件等 （89.11 ～） 1949 年 7 月 14 日生まれ	18年3月、東京から福岡へ移送。第三次再審請求中の執行。
豊田　亨（享年 50 歳） 18.7.26 東京拘置所にて執行 09.11.6 最高裁（竹内行夫） 04. 7.28 東京高裁（高橋省吾） 00. 7.18 東京地裁（山崎学）	地下鉄サリン事件等 （95.3.20 他） 1968 年 1 月 23 日生まれ	第一次再審請求の即時抗告中に執行。
広瀬　健一（享年 54 歳） 18. 7.26 東京拘置所にて執行 09.11.6 最高裁（竹内行夫） 04. 7.28 東京高裁（高橋省吾） 00. 7.18 東京地裁（山崎学）	地下鉄サリン事件等 （95.3.20 他） 1964 年 6 月 12 日生まれ	第一次再審請求中の執行。
窪田　勇次（享年 78 歳） 23. 9. 23 札幌刑務所にて病死 09.12. 4 最高裁（古田佑紀） 05.12. 1 札幌高裁（長島孝太郎） 04. 3. 2 釧路地裁北見支部（伊東顕）	北見夫婦殺人事件 （88.10） 1945 年 1 月 1 日生まれ	13 年余逃亡し時効成立の 10 か月前に逮捕された。無罪を主張。
井上　嘉浩（享年 48 歳） 18. 7. 6 大阪拘置所にて執行 09.12.10 最高裁（金築誠志） 04. 5.28 東京高裁　死刑（山田利夫） 00. 6. 6 東京地裁　無期（井上弘道）	地下鉄サリン事件、仮谷事件等 （94.1 ～ 95.3） 1969 年 12 月 28 日生まれ	一審は無期懲役判決。18年3月、東京から大阪へ移送。第一次再審請求中の執行。
菅　峰夫　福岡 09.12.11 最高裁（古田佑紀） 06. 5.24 福岡高裁（虎井寧夫） 04. 3.11 福岡地裁（林秀文）	福岡庄内連続殺人事件 （96.6.8/11.19） 1950 年 10 月 4 日生まれ	
手柴　勝敏（享年 66 歳） 10. 4.14 福岡拘置所にて病死 09.12.11 最高裁（古田佑紀） 06. 5.24 福岡高裁　死刑（虎井寧夫） 04. 3.11 福岡地裁　無期（林秀文）	福岡庄内連続殺人事件 （96.6.8/11.19）	一審は無期懲役判決。病死。
金川真大（享年 29 歳） 13. 2.21 東京拘置所にて執行 09.12.28 控訴取下げ 09.12.18 水戸地裁（鈴嶋晋一）	土浦連続殺傷事件 （08.3.19 ～ 3.23） 1983 年 10 月 13 日生まれ	控訴を取下げ、確定。
新實　智光（享年 54 歳） 18. 7. 6 大阪拘置所にて執行 10. 1.19 最高裁（近藤崇晴） 06. 3.15 東京高裁（原田国男） 02. 6.26 東京地裁（中谷雄二郎）	坂本弁護士一家殺人事件、松本・地下鉄サリン事件等 （89.11/94.6.27/95.3.20 他） 1964 年 3 月 9 日生まれ	18年3月、東京から大阪へ移送。第二次再審請求中、恩赦申立中の執行。
大橋　健治　大阪 10. 1.29 最高裁（竹内行夫） 07. 4.27 大阪高裁（陶山博生） 06.11. 2 大阪地裁（中川博之）	大阪・岐阜連続女性強盗殺人事件 （05.4.27/5.11） 1940 年 12 月 3 日生まれ	

吉田　純子（享年56歳） 16. 3.25 福岡拘置所にて執行 10. 1.29 最高裁（金築誠志） 06. 5.16 福岡高裁（浜崎裕） 04. 9.24 福岡地裁（谷敏行）	看護師連続保険金殺人事件 （98.1.24 ～ 99.3.27） 1959年7月10日生まれ	
高尾　康司　　　　東京 10. 9.16 最高裁（横田尤孝） 06. 9.28 東京高裁（須田賢） 05. 2.21 千葉地裁（土屋靖之）	千葉館山連続放火事件 （03.12.18） 1963年10月3日生まれ	
藤崎　宗司　　　　東京 10.10.14 最高裁（桜井龍子） 06.12.21 東京高裁（河辺義正） 05.12.22 水戸地裁（林正彦）	鉾田連続強盗殺人事件 （05.1.21 ～ 1.28） 1961年8月31日生まれ	
尾崎　正芳　　　　福岡 10.11. 8 最高裁（須藤正彦） 07. 1.16 福岡高裁（浜崎裕） 05. 5.16 福岡地裁小倉支部 （野島秀夫）	替え玉保険金等殺人事件 （02.1.8 ～ 31） 1974年5月16日生まれ	旧姓竹本。一部無罪を主張。
原　　正志　　　　福岡 10.11. 8 最高裁（須藤正彦） 07. 1.16 福岡高裁（浜崎裕） 05. 5.16 福岡地裁小倉支部 （野島秀夫）	替え玉保険金等殺人事件 （02.1.8 ～ 31） 1957年8月12日生まれ	旧姓竹本。
土谷　正実（享年53歳） 18. 7. 6 東京拘置所にて執行 11. 2.15 最高裁（那須弘平） 06. 8.18 東京高裁（白木勇） 04. 1.30 東京地裁（服部悟）	松本・地下鉄サリン事件等 （94.6 ～ 95.3） 1965年1月6日生まれ	
熊谷　徳久（享年73歳） 13. 9.12 東京拘置所にて執行 11. 3. 1 最高裁（田原睦夫） 07. 4.25 東京高裁（高橋省吾） 死刑 06. 4.17 東京地裁（毛利晴光） 無期	横浜中華街店主銃殺事件等 （04.5.29） 1940年5月8日生まれ （戦災孤児で、もう一つの戸籍では、1938年1月25日生まれ）	一審は無期懲役判決。著書に『奈落――ピストル強盗殺人犯の手記』がある。
鈴木　泰徳（享年50歳） 19. 8. 2 福岡拘置所にて執行 11. 3. 8 最高裁（岡部喜代子） 07. 2. 7 福岡高裁（正木勝彦） 06.11.13 福岡地裁（鈴木浩美）	福岡3女性連続強盗殺人事件（04.12.12 ～ 05.1.18） 1969年3月22日生まれ	
小林　正人　　　　東京 11. 3.10 最高裁（桜井龍子） 05.10.14 名古屋高裁（川原誠） 01. 7. 9 名古屋地裁 （石山容示）	木曽川・長良川殺人事件 （94.9 ～ 10） 1975年3月19日生まれ	少年3人に死刑が求刑され、他の2人には一審では無期懲役判決、二審で3人に死刑判決。
黒澤　　淳　　　　名古屋 11. 3.10 最高裁（桜井龍子） 05.10.14 名古屋高裁　死刑 （川原誠） 01. 7. 9 名古屋地裁　無期 （石山容示）	木曽川・長良川殺人事件 （94.9 ～ 10） 1975年7月21日生まれ	旧姓小森。一審は無期懲役、高裁で死刑判決。複数の少年に死刑が確定するのは初めて。

K・T　　　　　名古屋 11. 3.10 最高裁（桜井龍子） 05.10.14 名古屋高裁　死刑 （川原誠） 01. 7. 9 名古屋地裁　無期 （石山容示）	木曽川・長良川殺人事件 (94.9 ～ 10) 1975 年 10 月 23 日生まれ	一審は無期懲役、高裁で死刑判決。複数の少年に死刑が確定するのは初めて。
片岡　　清（享年 84 歳） 16. 2.14 広島拘置所にて病死 11. 3.24 最高裁（桜井龍子） 08. 2.27 広島高裁岡山支部 （小川正明）死刑 06. 3.24 岡山地裁（松野勉） 無期	広島・岡山強盗殺人事件 (03.9.28/04.12.10)	一審は無期懲役判決。病死。
小林　竜司　　　　大阪 11. 3.25 最高裁（千葉勝美） 08. 5.20 大阪高裁（若原正樹） 07. 5.22 大阪地裁（和田真）	東大阪大生リンチ殺人事件 (06.6.19 ～ 20) 1984 年 12 月 22 日生まれ	
大倉　　修　　　　東京 11. 4.11 最高裁（古田佑紀） 08. 3.25 東京高裁（安広文夫） 07. 2.26 静岡地裁（竹花俊徳）	同僚・妻連続殺人事件 (04.9.16/05.9.9)	旧姓滝。
渕上　幸春　　　　福岡 11. 4.19 最高裁（田原睦夫） 07. 1.23 福岡高裁宮崎支部 （竹田隆） 03. 5.26 宮崎地裁（小松平内）	宮崎連続殺人事件 (99.3.25/9.20) 1969 年 1 月 23 日生まれ	1 件は無罪、1 件は事実誤認を主張。筋ジストロフィー（両上下肢および体幹の機能障害）。
大山　清隆　　　　広島 11. 6. 7 最高裁（大谷剛彦） 07.10.16 広島高裁（楢崎康英） 05. 4.27 広島地裁（岩倉広修）	広島連続殺人事件 (98.10/00.3.1)	
津田寿美年（享年 63 歳） 15.12.18 東京拘置所にて執行 11. 7. 4 控訴取下げ 11. 6.17 横浜地裁（秋山敬）	川崎アパート 3 人殺人事件 (09.5.30) 1952 年 1 月 2 日生まれ	裁判員裁判。控訴取下げで確定。裁判員裁判での死刑確定者で初の執行。
北村　真美　　　　福岡 11.10.3 最高裁（須藤正彦） 07.12.25 福岡高裁（正木勝彦） 06.10.17 福岡地裁久留米支部 （高原正良）	大牟田市 4 人連続殺人事件 (04.9.16 ～ 17)	共犯の北村実雄被告、孝被告とは分離して公判。
井上　孝紘　　　　福岡 11.10.3 最高裁（須藤正彦） 07.12.25 福岡高裁（正木勝彦） 06.10.17 福岡地裁久留米支部 （高原正良）	大牟田市 4 人連続殺人事件 (04.9.16 ～ 17)	旧姓北村。共犯の北村実雄被告、孝被告とは分離して公判。
北村　実雄　　　　広島 11.10.17 最高裁（白木勇） 08. 3.27 福岡高裁（正木勝彦） 07. 2.27 福岡地裁久留米支部 （高原正良）	大牟田市 4 人連続殺人事件 (04.9.16 ～ 17)	共犯の北村真美被告、井上孝紘被告とは分離して公判。
北村　　孝　　　　大阪 11.10.17 最高裁（白木勇） 08. 3.27 福岡高裁（正木勝彦） 07. 2.27 福岡地裁久留米支部 （高原正良）	大牟田市 4 人連続殺人事件 (04.9.16 ～ 17)	共犯の北村真美被告、井上孝紘被告とは分離して公判。

魏　巍（享年 40 歳） 19.12.26 福岡拘置所にて執行 11.10.20 最高裁（白木勇） 07. 3. 8 福岡高裁（浜崎裕） 05. 5.19 福岡地裁（川口宰護）	福岡一家 4 人殺害事件 （03.6.20） 1979 年 11 月 14 日生まれ	共犯のうち 2 名は中国で逮捕・訴追され、王亮被告は無期懲役、楊寧被告は 05 年 7 月 12 日死刑執行。
中川　智正（享年 55 歳） 18. 7. 6 広島拘置所にて執行 11.11.18. 最高裁（古田佑紀） 07. 7.13 東京高裁（植村立郎） 03.10.29 東京地裁（岡田雄一）	坂本弁護士一家殺人事件、松本・地下鉄サリン事件等（89.11 ～ 95.3） 1962 年 10 月 25 日生まれ	二審鑑定で入信直前から犯行時に解離性障害ないし祈祷性精神病と診断。判決は完全責任能力を認定。18 年 3 月東京から広島へ移送。再審請求中の執行。
遠藤　誠一（享年 58 歳） 18. 7. 6 東京拘置所にて執行 11.11.21 最高裁（金築誠志） 07. 5.31 東京高裁（池田修） 02.10.11 東京地裁（服部悟）	松本・地下鉄サリン事件等 （94.5/94.6.27/95.3.20 他） 1960 年 6 月 5 日生まれ。	再審請求中の執行。
守田　克実　　　　東京 11.11.22 最高裁（寺田逸郎） 08. 3. 3 東京高裁（中川武隆） 06.12.19 千葉地裁（根本渉）	警視庁指定 124 号事件 （05.8.5 ～ 11.22）	「共犯」の畠山は控訴を取下げて 07 年 11 月確定。
兼岩　幸男　　　　名古屋 11.11.29 最高裁（那須弘平） 08. 9.12 名古屋高裁（片山俊雄） 07. 2.23 岐阜地裁（土屋哲夫）	交際 2 女性バラバラ殺人事件 （99.8.15/03.5.25） 1957 年 10 月 30 日生まれ	
松永　　太　　　　福岡 11.12.12 最高裁（宮川光治） 07. 9.26 福岡高裁（虎井寧夫） 05. 9.28 福岡地裁小倉支部（若宮利信）	北九州 7 人連続殺人事件 （96.2.26 ～ 98.6.7）	「共犯」は二審で無期に減刑。
濱崎　勝次（享年 64 歳） 13. 4.26 東京拘置所にて執行 11.12.12 最高裁（横田尤孝） 08. 9.26 東京高裁（安広文夫） 07.10.26 千葉地裁（古田浩）	市原ファミレス 2 人射殺事件 （05.4.25） 1948 年 9 月 18 日生まれ	確定から執行まで 1 年 4 か月。「共犯」の宮城は 09 年 6 月に死刑確定。
若林　一行（享年 39 歳） 15.12.18 仙台拘置支所にて執行 12. 1.16 最高裁（宮川光治） 09. 2. 3 仙台高裁（志田洋） 07. 4.24 盛岡地裁（杉山慎治）	岩手県洋野町母娘強盗殺人事件（06.7.19） 1971 年 12 月 17 日生まれ	二審から無罪を主張。
F・T　　　　　　広島 12. 2.20 最高裁（金築誠志） 08. 4.22 広島高裁（楢崎康英）死刑 06. 5.20 最高裁（浜田邦夫）高裁差し戻し 02. 3.14 広島高裁（重吉孝一郎）無期 00. 3.22 山口地裁（渡辺了造）無期	光市事件 （99.4.14） 1981 年 3 月 16 日生まれ	犯行当時 18 歳。一審・二審無期。検察上告により最高裁が広島高裁に差戻し。差戻し審で死刑。
岩森　　稔（享年 76 歳） 21. 12.11 東京拘置所にて病死 12. 3. 2 最高裁（竹内行夫） 09. 3.25 東京高裁（若原正樹）死刑 08. 3.21 さいたま地裁（飯田喜信）無期	埼玉本庄夫婦殺害事件 （07.7.21） 1945 年 4 月 28 日生まれ	一審は無期懲役判決。病死。

川崎　政則（享年 68 歳） 14. 6.26 大阪拘置所にて執行 12. 7.12 最高裁（白木勇） 09.10.14 高松高裁（柴田秀樹） 09. 3.16 高松地裁（菊地則明）	坂出祖母孫 3 人殺人事件 （07.11.16） 1946 年 1 月 20 日生まれ	
加賀山領治（享年 63 歳） 13.12.12 大阪拘置所にて執行 12. 7.24 最高裁（寺田逸郎） 09.11.11 大阪高裁（湯川哲嗣） 09. 2.27 大阪地裁（細井正弘）	中国人留学生強盗殺人事件 ＤＤハウス事件 （00.7.29/08.2.1） 1950 年 1 月 3 日生まれ	確定から執行まで 1 年 4 か月。
池田　容之　　　　東京 12. 7　　確定 11. 6.16 控訴取下げ 10.11.16 横浜地裁（朝山芳史）	横浜沖バラバラ強殺事件他（09.6.18 ～ 19）	裁判員裁判で初の死刑判決。控訴取下げに対し弁護人による審理継続申立。2012 年 7 月確定処遇に。
田尻　賢一（享年 45 歳） 16.11.11 福岡拘置所にて執行 12. 9.10 上告取下げ確定 12. 4.11 福岡高裁（陶山博生） 11.10.25 熊本地裁（鈴木浩美）	熊本 2 人強盗殺人事件 （04. 3.13、11. 2.23） 1971 年 4 月 26 日生まれ	裁判員裁判での死刑判決。上告を取下げ死刑確定。
謝　依　俤　　　　東京 12.10.19 最高裁（須藤正彦） 08.10. 9 東京高裁（須田賢） 06.10. 2 東京地裁（成川洋司）	品川製麺所夫婦強殺事件 （02.8.31） 1977 年 9 月 7 日生まれ	中国国籍。
高見澤　勤（享年 59 歳） 14. 8.29 東京拘置所にて執行 12.10.23 最高裁（大谷剛彦） 08.12.12 東京高裁（安広文夫） 08. 2. 4 前橋地裁（久我泰博）	暴力団 3 人殺害事件 （01.11 ～ 05.9） 1955 年 4 月 20 日生まれ	
阿佐　吉廣（享年 70 歳） 20. 2.11 東京拘置所にて病死 12.12.11 最高裁（田原睦夫） 08. 4.21 東京高裁（中川武隆） 06.10.11 甲府地裁（川島利夫）	都留市従業員連続殺人事件 （97.3/00.5.14） 1949 年 5 月 21 日生まれ	無罪を主張。病死。
野崎　　浩（享年 61 歳） 20.12.13 東京拘置所にて病死 12.12.14 最高裁（小貫芳信） 10.10. 8 東京高裁（長岡哲次） 死刑 09.12.16 東京地裁（登石郁朗） 無期	フィリピン女性 2 人殺人事件 （99.4.22/08.4.3）	一審は無期懲役判決。病死。
渡辺　純一　　　　東京 13. 1.29 最高裁（岡部喜代子） 09. 3.19 東京高裁（長岡哲次） 死刑 07. 8. 7 千葉地裁（彦坂孝孔） 無期	架空請求詐欺グループ仲間割れ事件（04.10.13 ～ 16）	一審は無期懲役判決。一部無実を主張。
清水　大志　　　　東京 13. 1.29 最高裁（岡部喜代子） 09. 5.12 東京高裁（長岡哲次） 07. 8. 7 千葉地裁（彦坂孝孔）	架空請求詐欺グループ仲間割れ事件（04.10.13 ～ 16）	
伊藤　玲雄　　　　東京 13. 2.28 最高裁（桜井龍子） 09. 8.28 東京高裁（長岡哲次） 07. 5.21 千葉地裁（彦坂孝孔）	架空請求詐欺グループ仲間割れ事件（04.10.13 ～ 16）	

住田　紘一（享年 34 歳） 17. 7.13 広島拘置所にて執行 13. 3.28 控訴取下げ 13. 2.14 岡山地裁（森岡孝介）	岡山元同僚女性殺人事件（11.9.30） 1982 年 9 月 29 日生まれ	裁判員裁判。被害者 1 名。本人控訴取下げで、確定。
山田健一郎　東京 13. 6. 7 最高裁（千葉勝美） 09. 9.10 東京高裁（長岡哲次） 08. 1.21 前橋地裁（久我泰博）	前橋スナック乱射事件（03.1.25） 1966 年 8 月 23 日生まれ	「共犯」の小日向は 09 年 7 月、矢野は 14 年 3 月に死刑確定。
高柳　和也　大阪 13.11.25 最高裁（金築誠志） 10.10.15 大阪高裁（湯川哲嗣） 09. 3.17 神戸地裁姫路支部（松尾嘉倫）	姫路 2 女性殺人事件（05.1.9） 1966 年 1 月 10 日生まれ	
沖倉　和雄（享年 66 歳） 14. 7. 2 東京拘置所にて病死 13.12.17 最高裁（木内道祥） 10.11.10 東京高裁（金谷曉） 09. 5.12 東京地裁立川支部（山崎和信）	あきる野市資産家姉弟強盗殺人事件（08.4.9 ～ 13）	病死。
小川　和弘　大阪 14. 3. 6 最高裁（横田尤孝） 11. 7.26 大阪高裁（的場純男） 09.12. 2 大阪地裁（秋山敬）	大阪個室ビデオ店放火事件（08.10.2）	
矢野　治（享年 71 歳） 20. 1.26 東京拘置所にて自殺 14. 3.14 最高裁（鬼丸かおる） 09.11.10 東京高裁（山崎学） 07.12.10 東京地裁（朝山芳史）	組長射殺事件、前橋スナック乱射事件等（02.2 ～ 03.1） 1948 年 12 月 20 日生まれ	「共犯」の小日向は 09 年 7 月、山田は 13 年 6 月に死刑確定。17 年 4 月と 7 月に、それぞれ別の殺人容疑で逮捕、起訴されたが、18 年 12 月、東京地裁で無罪判決。検察は控訴せず。自殺。
小泉　毅　東京 14. 6.13 最高裁（山本庸幸） 11.12.26 東京高裁 (八木正一) 10. 3.30 さいたま地裁（伝田喜久）	元厚生次官連続殺傷事件（08.11.17 ～ 11.18） 1962 年 1 月 26 日生まれ	
松原　智浩　東京 14. 9. 2 最高裁（大橋正春） 12. 3.22 東京高裁（井上弘通） 11. 3.25 長野地裁（高木順子）	長野一家 3 人強殺事件（10. 3.24 ～ 25）	裁判員裁判で死刑判決を受け、最高裁で確定したのは初めて。
奥本　章寛　福岡 14.10.16 最高裁（山浦善樹） 12. 3.22 福岡高裁宮崎支部（榎本巧） 10.12. 7 宮崎地裁（高原正良）	宮崎家族 3 人殺人事件（10.3.1） 1988 年 2 月 13 日生まれ	裁判員裁判。
桑田　一也　東京 14.12. 2 最高裁（大谷剛彦） 12. 7.10 東京高裁（山崎学） 11. 6.21 静岡地裁沼津支部（片山隆夫）	交際女性・妻殺人事件（05.10.26、10. 2.23） 1966 年 6 月 26 日生まれ	裁判員裁判。
加藤　智大（享年 39 歳） 22. 7. 26 東京拘置所にて執行 15. 2. 2 最高裁（桜井龍子） 12. 9.12 東京高裁（飯田喜信） 11. 3.24 東京地裁（村山浩昭）	秋葉原無差別殺傷事件（08. 6. 8） 1982 年 9 月 28 日生まれ	著書に『解』『解 +』『東拘永夜抄』『殺人予防』がある。

藤城　康孝（享年65歳） 21.12.21 大阪拘置所にて執行 15. 5.25 最高裁（千葉勝美） 13. 4.26 大阪高裁（米山正明） 09. 5.29 神戸地裁（岡田信）	加古川7人殺人事件 （04.8.2）	
新井　竜太　　　東京 15.12. 4 最高裁（鬼丸かおる） 13. 6.27 東京高裁（井上弘通） 12. 2.24 さいたま地裁（田村真）	埼玉深谷男女2人殺害事件（08.3.13/09.8.7） 1969年6月6日生まれ	裁判員裁判。
高見　素直　　　大阪 16. 2.23 最高裁（和田真） 13. 7.31 大阪高裁（中谷雄二郎） 11.10.31 大阪地裁（和田真）	大阪パチンコ店放火殺人事件（09.7.5） 1968年1月4日生まれ	裁判員裁判。絞首刑違憲論が争われる。
髙橋　明彦　　　仙台 16. 3. 8 最高裁（木内道祥） 14. 6. 3 仙台高裁（飯渕進） 13. 3.14 福島地裁郡山支部 （有賀貞博）	会津美里夫婦殺人事件 （12.7.26） 1966年9月12日生まれ	裁判員裁判。旧姓横倉。
伊藤　和史　　　東京 16. 5.26 最高裁（大橋正春） 14. 2.20 東京高裁（村瀬均） 11.12.27 長野地裁（高木順子）	長野一家3人殺人事件 （10.3.24 ～ 25） 1979年2月16日生まれ	裁判員裁判。
浅山　克己　　　東京 16. 6.13 最高裁（千葉勝美） 14.10. 1 東京高裁（八木正一） 13. 6.11 東京地裁（平木正洋）	山形・東京連続放火殺人事件（10.10.2/11.11.24）	裁判員裁判。
C・Y　　　仙台 16. 6.16 最高裁（大谷直人） 14. 1.31 仙台高裁（飯渕進） 10.11.25 仙台地裁（鈴木信行）	石巻3人殺傷事件 （10.2.10） 1991年7月2日生まれ	裁判員裁判。 事件当時18歳7か月。
筒井　郷太　　　福岡 16. 7.21 最高裁（池上政幸） 14. 6.24 福岡高裁（古田浩） 13. 6.14 長崎地裁（重富朗）	長崎ストーカー殺人事件 （11.12.16） 1984年11月4日生まれ	裁判員裁判。無罪を主張。
井上　佳苗　　　東京 17. 4.14 最高裁（大貫芳信） 14. 3.12 東京高裁（八木正一） 12. 4.13 さいたま地裁 （大熊一之）	首都圏連続不審死事件等 （08. 9 ～ 09. 9） 1974年11月27日生まれ	裁判員裁判。無罪を主張。旧姓木嶋。
上田美由紀（享年49歳） 23. 1.14 喉に食物がつまり死去 17. 7.27 最高裁（小池裕） 13. 3.20 広島高裁松江支部 （塚本伊平） 12.12. 4 鳥取地裁（野口卓志）	鳥取連続不審死事件 （09.4.23/10.6） 1973年12月21日生まれ	裁判員裁判。無罪を主張。
鈴木　勝明　　　大阪 17.12. 8 最高裁（戸倉三郎） 14.12.19 大阪高裁（笹野明義） 13. 6.26 大阪地裁堺支部 （畑山靖）	大阪ドラム缶遺体事件 （04.12.3） 1967年5月13日生まれ	裁判員裁判。無罪を主張。
林　振華　　　名古屋 18. 9. 6 最高裁（木沢克之） 15.10.14 名古屋高裁（石山容示） 15.2.20 名古屋地裁（松田俊哉）	愛知県蟹江町母子殺傷事件 （09.5.1）	中国籍。裁判員裁判。

渡邉　剛　　　　　東京 18.12.21 最高裁（鬼丸かおる） 16. 3.16 東京高裁（藤井敏明） 14. 9.19 東京地裁（田辺美保子）	資産家夫婦殺人事件 （12.12.7）	裁判員裁判。殺害は否認。
西口　宗宏　　　　大阪 19. 2.12 最高裁（岡部喜代子） 16. 9.14 大阪高裁（後藤真理子） 14. 3.10 大阪地裁堺支部 （森浩史）	堺市連続強盗殺人事件 （11.11.5/12.1） 1961 年 8 月 26 日生まれ	裁判員裁判。
溝上浩二　　　　　大阪 19. 5.18 控訴取下げ 18.12.19 大阪地裁（浅香竜太）	寝屋川中 1 男女殺害事件 （15.8.13）	旧姓山田→水海。裁判員裁判。刑務官とトラブルとなり控訴を取下げるが取下げ無効を争い 19 年 12 月大阪高裁が無効決定。20 年 3 月 24 日二度目の控訴取下げ。
保見　光成　　　　広島 19.7.11 最高裁（山口厚） 16.9.13 広島高裁（多和田隆史） 15. 7.28 山口地裁（大寄淳）	周南市連続殺人放火事件 （13.7.21 ～ 22）	裁判員裁判。
堀　　慶末　　　　名古屋 19.7.19 最高裁（山本庸幸） 16.11. 8 名古屋高裁（山口裕之） 15.12.15 名古屋地裁（景山太郎）	碧南市夫婦強盗殺人事件（98.6.28）、守山強盗傷害事件（06.7.20）	裁判員裁判。闇サイト事件で無期刑受刑中に前に犯した事件が発覚。著書に『鎮魂歌』がある。
植松　聖　　　　　東京 20. 3.30 控訴取下げ 20. 3.16 横浜地裁（青沼潔）	相模原障害者殺傷事件 （16.7.26） 1990 年 1 月生まれ	弁護人の控訴を取下げ死刑確定。弁護人による取下げ無効申立ては 22 年 5 月 16 日付で却下決定。
土屋　和也　　　　東京 20. 9. 8 最高裁（林道晴） 18. 2.14 東京高裁（栃木力） 16. 7.20 前橋地裁（鈴木秀行）	前橋連続強盗殺傷事件 （14.11.10/11.16）	裁判員裁判。軽度の発達障害と計画性の不在を認めつつ、複数の凶器を用意したのは被告の意思として上告を棄却。
白石　隆浩　　　　東京 20. 12.21 控訴取下げ 20. 12.15 東京地裁立川支部（矢野直邦）	座間市アパート 9 人殺害事件 （17.8.23. ～ 10.23）	裁判員裁判。本人控訴取下げ確定。
肥田　公明　　　　東京 21. 1.28 最高裁（深山卓也） 18. 7.30 東京高裁（大島隆明） 16.11.24 静岡地裁沼津支部 （斎藤千恵）	伊東市干物店強盗殺人事件 （12.12.18）	裁判員裁判。無実を主張。
川崎　竜弥　　　　東京 21. 2.15 上告取下げ 19. 3.15 東京高裁（藤井敏明） 18. 2.23 静岡地裁（佐藤正信）	浜名湖連続殺人事件 （16.1.29 ～ 7.8）	裁判員裁判。最高裁判決の 2 日前に上告を取下げて確定。
筧 千佐子　　　　　大阪 21. 6.29 最高裁（宮崎裕子） 19. 5.24 大阪高裁（樋口裕晃） 17.11. 7 京都地裁（中川綾子）	青酸連続殺人事件 （07.12 ～ 13.12）	裁判員裁判。認知症で裁判内容を理解する訴訟能力がないと無罪主張。
今井 隼人　　　　　東京 23. 5. 11 上告取下げ 22. 3. 9 東京高裁（細田啓介） 18. 3.22 横浜地裁（渡辺英敬）	川崎市老人ホーム連続転落死事件 （15.11.4 ～ 12.31）	裁判員裁判。

岩間　俊彦（享年 49 歳） 23. 8. 24 東京拘置所で病死 23. 6. 5 最高裁（安浪亮介） 19.12.17 東京高裁（青柳勤） 17. 8.25 甲府地裁（丸山哲巳）	マニラ邦人保険金殺人事件 (14.10/15.8 ～ 9)	裁判員裁判。
上村　隆　大阪 23. 7. 3 最高裁（尾島明） 21. 5.19 大阪高裁（宮崎英一） 19. 3.15 神戸地裁姫路支部（藤原美弥子）	姫路連続監禁殺人事件 (09.4 ～ 11.2)	裁判員裁判。無罪を主張。共犯者は 18 年 11 月 8 日、死刑求刑に対し 1 件が無罪となり、無期懲役に。被告・検察とも控訴。

最高裁係属中の死刑事件

氏名　拘置先 判決日	事件名（事件発生日） 生年月日	備　考
中田　充　福岡 21. 9.15 福岡高裁（辻川靖夫） 19.12.13 福岡地裁（柴田寿宏）	妻子 3 人殺人事件 (17.6.5 ～ 6)	裁判員裁判。無罪を主張。現職の警察官。
小松　博文 23. 4.21 東京高裁（伊藤雅人） 21. 6.30 水戸地裁（結城剛行）	日立妻子 6 人殺害事件 (17.10.6)	裁判員裁判。

高裁係属中の死刑事件

氏名　拘置先 判決日	事件名（事件発生日）	備　考
岩倉　知広 20.12.11 鹿児島地裁（岩田光生）	日置市男女 5 人殺害事件 18.3.31 ～ 4.6	裁判員裁判。
野村　悟 21. 8 .24 福岡地裁（足立勉）	工藤会 4 事件（1998. 2 .18 ～ 2014.5.26）	組織のトップであるとして推認のみで死刑判決。
山田　広志 23. 3. 7 名古屋地裁（森島聡）	名古屋高齢夫婦強盗殺人事件（2017.3.1）	19 年 3 月 8 日名古屋地裁（吉井隆平）無期懲役、20 年 1 月 9 日名古屋高裁（堀内満）一審破棄差戻し、20 年 9 月 14 日最高裁（三浦守）被告上告棄却、差戻し確定。旧姓・松井。

（2023 年 9 月 25 日現在）

※盛藤吉高さん（21. 6.24 福島地裁郡山支部で死刑判決）は 23 年 2 月 16 日に仙台高裁（深沢茂之）にて無期懲役に。検察は上告。

※事件時未成年で、実名表記の了解の得られなかった方についてはイニシャルにしました。

死刑確定者の獄死者

死亡年月日	名前	年齢	拘置所等
2003年　2月28日	上田　大	33歳	名古屋
2003年　9月　3日	冨山常喜	86歳	東京
2004年　6月　4日	晴山広元	70歳	札幌刑務所
2007年　7月17日	諸橋昭江	75歳	東京
2008年　2月　7日	宇井鋑次	68歳	大阪医療刑務所
2008年12月16日	澤地和夫	69歳	東京
2009年　1月　4日	朴　日光	61歳	福岡
2009年　5月　2日	藁科　稔	56歳	名古屋の病院で
2009年　9月　3日	荒井政男	82歳	東京
2009年10月27日	石橋栄治	72歳	東京
2010年　1月　2日	山本開一	62歳	東京
2010年　4月14日	手柴勝敏	66歳	福岡
2011年　1月27日	坂本春野	83歳	大阪医療刑務所
2011年　1月29日	熊谷昭孝	67歳	仙台の病院で
2011年　2月　6日	永田洋子	65歳	東京
2013年　6月23日	綿引　誠	74歳	東京
2013年　8月15日	迫　康裕	73歳	仙台
2013年11月15日	宇治川正	62歳	東京
2014年　4月19日	石田富蔵	92歳	東京
2014年　5月15日	中山　進	66歳	大阪
2014年　6月24日	岡﨑茂男	60歳	東京
2014年　7月　2日	沖倉和雄	66歳	東京
2014年　7月16日	幾島賢治	67歳	名古屋
2015年10月　4日	奥西　勝	89歳	八王子医療刑務所
2016年　1月22日	松本昭弘	61歳	名古屋
2016年　2月14日	片岡　清	84歳	広島
2017年　3月27日	関根　元	75歳	東京
2017年　5月24日	大道寺将司	68歳	東京
2017年　6月26日	浜田武重	90歳	福岡
2017年　9月16日	畠山鐵男	74歳	東京
2020年　2月11日	阿佐吉廣	70歳	東京
2020年10月17日	高田和三郎	88歳　肺炎	東京
2020年12月13日	野崎　浩	66歳　慢性腎不全	東京
2021年　2月3日	高橋義博	71歳　急性冠症候群	東京
2021年　10月8日	高橋和利	87歳	東京

2021年 12月11日	岩森　稔	76歳	東京
2023年　1月14日	上田美由紀	49歳	広島
2023年　8月24日	岩間俊彦	49歳、糖尿・腎不全	東京
2023年　9月23日	窪田勇次	78歳、誤嚥性肺炎	札幌

死刑確定者の自殺者

1999年11月 8日	太田勝憲	55歳	札幌
2020年 1月26日	矢野　治	71歳	東京

法務大臣別死刑執行記録

この表は死刑の執行がどのような政治的、社会的状況下で行われているかを分析するための資料として製作された。1993年以前の記録は不備な項目もあるが参考までに掲載した。
※法務大臣就任時に〔衆〕は衆議院議員、〔参〕は参議院議員であることを、〔民間〕は国会議員でないことを示す。

首相	法相（就任年月日）	執行年月日（曜日）	死刑囚名	年齢	拘置所	執行前後の状況	年間執行数
中曽根康弘	住 栄作〔衆〕（83・12・27）	84・10・30（火）	中山 実		東京		84年＝1人
	嶋崎 均〔参〕（84・11・1）	85・5・31（木）	大島 卓士		名古屋		
			古谷 惣吉		大阪		
		85・7・25（木）	阿部 利秋		福岡		85年＝3人
	鈴木 省吾〔参〕（85・12・28）	86・5・20（火）	木村 繁治		東京		
			徳永 励一		東京		86年＝2人
	遠藤 要〔参〕（86・7・22）	87・9・30（水）	大坪 清隆		大阪		
			矢部 光男		東京		87年＝2人
竹下 登	林田悠紀夫〔参〕（87・11・6）	88・6・16（木）	松田 吉孔		大阪		
			渡辺 健一		大阪		
	長谷川 峻〔衆〕（88・12・27）	―				＊リクルートからの政治献金が発覚し、在任期間4日で辞任。	
	高辻 正己〔民間〕（88・12・30）	―				＊73～80年最高裁判事。法相就任前は国家公安委員会委員。	88年＝2人
宇野 宗佑	谷川 和穂〔衆〕（89・6・3）	―				＊宇野内閣が69日で退陣になり、法相退任。	
海部 俊樹	後藤 正夫〔参〕（89・8・10）	89・11・10（金）	近藤 武数		福岡		89年＝1人
	長谷川 信〔参〕（90・2・28）	―				＊病気のため任期途中で辞任。10月死去。	90年＝0人
	梶山 静六〔衆〕（90・9・13）	―					91年＝0人
	左藤 恵〔衆〕（90・12・29）	―				＊第2次海部内閣の改造内閣で就任。真宗大谷派の僧侶。	92年＝0人

宮澤　喜一	田原　隆〔衆〕（91・11・5）	―					
	後藤田正晴〔衆〕（92・12・12）	93・3・26（金）	立川修二郎	62	大阪	執行再開。26年ぶりの3名同時執行。川中氏は精神分裂症。法相「このままでは法秩序が維持できない。（執行しなかった法相は）怠慢である」と発言。	
			川中　鉄夫	48	大阪		
			近藤　清吉	55	仙台		
細川　護熙	三ケ月　章〔民間〕（93・8・9）	93・11・26（金）	出口　秀夫	70	大阪	戦後初の4人同時執行。出口氏は70歳の高齢者。11月5日国連規約人権委員会から日本政府への勧告が出たばかり。9月21日の最高裁死刑判決で大野正男判事の補足意見。	
			坂口　徹	56	大阪		
			関　幸生	47	東京		
			小島　忠夫	61	札幌		93年＝7人
羽田　孜	永野　茂門〔参〕（94・4・28）	―				*「南京大虐殺はでっち上げ」発言が問題となり、在任期間11日で辞任。	
	中井　洽〔衆〕（94・5・8）	―				*羽田内閣が64日で総辞職になったため法相退任。	
村山　富市	前田　勲男〔参〕（94・6・30）	94・12・1（木）	安島　幸雄	44	東京	執行ゼロの年を回避。自社さ連立政権下の執行。11月7日国連総会で死刑廃止が議題に。11月26日に世論調査発表。	
			佐々木和三	65	仙台		94年＝2人
		95・5・26（金）	藤岡　英次	40	大阪	オウム事件を背景にした執行。	
			須田　房雄	64	東京		
			田中　重穂	69	東京		
	田沢　智治〔参〕（95・8・8）	―					
	宮澤　弘〔参〕（95・10・9）	95・12・21（木）	木村　修治	45	名古屋	オウム破防法手続き問題の時期。	
			平田　直人	63	福岡		
			篠原徳次郎	68	東京		95年＝6人
橋本龍太郎	長尾　立子〔民間〕（96・1・11）	96・7・11（木）	石田三樹男	48	東京	麻原彰晃（松本智津夫氏）全17件の事件が審理入り。オウム解散を公安審査委員会に請求。	
			横山　一美	59	福岡		
			杉本　嘉昭	45	福岡		
	松浦　功〔参〕（96・11・7）	96・12・20（金）	今井　義人	55	東京	法務大臣就任1カ月半後の執行。執行の有無を記者に答えると明言。ペルー大使館占拠事件（12月17日～）。	
			平田　光成	60	東京		
			野口　悟	50	東京		96年＝6人

	松浦　功〔参〕	97・8・1（金）	日高　安政	54	札幌	執行の事実を法務大臣認める。神戸小学生殺傷事件、オウム事件を背景にした執行。奈良県月ヶ瀬村中2生徒殺害事件で被疑者供述。	97年＝4人
			日高　信子	51	札幌		
			永山　則夫	48	東京		
			神田　英樹	43	東京		
	下稲葉耕吉〔参〕（97・9・11）	98・6・25（木）	島津　新治	66	東京	国会終了直後。参議院選挙公示日。	98年＝6人
			村竹　正博	54	福岡		
			武安　幸久	66	福岡		
小渕　恵三	中村正三郎〔衆〕（98・7・30）	98・11・19（木）	津田　暎	59	広島	法務省から執行の事実・人数を公表。11月4日の記者会見で執行の事実を公表すると表明していた。	
			西尾　立昭	61	名古屋		
			井田　正道	56	名古屋		
	陣内　孝夫〔参〕（99・3・8）	99・9・10（金）	佐藤　真志	62	東京	法務省が記者クラブに「本日9月10日（金）死刑確定囚3名に対して死刑の執行をしました」と初めてFAX。3名とも仮釈放後の再殺人で死刑。	99年＝5人
			高田　勝利	61	仙台		
			森川　哲行	69	福岡		
	臼井日出男〔衆〕（99・10・5）	99・12・17（金）	佐川　和男	48	東京	佐川氏人身保護請求中。小野氏再審請求中。法相「再審請求は重要な理由だが、幾度もやっている場合は考慮しきれない」。	
			小野　照男	62	福岡		
森　喜朗	臼井日出男〔衆〕（00・4・5）	―				＊小渕首相が緊急入院したための「居抜き内閣」。	00年＝3人
	保岡　興治〔衆〕（00・7・4）	00・11・30（木）	勝田　清孝	52	名古屋	臨時国会閉会前日の執行であり、内閣改造直前のかけ込み執行。	
			宮脇　喬	57	名古屋		
			大石　国勝	55	福岡		
	高村　正彦〔衆〕（00・12・5）	―					
小泉純一郎	森山　眞弓〔衆〕（01・4・26）	01・12・27（木）	朝倉幸治郎	66	東京	仕事納め前日の執行。宅間守被告初公判。	01年＝2人
			長谷川敏彦	51	名古屋	オウム関連被告への求刑日。	
		02・9・18（水）	田本　竜也	36	福岡	小泉首相が訪朝するという大きな報道の中での執行。国会閉会中。水曜日の執行は93年3月以降、初めて。	02年＝2人
			浜田　美輝	43	名古屋		
		03・9・12（金）	向井　伸二	42	大阪	宅間守被告への死刑判決直後の執行。	03年＝1人
	野沢　太三〔参〕（03・9・22）	04・9・14（火）	嶋﨑　末男	59	福岡	法相引退直前。火曜日の執行は93年3月以降初めて。	04年＝2人
			宅間　守	40	大阪	宅間氏、自ら控訴を取り下げ。確定後一年未満、異例の早期執行。	

小泉純一郎	南野知恵子〔参〕（04・9・27）	05・9・16（金）	北川　晋	58	大阪	退任直前、国会閉会中。異例の1人のみの執行。	05年＝1人
	杉浦　正健〔衆〕（05・10・31）	―				＊真宗大谷派の信徒であることから就任時に「死刑執行のサインはしない」と発言（直後に撤回）。	
安倍晋三	長勢　甚遠〔衆〕（06・9・26）	06・12・25（月）	秋山　芳光	77	東京	執行ゼロの年を作らぬため。確定死刑囚98人時点での4人執行。藤波氏は車椅子生活。77歳、75歳の高齢者の執行。クリスマスの執行。	06年＝4人
			藤波　芳夫	75	東京		
			福岡　道雄	64	大阪		
			日高　広明	44	広島		
		07・4・27（金）	名田　幸作	56	大阪	国会会期中の執行。	
			小田　義勝	59	福岡		
			田中　政弘	42	東京		
		07・8・23（木）	竹澤一二三	69	東京	法相退陣直前の執行。二桁執行を公言。	
			瀬川　光三	60	名古屋		
			岩本　義雄	63	東京		
	鳩山　邦夫〔衆〕（07・8・27）	―				＊第1次安倍改造内閣で就任したが約30日で内閣総辞職となり退任。	
福田康夫	鳩山　邦夫〔衆〕（07・9・26）	07・12・7（金）	池本　登	75	大阪	被執行者の氏名や事件内容を法務省が初めて発表する。法相、9月25日に「法相が署名をしなくても死刑執行できる方法を考えるべきだ」、ベルトコンベアー発言が問題に。	07年＝9人
			府川　博樹	42	東京		
			藤間　静波	47	東京		
		08・2・1（金）	松原　正彦	63	大阪	前夜に執行予定の情報が流れる。	
			名古　圭志	37	福岡		
			持田　孝	65	東京		
		08・4・10（木）	中元　勝義	64	大阪	4月22日には光市事件差戻控訴審判決。	
			中村　正春	61	大阪		
			坂本　正人	41	東京		
			秋永　香	61	東京		
		08・6・17（火）	山崎　義雄	73	大阪	7月洞爺湖サミットを前にしての執行。	
			陸田　真志	37	東京		
			宮崎　勤	45	東京		

	保岡興治〔衆〕（08・8・2）	08・9・11（木）	萬谷義幸	68	大阪	法相就任1カ月での執行。9月1日には福田首相が辞意を表明していた。	08年＝15人
			山本峰照	68	大阪		
			平野勇	61	東京		
麻生太郎	森英介〔衆〕（08・9・24）	08・10・28（火）	久間三千年	70	福岡	久間氏は無実主張。足利事件菅家氏がＤＮＡ鑑定で釈放直後の執行。	
			高塩正裕	55	仙台	一審無期、二審で死刑判決。上告取り下げ確定。	
		09・1・29（木）	牧野正	58	福岡	公判再開請求が最高裁で棄却後の執行。	09年＝7人
			川村幸也	44	名古屋	前年12月、再審請求棄却後の執行。	
			佐藤哲也	39	名古屋	本人が再審請求を取り下げ。	
			西本正二郎	32	東京	控訴取り下げにより確定。	
		09・7・28（火）	陳徳通	41	東京	中国国籍。政権交代直前の駆け込み執行。	
			前上博	40	大阪	控訴取り下げにより確定。	
			山地悠紀夫	25	大阪	控訴取り下げにより確定。	
鳩山由紀夫	千葉景子〔参〕（09・9・16）	―					
菅直人	千葉景子〔参〕（10・6・8）	10・7・28（水）	篠澤一男	59	東京	政権交代後初の執行、法相執行に立ち会う。元死刑廃止議連メンバー。	10年＝2人
			尾形英紀	33	東京	控訴取り下げにより確定。	
	柳田稔〔参〕（10・9・17）	―				＊「法務大臣は二つ覚えておけばいい。『個別の事案についてはお応えを差し控えます』と『法と秩序に基づいて適切にやっている』だ」と発言して辞任。	
	仙谷由人〔衆〕（10・11・22）	―					
	江田五月〔参〕（11・1・14）	―					11年＝0人
野田佳彦	平岡秀夫〔衆〕（11・9・2）	―					
	小川敏夫〔参〕（12・1・13）	12・3・29（木）	松田康敏	44	福岡	2011年は執行ゼロだったが、年度内ギリギリで執行。	
			上部康明	48	広島		
			古澤友幸	46	東京		
	滝実〔衆〕（12・6・4）	12・8・3（金）	服部純也	40	東京	法相就任2カ月での執行。	
			松村恭造	31	大阪		

野田佳彦	滝 実	12・9・27（木）	松田 幸則	39	福岡	内閣改造で退任希望を表明した直後の執行。	12年＝7人
			江藤 幸子	65	仙台		
	田中 慶秋〔衆〕（12・10・1）	—				＊法相就任から3週間で「体調不良」を理由に辞任。	
	滝 実〔衆〕（12・10・24）	—					
安倍晋三	谷垣 禎一〔衆〕（12・12・26）	13・2・21（木）	金川 真大	29	東京	法相就任2カ月足らずでの執行。	13年＝8人
			小林 薫	44	大阪	金川・小林氏は一審のみで死刑に。加納氏は一審無期。	
			加納 恵喜	62	名古屋		
		13・4・26（金）	宮城 吉英	56	東京	濱崎氏は確定から1年4カ月での執行。	
			濱崎 勝次	64	東京		
		13・9・12（木）	熊谷 徳久	73	東京	オリンピック東京招致決定直後の執行。	
		13・12・12（木）	藤島 光雄	55	東京		
			加賀山領治	63	大阪		
		14・6・26（木）	川崎 正則	68	大阪		14年＝3人
		14・8・29（金）	小林 光弘	56	仙台	法相退任直前の執行。再審請求準備中の二人の執行。	
			高見澤 勤	59	東京		
	松島みどり〔衆〕（14・9・3）	—				＊法相就任後「うちわ」配布が問題となり辞任。	
	上川 陽子〔衆〕（14・10・21）	15・6・25（木）	神田 司	44	名古屋		15年＝3人
	岩城 光英〔参〕（15・10・7）	15・12・18（金）	津田寿美年	63	東京	法相就任2カ月余りでの執行。裁判員裁判で死刑判決を受けた者（津田氏）への初の執行。	
			若林 一行	39	仙台		
		16・3・25（金）	鎌田 安利	75	大阪	岩城光英法相は7月の参議院選挙で落選。	16年＝3人
			吉田 純子	56	福岡		
	金田 勝年〔衆〕（16・8・3）	16・11・11（金）	田尻 賢一	45	福岡		
		17・7・13（木）	西川 正勝	61	大阪	西川氏は再審請求中の執行。法相「再審請求を行っているから執行しないという考えはとっていない」。住田氏は被害者一人、一審のみで確定。	17年＝4人
			住田 紘一	34	広島		
	上川 陽子〔衆〕（17・8・3）	17・12・19（火）	松井喜代司	69	東京	二人とも再審請求中。一人は事件当時少年。	
			関 光彦	44	東京		

安倍晋三	上川陽子〔衆〕	18・7・6（金）	松本智津夫	63	東京	これまでにない大量執行。再審請求中、恩赦申立中など一切無視し、確定順の執行という慣例をかなぐり捨てて、元オウム真理教幹部を一挙に執行した。 松本氏は再審請求中の執行。心神喪失状態だった。 早川氏は再審請求中の執行。 井上氏は一審無期懲役であり、第一次再審請求中の執行。 新實氏、中川氏は再審請求中の執行。 遠藤氏は第一次再審請求中の執行。 土谷氏は心神喪失状態だった可能性が高い。	18年＝15人
			早川紀代秀	68	福岡		
			井上　嘉浩	48	大阪		
			新實　智光	54	大阪		
			土谷　正実	53	東京		
			中川　智正	55	広島		
			遠藤　誠一	58	東京		
		18・7・26（木）	宮前　一明	57	名古屋	前回執行から20日目に、6名を執行。オウム死刑囚13名全員が抹殺された。 横山氏、小池氏、豊田氏、広瀬氏は第一次再審請求中の執行。	
			横山　真人	54	名古屋		
			端本　悟	51	東京		
			小池　泰男	60	仙台		
			豊田　亨	50	東京		
			広瀬　健一	54	東京		
	山下　貴司〔衆〕（18・10・2）	18・12・27（木）	岡本　啓三	60	大阪	年末ぎりぎりの執行。岡本氏は再審請求中。	
			末森　博也	67	大阪		
		19・8・2（金）	庄子　幸一	64	東京	庄子氏は再審請求中。9月内閣改造前の執行。2日前から執行の情報が漏れていた。	19年＝3人
			鈴木　泰徳	50	福岡		
	河井　克行〔衆〕（19・9・11）	—				執行に積極的姿勢を見せつつ妻の選挙違反問題で就任51日で辞任。	
	森　まさこ〔衆〕（19・10・31）	19・12・26（木）	魏　巍	40	福岡	年末ぎりぎりの執行。再審請求中。	
菅　義偉	上川　陽子〔衆〕（20・9・16）					コロナ禍と東京オリンピック	20年＝0人
岸田文雄	古川　禎久〔衆〕（21・10・4）	21・12・21（火）	高根沢智明	54	東京	高根沢氏、小野川氏は再審請求中	21年＝3人
			小野川光紀	44	東京		
			藤城　康孝	65	大阪		
		22・7・26（火）	加藤　智大	39	東京	安部元首相銃殺事件後の執行。前回の藤城氏とならび死亡被害者7人、確定順は最も最後だった。	22年＝1人

岸田文雄	葉梨 康弘〔衆〕（22・8・10）					「法務大臣というのは、朝、死刑のはんこを押して、昼のニュースのトップになるのはそういう時だけという地味な役職だ」発言で辞任	
	齋藤 健〔衆〕（22・11・11）						
	小泉 龍司〔衆〕（23・9・13）						

（2023年9月20日現在）

死刑をめぐる状況

死刑廃止年表二〇二二

2022—2023

死刑をめぐる動き

一月

二〇日　パプア・ニューギニアが死刑制度を廃止

二月

三月

九日　東京高裁（細田啓介裁判長）は今井隼人さんの控訴を棄却、死刑判決

二四日　名古屋高裁金沢支部（森浩史裁判長）は島津慧大さんの

死刑廃止への動き

一月

二二日〜一二月三一日　死刑囚絵画展、パリのアル・サン・ピエール美術館で開催日本の死刑囚一四人の四三作品を展示

二六日　死刑執行抗議集会　岩井信、村木一郎、片岡健、安田好弘　衆議院第2議員会館

三〇日　袴田巌さんに再審開始と無罪判決を！　里見繁、西澤美和子、袴田ひで子　清水テルサ　清水袴田救援会

二月

一二〜一八日　第11回死刑映画週間　渋谷・ユーロスペース　フォーラム90

二七日　プリズン・アカデミーカフェin青猫書房　坂本敏夫　いのちのギャラリー

一審無期懲役判決を破棄、審理を地裁に差し戻す

三一日　東京高検は小林遼さんに対する無期懲役（求刑死刑）とした新潟地裁判決を支持した東京高裁判決について上告を断念

三一日　広島高裁は、光市事件のOTさんの第二次再審請求を棄却

四月

一日　植松聖さん、横浜地裁に再審請求申立

五月

五日　日英円滑化協定締結交渉で、日英両政府が派遣国側の隊員・軍人による「公務中」の犯罪への対応として、第一次裁判権を派遣国に与えることで合意。滞日英軍人が公務中に重罪を犯しても英国の法律が適用され、死刑は免れる

二〇日　米国務省は、オウム真理教について「外国テロ組織」の指定を解除

一一日付　最高裁第一小法廷は、渋谷恭正さんの一・二審無期懲役判決（求刑死刑）に対する被告側上告を棄却

二七日　中央アフリカ共和国の議会は死刑制度を廃止する法案を可決

一八日の記事　ベラルーシのルカシェンコ大統領、テロ行為を試みた場合、死刑を科せる法律に署名

七日～一五日　死刑囚の絵展　広島カフェ　テアトロアビエルト

八日　理想の刑事裁判を求めて　木谷明　無実の死刑囚・袴田巌さんを救う会

一九日　死刑制度を考える議員と市民の対話集会　衆議院議員会館　フォーラム90

二四日　アムネスティ・インターナショナルは世界の死刑に関する年次報告書を発表

六月

三日　ミャンマー国軍による「国家統治評議会」、国民民主連盟の元国会議員、民主活動家ら四人への死刑執行を表明

九日　「ドネツク人民共和国」の最高裁判所はウクライナ側について戦っていた英国人、モロッコ人計3人に死刑判決

七月

二三日　ミャンマーは国民民主連盟の元議員を含む民主活動家ら4人の死刑を執行

二五日　国連のグテレス事務総長はミャンマーの軍事政権による死刑執行を強く非難。日米欧など9カ国・機関の外相らも死刑執行を非難する共同声明を公表

二六日　古川禎久法相は加藤智大さんの死刑を執行

八月

一〇日　葉梨康弘衆議院議員、法相に就任。第2次岸田改造内閣

六月

二六日　袴田巖さんの再審へ向けて清水テルサ　袴田巖さんを救援する清水・静岡市民の会

七月

一二日　是処青山　在日韓国人政治犯が行き着いた所は　李哲　カトリック大阪大司教区本部事務局　宗教者ネット

二六日　死刑執行抗議の記者会見

三〇日　永山子ども基金チャリティトーク&コンサート　太田昌国、高田漣　早稲田奉仕園　永山子ども基金

下旬~11月25日　死刑廃止国際条約の批准を求める請願署名運動始動　フォーラム90

八月

一日　プリズン・カフェアカデミーin青猫書房　永山則夫処刑から25年　映画「略称」上映　いのちのギャラリー

一七日　死刑をなくそう市民会議セミナー①私たちが望むのは死刑のない社会　Youtube配信

一八日　古川禎久法相の死刑執行に抗議する緊急集会　雨宮処凛、香山リカ、太田昌国、安田好弘

二二日　CPRと国際人権連盟（FIDH）は、日本における死刑確定者への独居拘禁と居室に設置されたカメラによる24時間にわたる監視について、レポートと声明を発表

九月

五日　東京拘置所で14年以上にわたってカメラ付きの居室で監視されたのはプライバシー権の侵害だとして、確定死刑囚が国に約1900万円の損害賠償を求めて提訴

一九日　赤道ギニアのヌゲマ大統領は死刑制度完全に廃止する新刑法案に署名

二一日　ロシアとウクライナは、捕虜交換を実施。解放されたなかに親ロシア派の裁判所で死刑判決を受けた3人が含まれた

一〇月

八日　事件から30年…「飯塚事件」を問う　岩田務弁護士　ふくふくプラザ　タンポポの会

九日　響かせあおう死刑廃止の声　死刑囚最後の声を聞く　朗読＝確定死刑囚アンケートから　星陵会館　フォーラム90

一〇日　梅田陸橋、大阪拘置所正門前で死刑廃止デー行動　フォーラムinおおさかほか

一四〜一六日　死刑囚表現展2022　松本治一郎記念会館

一一月

二日　ロシアのメドベージェフ前大統領は死刑制度を復活させるよう訴える

一一日　葉梨康弘法相辞任、齋藤健衆議院議員が法相に

一五日　福岡高裁（辻川康夫裁判長）は中田充さんの控訴を棄却、死刑判決。無実主張

一五日　日弁連は、死刑を廃止し仮釈放の可能性のない「終身拘禁刑」を新設する提言を公表

一八日　新潟地裁（佐藤英彦裁判長）は喜納尚吾さんに無期懲役判決（求刑死刑）

二九日　死刑確定者三人が大阪地裁に絞首刑差止の提訴

二九日　大阪地裁は足立朱美さんに無期懲役判決（求刑死刑）

一二月

一二日付　植松聖さんによる控訴取り下げの有効性が争われた裁判で、最高裁第三小法廷（長嶺安政裁判長）は弁護側の特別抗告を棄却。「控訴の取り下げは有効」とした東京高裁決定が確定

一二日　足立朱美さんへの一審無期懲役（求刑死刑）に対し、検察・弁護側双方が控訴

一五日　死刑廃条約を国連総会が採択して33年目の日に、加盟国に対し死刑執行停止を求める国連総会決議（モラトリアム決議）採択。賛成は１２５か国、棄権は22か国で、反対は日本、中国、北朝鮮など37か国

二三日　アフリカ南部ザンビアのヒチレマ大統領が死刑制度の廃止を承認

四日　齋藤健新法相の地元で死刑制度を考える集会　セレーナおおたかの森

五日　袴田巖さんの第二次再審請求差戻審（東京高裁）、弁護側最終弁論で審理が終結。協議前、袴田さんは大善文男裁判長と面会

六日　死刑執行停止を求める諸宗教者による祈りの集い　日本聖公会大阪聖愛教会　宗教者ネット

初旬　「死刑廃止国際条約の批准を求める請願」を衆参両議院議長へ提出

編集後記

27巻目の『年報・死刑廃止』である。本誌は毎年、死刑廃止デーの10月10日前後に行うフォーラム90「響かせあおう死刑廃止の声」という集会に合わせて刊行している。毎年秋は廃止運動の繁忙期だ。今秋は11月3〜5日の死刑囚表現展、11月25、26日の死刑廃止全国合宿、新法務大臣地元での要請行動、WEB上での署名運動、対拘置所交渉を模索するなどやるべき課題が山積している。そうした活動を、長年肩肘張らずに担ってきた永井迅（清）さんが8月に他界した。本誌の編集委員であり、獄中者の人権に心を砕いた人で、小社でも働いてくれた人だった。編集委員だった対馬滋さんは03年、江頭純二さんは11年にそれぞれ50代60代で亡くなっている。辛いことだ。私は二年前に唐突に連れ合いをなくし、急速に死が私に踏み込んできたと感じている。しかし私は死んではいられない。

今年1月に加賀乙彦さんが亡くなった。彼が東京拘置所の医務官時代から密接に交流していた死刑囚が正田昭さんだ。加賀さんは彼の書簡集を何冊か編んでいる。小社では8月に、川村湊編『サハラの水　正田昭作品集』を刊行することができたのは加賀さん保管の小説を東京新聞記者が了解を得て撮影していたからだ。未発表作品と執行直前の緊迫した日々を描写した日記「夜の記録」も収載したこの作品集をぜひ読んでほしい。

ところで年報14年版は「袴田再審から死刑廃止へ」。本書も「袴田再審から死刑廃止へ2」にと考えたが、それでは混乱しかねない。結局、座談会を「袴田再審から死刑廃止へ」とし、書名は少し変えた。しかし主張したいことはこのタイトルに尽きている。１９８０年代の死刑再審四事件の再審無罪が冤罪批判にとどまり、死刑廃止に向かわなかった轍を踏んではならない。死刑冤罪があるのだから死刑は廃止されねばならないのだ。

昨年7月末以降、死刑執行のない14カ月が過ぎた。この期間がより長く続いて欲しいと切に願う。（深田卓）

袴田事件再審無罪・死刑廃止へ
年報・死刑廃止 2023

2023年10月10日　第1刷発行

編集委員
岩井 信
可知 亮
笹原 恵
島谷直子
高田章子
安田好弘
（以上50音順）
深田卓［インパクト出版会］

装幀・本文レイアウト
宗利淳一デザイン

協力
死刑廃止国際条約の批准を求めるフォーラム90
死刑廃止のための大道寺幸子・赤堀政夫基金
深瀬暢子
国分葉子

宣伝ビデオ作成
可知亮

編集
年報・死刑廃止編集委員会

発行
インパクト出版会
発行人・川満昭広

113-9933 東京都文京区本郷 2-5-11　服部ビル
TEL03-3818-7576　FAX03-3818-8676
E-mail：impact@jca.apc.org

少年事件と死刑　年報・死刑廃止 2012　2300円＋税

更生ではなく厳罰へ、抹殺へとこの国は向かう。少年事件と死刑をめぐり徹底検証。

震災と死刑　年報·死刑廃止 2011　2300円＋税

あれだけの死者が出てもなぜ死刑はなくならないのか。震災後の今、死刑を問い直す。

日本のイノセンス・プロジェクトをめざして

年報・死刑廃止 2010　2300円＋税

DNA鑑定により米国で無実の死刑囚多数を救出したプロジェクトは日本でも可能か。

死刑100年と裁判員制度　年報・死刑廃止 2009　2300円＋税

足利事件・菅家利和さん、佐藤博史弁護士に聞く。

犯罪報道と裁判員制度　年報・死刑廃止 2008　2300円＋税

光市裁判報道へのＢＰＯ意見書全文掲載。

あなたも死刑判決を書かされる　年報・死刑廃止 2007　2300円＋税

21世紀の徴兵制・裁判員制度を撃つ。

光市裁判　年報·死刑廃止 2006　2200円＋税

なぜメディアは死刑を求めるのか。

オウム事件10年　年報·死刑廃止 2005　2500円＋税

特集2・名張事件再審開始決定／再審開始決定書全文を一挙掲載。

無実の死刑囚たち　年報·死刑廃止 2004　2200円＋税

誤判によって死を強要されている死刑囚は少なくはない。

死刑廃止法案　年報·死刑廃止 2003　2200円＋税

1956年の死刑廃止法案と公聴会の全記録。

世界のなかの日本の死刑　年報·死刑廃止 2002　2000円＋税

死刑廃止は世界の流れだ。第1回世界死刑廃止大会のレポートなど。

終身刑を考える　年報·死刑廃止 2000～2001　2000円＋税

終身刑は死刑廃止への近道なのか。

死刑と情報公開　年報·死刑廃止 99　2000円＋税

死刑についてのあらゆる情報はなぜ隠されるのか。

犯罪被害者と死刑制度　年報·死刑廃止 98　2000円＋税

犯罪被害者にとって死刑は癒しになるのか。

死刑―存置と廃止の出会い　年報·死刑廃止 97　2000円＋税

初めて死刑存置派と廃止派が出会い、議論をした記録。

「オウムに死刑を」にどう応えるか　年報·死刑廃止 96　2000円＋税

死刑廃止運動の理論と情報を共有することを目指し創刊された「年報・死刑廃止」の創刊号。創刊特集は「凶悪とはなにか？」90～95年の死刑廃止運動の記録。
なお90年以前の廃止運動の情報は『死刑囚からあなたへ』①②に詳しい。

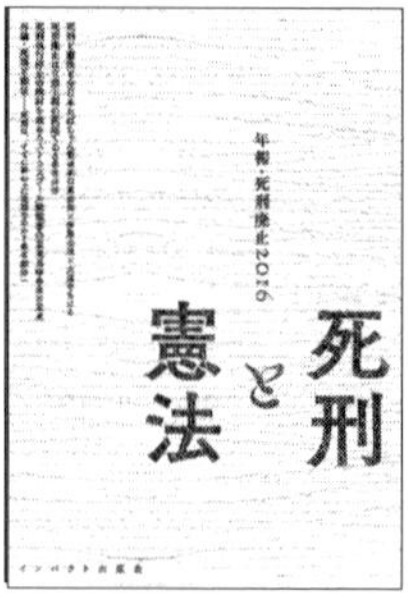

死刑と憲法

年報・死刑廃止 2016　2300 円＋税

憲法 36 条に「公務員による拷問及び残虐な刑罰は、絶対にこれを禁ずる」とあるにもかかわらず、なぜ命を奪う死刑制度が温存されているのか。1948 年の最高裁死刑合憲判決はなぜ今も通用するのか。過去の死刑違憲裁判を跡づけながら死刑と憲法を再考する。

死刑と憲法と全日本おばちゃん党　谷口真由美・大道寺ちはる・伊藤公雄◉死刑廃止は立憲主義の課題である　岩井信◉死刑執行停止を求めるストラスブール総領事の意見具申　永田憲史◉再論・死刑と憲法　石塚伸一　ISBN978-4-7554-0269-2

死刑囚監房から

年報・死刑廃止 2015　2300 円＋税

「フォーラム 90」が 2008 年、11 年に続き、15 年に実施した 3 度目の死刑確定者アンケートへの 73 人の回答を掲載。

地下鉄サリン事件から二〇年—オウム事件とは何だったのか 大田俊寛・松本麗華・安田好弘・岩井信◉人が人を殺すのは最悪のこと ~2015 年・死刑確定者アンケートを実施して　福島みづほ◉アンケート回収者　尾田信夫・大道寺将司・渡辺清・金川一・佐々木哲也・坂口弘・猪熊武夫・山野静二郎・大城英明・宮崎知子・高田和三郎・松井喜代司・松本健次ら 73 人 ISBN978-4-7554-0298-2

袴田再審から死刑廃止へ

年報・死刑廃止 2014　2300 円＋税

48 年間、無実の罪で幽閉され死刑確定により精神の均衡を失った袴田巌さん。袴田冤罪事件の存在は死刑制度があってはならないことを示している。

袴田巌再審開始決定に思う　笹原恵◉袴田巌さん、雪冤の 48 年と現在　袴田ひで子（聞き手・笹原恵）◉袴田再審を死刑廃止へ ~ 袴田事件弁護団座談会　西嶋勝彦・小川秀世・田中薫・岩井信・安田好弘◉袴田事件＝国家による究極の冤罪◉飯塚事件と足利事件　徳田靖之・佐藤博史・安田好弘

ISBN978-4-7554-0288-3

極限の表現 死刑囚が描く

年報・死刑廃止 2013　2300 円＋税

極限で描かれたこれらの作品は何を訴えるのか。大道寺幸子基金表現展のすべて。

〈悪人〉を愛する – 死刑囚と交流して 60 年　加賀乙彦◉アールブリュットと死刑囚の絵画展　櫛野展正◉枠を超え埋め尽くす　北川フラム◉響野湾子詩歌句作品集　池田浩士編◉応募詩歌句作品アンソロジー　西山省三・後藤良次・音音・林眞須美◉大道寺幸子基金表現展　小説・自伝・エッセイ全受賞作紹介◉応募資格は死刑囚、そしてその表現　川村湊◉中村一成・大道寺将司・斉藤純一・坂口弘・楯原拓・小嵐九八郎。　ISBN978-4-7554-0280-7

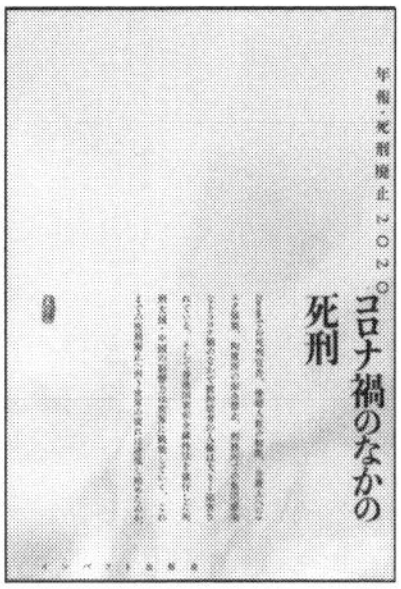

コロナ禍のなかの死刑

年報・死刑廃止 2020　2300 円＋税

Zoom での死刑宣告、傍聴人数の制限、弁護人へのマスク強要、拘置所の面会禁止、刑務所での集団感染などコロナ禍のなかで被拘禁者の人権は大きく阻害されている。そして香港国家安全維持法を強行した死刑大国・中国の影響力は世界に浸透していく。死刑廃止へ向かう世界の流れは逆流し始めたのか。

◉コロナ以降の刑事裁判と死刑　雨宮処凛・小倉利丸・坂根真也・安田好弘・司会＝岩井信◉中国の台頭と死刑　鈴木賢・植草一秀◉感染症は刑事司法をも変えるのか　山口薫◉ハンセン病隔離法定判決について　徳田靖之

ISBN978-4-7554-0306-4

オウム大虐殺　**年報・死刑廃止 2019**　2300 円＋税

2018 年 7 月オウム事件死刑囚 13 人が一挙に死刑を執行された。13 名中 10 名が再審請求中だったし、再審のための 3 者協議が裁判所で予定されていた人までいたのである。再審を開始するかどうかの判断は裁判所にゆだねられている。法務大臣が「再審事由はない」と勝手に判断し死刑を執行するのは、法を無視した殺人である。この国の歴史を振り返り、オウム大虐殺後の時代を考える。

◉オウム真理教の思想と行動を検証する　魚住昭・中島岳志・安田好弘・司会＝岩井信◉アレフ広報部長・荒木浩さんに聞く◉オウム真理教家族の会・永岡英子さんに聞く

ISBN978-4-7554-0298-2

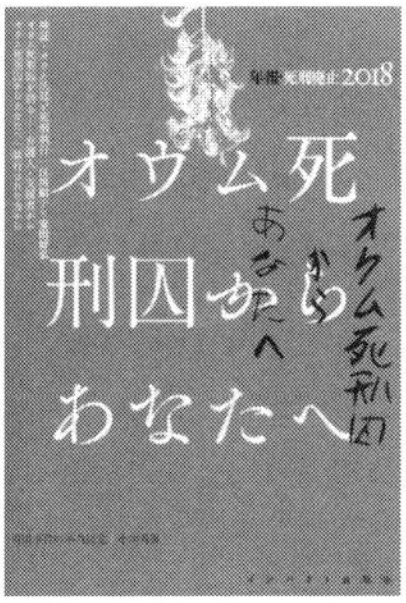

オウム死刑囚からあなたへ

年報・死刑廃止 2018　2300 円＋税

ひと月の間に 13 人が一挙に国に殺された。元オウム真理教の幹部だった者たちを抹殺するためにこれまでの死刑執行のプロセスを踏まぬ強権的な執行だった。死を前に彼らの書き残したもの、支援者や弁護人など近くから死刑を体験した者の声を届ける。

◉検証・オウム法廷と死刑執行　江川紹子・安田好弘・司会＝岩井信◉ 13 人死刑執行という大量虐殺　安田好弘◉資料・松本智津夫氏の獄中医療報告書◉オウム死刑囚を語る　弁護人と支援者から◉オウム死刑囚からあなたへ　早川紀代秀・新実智光・宮前一明・井上嘉浩・土谷正実

ISBN978-4-7554-0288-3

ポピュリズムと死刑

年報・死刑廃止 2017　2300 円＋税

トランプ、安倍、ドゥテルテ、世界を席巻するポピュリズムと死刑とは。

◉ポピュリズムと死刑　鵜飼哲・保坂展人・安田好弘・司会＝岩井信◉死体が道に投げ捨てられる－ドゥテルテ政権の悪夢　山口薫◉中東イスラーム世界における「死刑」　岡真理

追悼・大道寺将司◉間近で見た確定死刑囚の三〇年　大道寺ちはる◉こんな時代にするつもりじゃあなかった!!

2020 年廃止へ向けて　日弁連死刑廃止宣言への道のり　小川原優之

ISBN978-4-7554-0280-7

加藤智大さんの死刑執行

年報・死刑廃止 2022　2300 円＋税

家庭内虐待、最底辺の派遣労働、ネット依存など格差社会の中で、分断され追い詰められておきた秋葉原事件。加藤死刑囚は事件をどう捉え返していたのか。大道寺幸子・赤堀政夫死刑囚表現展への応募作から探る。図版多数。

◉死刑囚表現展の中の加藤智大さん◉あまりにも無意味な死刑執行－変化への一歩を踏み出したところで　香山リカ◉ロスジェネ世代の死刑執行　雨宮処凛◉加藤さんを執行してもなに一つ変わらない　安田好弘◉「お弁当」抄　加藤智大◉表現展への応募が唯一の生きがい　加藤智大

ISBN978-4-7554-0324-8

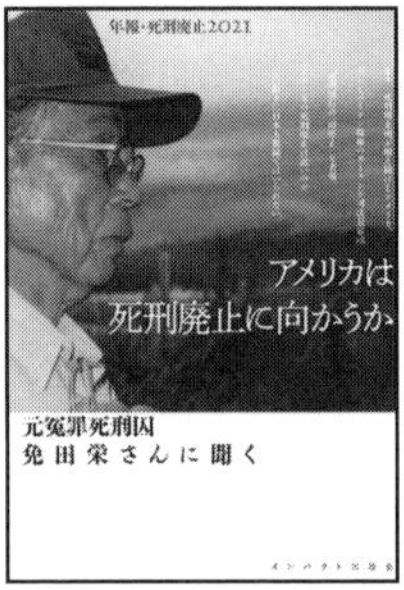

アメリカは死刑廃止に向かうか

年報・死刑廃止 2021　2300 円＋税

年々死刑廃止州が増え続けるアメリカ、そしてバイデン政権下のガーランド司法長官は死刑執行の一時停止を表明。アメリカの死刑廃止は近いのか。この動きに日本も無縁ではいられない。。

◉アメリカは死刑廃止に向かうか　金平茂紀・庄司香・安田好弘・司会＝岩井信◉追悼・免田栄さん・元冤罪死刑囚・免田栄さんに聞く◉菊池事件　国民的再審請求権の意義とその可能性　徳田靖之◉袴田事件の差し戻し決定　小川秀世◉「償いの色鉛筆、取り上げないで」色鉛筆訴訟報告　黒原智宏

ISBN978-4-7554-0313-2

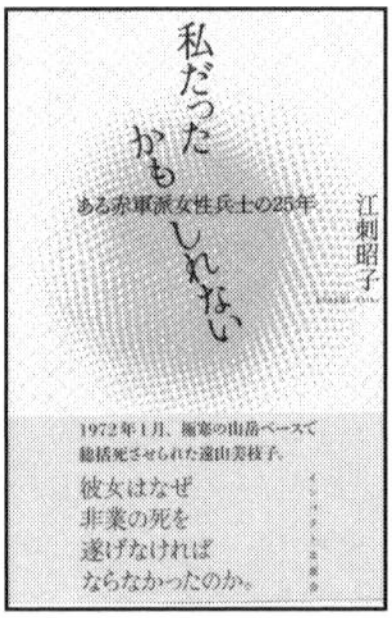

私だったかもしれない

ある赤軍派女性兵士の 25 年

江刺昭子著　2000 円＋税

1972 年 1 月、極寒の山岳ベースで総括死させられた遠山美枝子。彼女はなぜ非業の死を遂げなければならなかったのか。「常に重信氏とセットで語られ、また壮絶な最期を遂げたことから「影」の印象で語られがちな遠山だが、本書を読むとそのイメージは裏切られる。「江刺さんのこの本の持つ意義の一つは、「あの事件」をジェンダー、特に男性性の問題 も介在させながら描いた点だ。」伊藤公雄「あの時代」をジェンダーの視点で改めて考える」WAN。

ISBN978-4-7554-0319-4

超えられなかった海峡

女性飛行士・朴敬元の生涯

加納実紀代著　3000 円＋税

飛翔する魂の軌跡。1933 年 8 月、羽田を飛び立つがあえなく伊豆半島・玄岳で墜死した朝鮮人女性飛行士・朴敬元。民族や女性への差別のなかで自由を求め、自己実現を希求した朴敬元に思いを重ね、緻密な調査の元に彼女の生涯を描き切る。著者唯一の評伝文学がいま甦る。解説・池川玲子「飛び散ったピースを求めて」

ISBN978-4-7554-0334-7